나는
책으로
성장하는가

나는 책으로 성장하는가
63권 서평으로 쓴 CEO 에세이

초판 1쇄 발행 2023년 6월 30일

지은이 전익수
펴낸이 장길수
펴낸곳 지식과감성#
출판등록 제2012-000081호

교정 김서아
디자인 전건희
편집 이현
검수 한장희
마케팅 정연우

주소 서울시 금천구 벚꽃로298 대륭포스트타워6차 1212호
전화 070-4651-3730~4
팩스 070-4325-7006
이메일 ksbookup@naver.com
홈페이지 www.knsbookup.com

ISBN 979-11-392-1170-2(03810)
값 15,000원

- 이 책의 판권은 지은이에게 있습니다.
- 이 책 내용의 전부 또는 일부를 재사용하려면 반드시 지은이의 서면 동의를 받아야 합니다.
- 잘못된 책은 구입하신 곳에서 바꾸어 드립니다.

지식과감성#
홈페이지 바로가기

63권 서평으로 쓴 CEO 에세이

나는 책으로 성장하는가

전익수 지음

기업가·창업가
필독서

"일밖에 모르는 사장은 위태롭다."

창업한 지 11년째 해, 기업의 큰 위기를 맞이하였다.
생각의 틀을 깨기 위한 독서를 시작했고 23년째 회사를 경영 중이다.

지식과감정

목차

프롤로그   9

1장 나는 무엇을 배우는가

백년을 살아보니 김형석	14
이어령의 마지막 수업 김지수, 이어령	17
페이버 [Favor] 하형록 (TimHaahs)	23
사의 찬미 이영혜	28
지구를 살리는 옷장 박진영, 신하나	35
프리워커스 [Free Workers] 모빌스 그룹	39
김미경의 리부트(Reboot) 김미경	42
어느 수학자가 본 기이한 세상 강병균	44
직업으로서의 소설가 무라카미 하루키	52

2장 나는 어떻게 성장하는가

러시아 거장들, 삶을 말하다 오종우	56
최진석의 대한민국 읽기 최진석	61
담론 [談論] 신영복	67
죄수와 검사 심인보, 김경래	74
BBK의 배신 김경준	79
이재봉의 법정증언 이재봉	82
나는 달린다 / 트레일 러너 안병식	85
안철수, 내가 달리기를 하며 배운 것들 안철수	89
철학자와 달리기 [Running with the Pack] 마크 롤랜즈	91
브랜드 브랜딩 브랜디드 임태수	97
책 쓰기! 나도 할 수 있다 김도인	102
남성사교요리클럽(MSCC)에 대한 생각 전익수	105

3장 사회를 어떻게 볼 것인가

90년생이 온다 임홍택	114
에이트(8) 이지성	116
엘리트 세습 [The Meritocracy Trap] 대니얼 마코비츠	118
모든 것의 역사 [A Brief History of Everything] 켄 윌버	127
어른은 어떻게 성장하는가 존 헤네시	130
한비자, 법과 정치의 필연성에 대하여 임건순	132
군자론 [君子論] 이한우	135
어떻게 민주주의는 무너지는가 스티븐 레비츠키, 대니얼 지블랫	138
파타고니아, 파도가 칠 때는 서핑을 이본 쉬나드	144
미친 듯이 심플 [Insanely Simple] 켄 시걸	148
규칙 없음 [No Rules Rules] 리드 헤이스팅스, 에린 마이어	153
마케팅이다 [This is Marketing] 세스 고딘	159
더현대 서울 인사이트 김난도, 최지혜, 이수진, 이향은	162
처음 만나는 행동경제학 신임철	167
카피책 정철	171
글로벌 테러와의 전쟁 김영철	175
몬드라곤에서 배우자 [Making Mondragón] 윌리엄 F. 화이트, 캐서린 K. 화이트	177
호세 마리아 신부의 생각 돈 호세 마리아 아리스멘디아리에타	189

4장 우주와 자연에서 배우기

인간과 우주　박창범	196
모든 사람을 위한 빅뱅 우주론 강의　이석영	200
엔드 오브 타임 [Until The End of Time]　브라이언 그린	203
유산균이 운명을 바꾼다　이동호	208
미생물에 관한 거의 모든 것　존 L. 잉그럼	211
내 속엔 미생물이 너무도 많아　에드 용	215
10퍼센트 인간　앨러나 콜랜	223
침묵의 봄 [Silent Spring]　레이첼 카슨	229
다윈지능　최재천	236
연애 [The Mating Mind]　제프리 밀러	239
호모 심비우스 [Homo Symbious]　최재천	245
우리는 마약을 모른다　오후	252
노화의 종말　데이비드 A. 싱클레어	260
뇌과학자의 엄마, 치매에 걸리다　온조 아야코	264
화난 것도 억울한데 병까지 걸린다고?　박우희	266
나는 당신이 오래오래 걸었으면 좋겠습니다　다나카 나오키	269
탄소중립 수소혁명　이순형	272

5장 예술과 역사에서 배우기

그리스인 조르바　니코스 카잔자키스	278
마이 앱솔루트 달링 [My Absolute Darling]　가브리엘 탤런트	282
가재가 노래하는 곳　델리아 오언스	286
오래 보아야 예쁘다 너도 그렇다　나태주	291
나는 미술관에 간다　김영애	294
나는 미술관에서 투자를 배웠다　이지혜	299
메이지 유신을 설계한 최후의 사무라이들　박훈	303
일본의 굴레 [Japan and the Shackles of the Past]　태가트 머피	309

에필로그	315
추천의 글	316
참고문헌	317

프롤로그

나는 2남 1녀 집안의 장남으로 태어났다. 나의 부모님은 세 아이를 키우면서 험한 세상을 살아가시는 것으로 살림살이가 벅차셨다. 이러한 부모님 아래에서 나는 주어진 문제 대부분을 혼자서 판단하고, 감당하고, 해결하면서 자랐다. 내가 자립심이 뛰어났다기보다는 나에게 주어진 환경에서 어떻게 하든지 적응하면서 성장했기 때문이다.

어릴 적 여러 차례 전학을 다녔던 초등학교 시절부터 애절한 기억이 많이 남아 있는 중고등학교 시절을 보내면서 나는 감정을 절제하며 성장했다. 언젠가는 이 시절의 성장기를 포함한 나의 가족사를 글로 남기려는 생각이다.

나의 대학 생활은 기독학생회 계열에 속한 민주화 운동권 모임으로 시작했다. 1980년대 초 군부 독재 시절의 치열한 대학 생활을 3학년까지 마치고 4학년 등록과 동시에 휴학하였다. 부산 외가에서 한동안 지낸 후 군 입대와 함께 나는 이 모임을 떠났다.

어릴 적부터 과학을 무척 좋아했던 나는 대학교 재학 중에 전공인 공학책보다는 사회과학 서적을 더 많이 접하고 읽었다. 자본주의 체제의 모순이 우리 사회에 만들어 낸 가난하고 힘없는 자들을 위하여 세상을 바꾸어야 한다고, 그것을 실천하는 지식인의 삶을 살아야 한다고 외치며 성장했다.

　나를 위하여, 나의 가족을 위하여, 나의 회사를 위하여 노력하며 지금까지 열심히 살아왔다. 내가 대학을 졸업한 이후로 세월이 많이 흘러 지금은 우리 사회의 모습이 많이 바뀌었다. 그러나 아직 사회를 잘 모르던 청년의 때에 순수하게 추구했던 함께 사는 사회의 가치는 지금도 내 생각의 중요한 일부이다.
　나이가 들면서 언제부터인가 이러한 가치를 살리는 삶을 살아야 한다는 생각이 더 다가온다. 내가 가지고 있는 것으로, 그것이 돈이든, 재능이든 가능한 방법을 찾아보겠다는 생각은 나의 청년의 시절에 세상과 약속한 빚이다.

　학교를 졸업하고 사회생활의 경험이 많이 쌓인 후에는 삶의 지혜를 가까이 배울 수 있는 스승을 만나기가 점점 어려워지는 것을 느낀다. 다행스럽게도 나는 책을 읽다 보면 나의 생각을 깨쳐 주는 스승을 발견하게 된다.

　쉰 살 초반에 지금도 활동하고 있는 독서 모임에 참여했다. 이것을 계기로 나는 책을 읽는 습관을 들이기 시작했다. 처음에는 여러 종류의 책을 읽고 책장을 가득 채우는 맛에 책을 읽었다. 2019년 여름부터는 읽은 책을 짧은 글로 정리해서 남기기 시작했다. 짧은 글에는 읽은 책의 내용을 요약하여 절반, 책을 읽고 느낀 내 생각으로 나머지 절반을 채웠다.

지금까지 살아오면서 대부분 중요한 일을 스스로 선택하고, 감당하고, 해결해 온 것에 걸맞은 분량의 삶의 그릇이 나에게 주어져 있다. 이 그릇이 쉰 살에 들어선 이후에 독서를 하면서 조금씩 넓어지고 채워진다면 나는 책으로 성장한다고 말할 수 있다.

올해까지 5년 동안 다양한 분야의 책을 읽으면서 그중에서 선택한 책으로 서평 에세이 형식의 글을 써 왔다. 내가 세상을 살면서 경험한 일과 나의 생각을 함께 담아서 쓴 백여 개가 넘는 글을 올해 초까지 나의 독서 블로그에 실었다. 이 글 중에서 63개를 추리고 다듬어서 이 책으로 내었다.

이 책 속의 책들은 내가 속한 독서 모임에서 선정한 책 20%, 지인에게 추천받은 책 40%, 스스로 선택한 책 40%의 비율로 대략 구성되어 있다. 63권의 서평을 주제별로 다섯 장으로 구분했다. 모든 글에 내 생각이 조금씩 담겨 있지만 2장의 글에는 좀 더 담겨있다.

사람이 사는 곳에는 어디든지 길이 있지만, 그 길을 걷는 사람에 따라 그 길의 의미는 달라진다. 한참 나이가 든 후 어느 날, 나는 후회가 적은 길을 걸어왔다고, 이만하면 나에게 주어지고 내가 선택한 길을 잘 걸어왔다고 자신 있게 말할 수 있으면 좋겠다.

이 책을 내는 것을 계기로 '나는 책으로 성장하는가'를 새삼 다시 묻는다. 사람의 성장은 살아 있는 동안 계속된다.

나이가 오십이 되기 전에는
따르고 싶은 인생의 선배를 찾아다니려 했다.
그러나 오십이 지난 후에 '큰 바위 얼굴'은
찾아다니는 것이 아니라는 것을 깨달았다.

1장

나는 무엇을 배우는가

백년을 살아보니

김형석

　이 책이 출간된 2016년에 저자의 나이는 97세였다. 그래서 책의 제목이 『백년을 살아보니』이다. 나는 연세대학교 철학과 교수인 저자의 이름은 가끔 접했지만 정작 이분의 책이나 강연을 제대로 접해 볼 기회가 없었다.

　그러다가 2017년 11월에 독서 모임 '리더스포럼'에서 저자를 아주 가까이서 접할 수 있었다. 흔히 강의용 프레젠테이션 자료를 스크린에 띄우는 강연이 아니었다. 저자가 의자에 앉아서 100년 가까이 살아온 인생 경험과 철학을 가지고 "나는 세상을 이렇게 본다. 모듬시기 인생은 이렇게 살아야 한다."는 내용으로 풀어 가는 저자 직강 모임이었다. 작은 모임인지라 질문과 답을 통해 더욱 솔직한 저자의 삶의 철학을 접할 수 있었다.

　저자가 99세가 된 2018년 가을에 성남상공회의소 조찬 모임에서 한번 더 강연을 들을 기회가 있었다. 기업인을 대상으로 한 강연이어서 사회적 책임과 자세를 좀 더 강조했던 기억이 난다.

저자는 올해 어느덧 104세가 되었다. 나는 단지 오래 살고 있다는 이유만으로 저자가 사회에서 인정받는 것은 아니라고 생각한다. 공식 초청으로 여러 강연 일정을 소화해 내는 등 사회 활동을 유지할 수 있는 건강을 가졌기 때문에 더욱 대단하다.

나이가 많은 저자의 강연은 시냇물이 느리게 흐르듯 천천히 시작한다. 그러나 물가의 지형이 어떠하든 느리지만 막힘없이 흘러가는 시냇물처럼 저자는 유려하게 이야기를 진행한다. 현 정권의 행태를 비난하기도 하지만 예전에 좋았던 시절과 비교하는 등 시대감각이 떨어지는 방식의 비난이 아니다. 오히려 시대를 초월한 보편적 가치를 이야기한다. 강연의 중반쯤 되면 목소리에 힘과 권위가 실려 있음이 느껴진다. 듣는 사람 모두가 인생 후배이니 거침없이 당당하게 이야기한다. 공인이 공석에서 쉽게 이야기하지 못하는 내용도 편하게 말한다.

내가 느끼기에 저자는 인생과 사물의 본질인 큰 그림을 중시하고 이야기를 풀어 간다. 저자는 세상을 보는 생각이 크고 넓게 열려 있다. 저자는 역사와 사회에 가치 있는 역할을 하는 삶을 말한다. 그래서 이런 분이 오래 살면서 이 사회에 본질 가치가 중요하다고 가르치는 것이 더욱 소중하다.

기독교인인 저자는 신앙에서도 예수님의 삶과 성경이 말하는 본질을 중시한다. 좁은 시각으로 성경을 자구만 가지고 해석하는 것을 경계한다. 비기독교인을 단순한 구호와 논리로 정죄하는 등 세상 사람이 오히려 기독교를 배척하게 만드는 태도는 잘못이라고 거침없이 지적하기도 한다.

저자는 말하기를 인생의 황금기는 세상에서 책임을 다한 이후인 60세에서 75세 사이라고 한다. 이 기간에도 성장이 가능하다고 가르친다. 정신적인 성장을 말하는 것이지만 나는 정신이 성장하면 육체도 함께 따라간다고 생각한다. 저자는 사람마다 방법은 다르겠지만 성장을 위하여 공부하기, 운동하기, 사랑하기 세 가지를 꾸준하게 실천하기를 권한다.

내가 지금 인생 황금기의 출발선에 있고 이제라도 꾸준히 노력하면 앞으로 15년은 더 성장할 수 있다니! 조금은 후회되고, 되돌릴 수 없고, 이미 지나간 시간이라는 느낌에서 벗어나는 것이 쉽지 않은데, 그게 아니라니! 이제 다시 출발선이라니! 참 다행이고 기분 좋은 일이다.

이어령의 마지막 수업

김지수, 이어령

 2019년 가을, 『조선일보』에 "이번이 내 마지막 인터뷰가 될 거예요."라는 말이 담긴 「김지수의 인터스텔라 - 이어령 마지막 인터뷰」 기사가 나갔다. 이 기사에서 독자들이 선생의 메시지에 엄청난 숫자의 댓글을 달면서 큰 화제를 모았다. 이러한 독자의 반응에 문화 전문 기자인 저자는 이어령 선생과 16번에 걸친 더 깊이 있는 인터뷰를 1년 동안 진행했다.

 선생은 자신의 유언 같은 이 책이 당신이 죽은 후에 세상에 나오기를 바랐다. 그러나 저자의 판단에 따라 이 책의 초판이 재작년 10월에 출간되었다. 출간 후 넉 달이 지난 2022년 2월 26일에 선생은 운명하셨다.

 이 책의 내용은 제자(저자)가 죽음을 앞둔 스승(이어령)에게 질문하고, 스승은 은유와 비유로 인간의 삶과 죽음에 대한 지혜를 답하는 형식이다. 첫 장부터 마지막 16장까지 모두 나의 마음에 깊은 공감을 주었다. 우주에 닿아 있는 듯한 스승의 긴 답과 깊은 울음 같은 공감을 담은 제자의 짧은 질문이 멋진 하모니의 책으로 엮였다.

나의 큰아들은 재작년 12월에 결혼하였다. 그해 끝자락에 아직 미혼인 둘째 아들과 막내딸을 동행하여 1박 2일의 짧은 동해안 여행을 갔다. 여행을 계기로 이 책을 지인에게서 소개받았다. 이 책은 자기 삶의 주인으로 치열하게 살아온 사람에게는 더욱 깊이 있는 지혜를 줄 거라고 생각된다.

우리나라의 최고 지성의 한 사람이자 타고난 언어의 달인인 이어령 선생은 글쓰기에 대한 생각이 분명했다. 나는 독서를 하고 난 후 서평을 쓸 때 가능한 반 이상은 나의 생각으로 채우려 하고 있다. 이것은 나 역시 글 쓰는 사람이 되고자 함이다.
그러나 단순히 글자를 쓰는 사람이 될지라도 이어령 선생의 유언처럼 남겨진 이 책에서 나에게 유독 다가온 선생의 말을 그대로 옮긴다.

"나는 도덕적이고 이타적인 사람이 아니야. 오히려 에고이스트지. 에고이스트가 아니면 글을 못 써. 글 쓰는 자는 모두 자기 얘기를 하고 싶어 쓰는 거야. 자기 생각에 열을 내는 거지. 어쩌면 독재자하고 비슷해.
스스로 쓸 말이 없어서 남의 얘기나 옮겨 봐. 그건 서생이지. 글자 쓰는 사람. 글 쓰는 사람이 아니야. 사람들은 글씨 쓰는 사람과 글 쓰는 사람을 혼동하는데, 글씨 쓰는 사람은 서경(書耕)이네. 베끼는 사람"

암 선고를 받은 후 항암 치료를 받지 않고 죽음을 맞이하기로 선생은 선택했다. 선생은 스스로 죽음을 대하는 태도가 암 선고 전과는 다르다고 고백한다. 자기가 가진 모든 것은 선물이었다고.

"어떻게 이렇게 태연하고 관대해질 수 있을까 싶어. 뒤늦게 생의 진실을 깨닫게 된다네. 모든 게 선물이었다는 걸. 마이 라이프는 기프트였다는 말은 목사님 같은 소리가 아니야. 내 집도 내 자녀도 내 책도 내 지성도… 분명히 내 것인 줄 알았는데 다 기프트였어. 내가 벌어서 내 돈으로 산 것이 아니었어. 우주에서 선물로 받은 이 생명처럼, 내가 내 힘으로 이뤘다고 생각한 게 다 선물이더라고."

초대 문화부장관으로 우리 시대의 지성이었던 선생은 인간관계에 있어 두루 원만하게 평화롭게 살기보다는 치열하게 부딪치고 기존 질서에 맞서는 것을 선택하며 살았던 사람이었다. 그래서 주변에 사람은 많았지만 외로웠던 사람이다. 우리 대부분은 많이 가진 사람, 크게 이룬 사람을 좋아하고 부러워하고 존경한다. 그렇지만 인생은 결국 홀로 외로울 수밖에 없다. 그래서 우리 인생은 외로운 지성을 스승으로 삼고 더 배우고자 가까이 다가간다. 우리는 선생의 옷자락을 붙들고 배울 수 있다.

"오늘도 내일도 똑같으면 뭐 하러 살 텐가? 진리를 다 깨우치고 신념을 가진 사람들은 더 이상 살 필요가 없네. 이제 다 끝났잖아. 서울이 목표인 사람은 서울 오면 끝난 거야. '인생은 나그네길'이라고 생각하는 사람은 경유지, 반환지가 있을지언정 목표는 없네. 평생을 모험하고 방황하는 거지. 길 위에서 계속 새 인생이 일어나는 거야. 원래 길의 본질이 그래. 끝이 없어. 이어지고 펼쳐질 뿐"

나는 눈물이 잘 안 나오는 편이다. 어찌 보면 안 나오도록 성장했다는 표현이 더 적절하다. 인간인지라 당연히 감정은 있지만 나의 감정을 내비치어 보았자 얻을 게 없어서 깊게 속으로 눌렀다. 무뎌져야 견딜 수 있어서 반응을 미루고, 끝내는 삼켜 버리고 떨치고 가야 하는 경험을 너무 어렸을 때부터 하였다. 어쩔 수 없이 눈물보다는 피땀을 더 선택하며 치열하게 살아왔다. 여기에 선생의 말은 가슴을 때린다.

"이 시대는 핏방울도 땀방울도 아니고 눈물 한 방울이 필요하다네. 지금껏 살아 보니 핏방울과 땀방울은 너무 흔해. 서로 박 터지게 싸우지. 피와 땀이 싸우면 피눈물밖에는 안 나와. 피와 땀을 붙여 주는 게 눈물이야… 인간을 이해한다는 건 인간이 흘리는 눈물을 이해한다는 거라네."

"아무리 영특해도 주인 죽었다고 우는 개는 없어. 슬퍼할 줄은 알아도 눈물은 못 흘려. 눈물은 인간의 것이거든."

우리는 살면서 타인의 죽음을 목도할 때, 또는 언젠가 자신의 죽음에 직면할 때 슬픔과 눈물을 마주치게 된다. 조만간 로봇에게 슬픔과 거의 비슷한 프로그램을 만들어 넣을 수는 있을 것이다. 어쩌면 이미 만들어졌을 수도 있다. 절묘하게 만들어진 인공 지능(AI) 기계의 동작과 표정에서도 사람은 슬픔을 느낄 수 있을 거라고 한다.

눈물도 프로그램으로 가능할까? 프로그램으로 적절한 타이밍에 알맞은 양의 액체(눈물)를 기계에서 흘러내리게 할 수는 있다. 눈물은 인간만의 것이라는데, 이 액체가 결코 인간의 눈에서 흘러나오는 한 방울과 같을 수는 없다고 생각한다. 태어나면서부터 화면 속 세계에 익숙한 디지털 유목민 세대는 같은 감정을 느낄까? 선생의 글에 의하면 눈물은 인간만의 영역이기에 근본적으로 불가능하다고 보아야 할까?

스승은 인간의 탄생과 죽음에 대해서도 말했다.
탄생과 죽음은 병이 아니고 삶이라고. 인간은 지혜를 가졌기에 죽음이 어쩔 수 없이 슬픈 거라고.

"인간은 지혜를 가진 죽는 자야. 그래서 슬픈 거라네. 지혜를 갖는다는 게 얼마나 슬픈지 몰라. 다른 생명체는 죽어도 자기 죽음이 갖는 의미를 몰라. 신은 안 죽지. 그런데 인간은 죽는 것의 의미를 아는 동물이야. 인간의 속에 신과 동물이 함께 있으니. 비극이지. '지혜를 가진 죽는 자' 이게 인간이야."

"요즘에는 병원에서 태어나고 병원에서 죽지. 살고 죽는 게 병인가? 탄생이 병이고 죽음이 병이냐고? 생사의 문제가 낯선 사람들의 공간에서 다뤄지니 안타까워. 나는 내가 살던 친숙한 공간에서 눈을 감았으면 해. 최고의 사치지. 가난한 사람도 당연했던 일이 이젠 꿈이 되어 버린 거야."

"사람 끄는 이벤트, 나는 그런 게 정말 싫어. 내 장례식은 사람들 병원 영안실로 불러서 하지 말라고 그랬다네. 내 장례식은 집에서 몇 사람만 불러서 가볍게 하고 싶어. 왜 다들 마지막 가는 길을 무겁게 하고 가나? 병원으로 왜 불러? 병원이 사람 고치는 데지, 장례하는 데야? 화환 길게 줄 세우고 한쪽에는 환자들, 한쪽에는 죽어서 나가는 사람들… 그런 나라가 전 세계 어딨나?"

선생은 사치스러운 죽음을 진정 원했다. 그러나 선생의 바람과는 달리 세속적이고 이기적인 우리는 그것을 허락하지 않았다. 우리는 5일간의 문화체육관광부장(葬)으로 선생을 더 이상 눈물 없는 영원한 안식처로 보내 드렸다.

이어령 선생은 이 책 외에 따로 유언을 남기지 않았다.

페이버 [Favor]

하형록 (TimHaahs)

이 책은 우리 회사의 투자 협의로 작년 3월에 방문한 회사의 대표로부터 받은 선물이다. 비교적 긴 대화를 포함한 첫 만남을 마치고 떠나는 순간에 이 책을 받았다.

얇은 분량의 이 책은 미국의 건축설계회사인 팀하스(TimHaahs)의 창업자이면서 현직 목사인 하형록(미국명 팀하스)이 저자인 기독교 신앙 간증이다. 저자는 이 책에 팀하스의 기업 철학을 담았고 자신이 받은 선물(페이버)에 대한 살아 있는 증언을 하고 있다.

나는 책을 선물로 받을 때, 책의 내용도 중요하지만 그 책을 권하는 사람의 가치관을 함께 알 수 있어서 더 의미가 있다고 생각한다.

나는 20대 후반에 허리 질병으로 인하여 거의 절망적인 수준까지 간 적이 있다. 이 고통으로부터 벗어날 수만 있다면 치명적이고 위험한 악마와의 거래까지도 생각했었다. 마지막까지 간 순간, 지금 생각하면 정말 보잘 것 없는 알량한 지식으로 무장한 자존심을 포기하고 나서야 하나님의 은혜로 건강을 되찾은 경험이 있다.

　수십 년의 세월이 지났어도 고통으로 아팠던 나의 젊은 시절의 모습을 또렷하게 기억하기에 나는 언젠가 이 치열했던 과정을 글로 남길 생각이다. 물고기가 물을 떠나 살 수 없듯이 나도 근본적으로 하나님의 사랑을 벗어나는 삶은 가능하지 않다고 믿는다.

　그동안 많이 시건방지고 교만한 기독교인이 되어 버린 나는 40대 초반에 창업한 사업을 꾸려 나가고 세월을 헤쳐 나가면서 신앙 간증류의 책에 면역이 되어 버린 느낌이다.

　치열한 간증의 당사자는 대부분 개인적으로 엄청난 시련을 겪었다. 그 고난을 하나님의 은혜로 극복한 이야기의 주인공이다. 그러나 정작 그 주인공이 내가 아니기에 남의 이야기를 보듯 깊게 공감하지 못했다.

　그런데 이 책은 나에게 특별하다. 책으로 출간되었기에 드라마틱한 구성과 좋은 문장이 당연히 따랐겠지만 저자가 겪은 사실만 가지고도 나는 이 책을 읽는 중간에 눈물이 맺혔다. 저자는 회사를 설립한 목적과 비지니스를 하는 목적이 나와 한참 다르다. 나는 창업한 회사를 세상을 이롭게 하는 기업으로 키우고 싶은 마음이다. 그러나 이 책은 내가 여전히 생존을 추구하고 세상적인 가치와 이익을 좇는 속물임을 다시 깨닫게 만든다.

우리말 정(情)이 갖는 깊은 뜻을 잘 표현하는 영어 단어가 마땅치 않다. 반면에 저자가 이 책의 제목으로 사용한 영어 페이버(Favor)는 흔히 우리말의 호의나 배려로 번역되며 성경에서는 은혜나 자비로 표현하지만 본뜻을 살리지는 못한다.

저자가 자신의 삶 전체가 페이버(Favor)를 받았다고 말할 때 이 단어 뜻은 '하나님이 보시기에 좋을 때'에만 우리에게 오는 특별한 선물을 말한다.

페이버는 믿음이 생겨서 가만히 있는데 거저 주어지는 것도 아니다. 기도하면서 달라고 떼를 쓴다고 주어지는 것도 아니다. 너무 불행하고 불쌍하다고 가엾어서 베풀어지는 온정도 아니다. 내가 필요해서 또는 내가 스스로 잘했다고 만족해서 주어지는 것이 아니다.

오롯이 '하나님이 보시기에 좋을 때' 주어지는 은혜가 페이버다. 그래서 이것은 한글의 배려나 은혜와는 많이 다르다. 인간적인 목적과 마음으로는 도달하기가 어려운 영역이다.

저자는 아버지가 훌륭한 목회자인 가정에서 양육되었다. 저자는 자신이 겪은 육체적인 고통을 겪고 난 후 이 책에서 새삼스럽게 이웃을 다시 고백한다.

"이웃을 사랑한다는 것은 내가 주고 싶은 것을 주는 것이 아니라 그들에게 필요한 것을 주는 것이다. 나는 하나님만 알고 이웃을 모른 채 살아갔다. 하나님을 사랑한다면 그 사랑으로 이웃을 동일하게 사랑하며 살아가야 한다는 사실을 깨달았다."

탐하스(TimHaahs)의 기업사명은 "우리는 이웃을 돕기 위해 존재한다.(We exist to help those in need.)"이다. 이 사명은 성경의 잠언 31장 20절(그는 곤고한 자에게 손을 펴며 궁핍한 자를 위하여 손을 내밀며)과 마태복음 22장 39절(네 이웃을 네 몸과 같이 사랑하라.)을 근거로 한다.

팀하스 창업의 목적은 비지니스를 통해 이웃 사랑을 실천하는 회사를 만드는 것이다. 팀하스는 "우리의 비지니스적인 목적으로 당신(고객, 직원)이 존재하는 것이 아니라, 당신의 삶이 우리의 비즈니스입니다."라고 선언한다.

저자는 용서에 큰 가치를 두고 있다. 나도 이에 진심으로 공감하지만 현실에서 실천하기는 무척 어렵다. 저자가 말하는 용서는 잘한 사람이 잘못한 사람을 봐준다는 뜻이 아니다. 자신의 주장을 접으면서 생각을 바꾸고 상대방의 마음을 이해하고 받아들여야만 비로소 가능한 것이 용서이다.

> "우리의 아들과 딸들, 형제자매들도, 동료니 심지어 부모들도 우리의 용서를 기다리며 울고 있다. 우리가 아는 모든 사람들이 서로의 용서에 목이 말라 울고 있다. 용서는 우리의 지긋한 인내와 묵묵한 끈기를 요구한다. 용서는 우리의 힘겨운 희생을 바탕으로 한다. 용서는 고통과 절망의 분노보다 더 많은 것을 요구한다.
> 예수님은 우리를 용서하시기 위하여 십자가에 못 박히는 고통을 감당하셨다. 그렇게 함으로 예수님은 세상을 고치셨다. 용서는 가장 아름다운 희생의 다른 이름이다. 용서는 가장 아름다운 사랑의 다른 이름이다."

저자는 자신의 삶을 페이버의 축복을 받은 삶이라 생각하고, 가장 큰 축복은 자신에게 주어진 기쁨과 평안이라고 한다.

이 모든 것은 심장병으로 죽어 가고 있던 자신에게 이식될 심장을 이틀 후면 죽을 예정인 한 여인에게 양보한 일에서부터 시작되었다.

나에게 이 책은 사업하는 목적과 삶의 가치를 다시 되돌아보게 하는 뜻하지 않은 귀한 선물이다.

더하는 글

우리나라 최고 지성의 한 사람인 이어령 선생은 암으로 작년 2월에 별세했다. 유언처럼 남긴 암 투병 중의 인터뷰에서 선생의 용서에 대한 생각에 공감이 되어 이 글에 더한다.

"사랑과 용서는 동의어라네. 남을 용서하려면 커야 되고 높아야 되고 힘이 있어야 하지. 용서하는 사람이 진정한 강자라네.
인간은 살아 있는 것 자체가 죄짓는 일이라네. 용서받을 사람이지 용서해 줄 사람이 아니야. 백번 생각해도 다르지 않아. 가장 큰 용서의 존재가 누구겠나? 신이야. 하나님이지. 그게 기독교야. 기독교는 하나님이 끝없이 인간을 용서하는 종교일세. 하나님만이 인간을 용서할 수 있어."

사의 찬미

이영혜

　2017년에 출판된 이 책의 제목은 저자가 운영하는 온라인 카페의 이름과 같다. 온라인 카페 '사의찬미'는 이름과는 달리 가족과 가까운 지인들이 나누는 일상의 소중하고 따뜻한 삶의 이야기로 가득 차 있다. 이 책이 세상에 나오기 16년 전인 2007년부터 저자는 이 카페를 개설하여 지금도 카페지기로 활동하고 있다. 어느 날 저자와 가까운 온라인 카페 회원이 카페의 이름과 연관지어 죽음을 주제로 하는 책을 출간해 보라고 권했다. 그 권고가 계기가 되어 이 책이 쓰여졌다.

　'사의찬미'는 우리나라 최초의 소프라노 가수였던 윤심덕이 일본에서 취입한 노래의 제목이다. 이 노래는 너무나도 고단한 삶에 지친 윤심덕이 "돈도 명예도 사랑도 다 싫다."고 쓸쓸하게 죽음을 암시한다. 윤심덕은 삶이 어려울 때 의지했던 김우진과의 이루어질 수 없던 사랑에 절망했다. 그리고는 일본에서 부산으로 향하는 배에서 두 사람이 대한해협에 몸을 던지면서 비극적인 운명을 함께한 것으로 알려진 이야기의 주인공이다.

첫 번째 장 '죽음'은 이 책의 절반을 차지한다. 저자는 이 장에서 6.25 전쟁 중에 일어난 아버지의 실종과 오빠의 죽음, 남은 가족이 피난하여 내려간 진주여고 학창 시절 이야기를 포함하여 다양한 가족사를 배경으로 죽음에 대한 이야기를 풀어 간다.

이 책은 죽음, 사랑, 삶의 세 개의 장으로 구성되었다. 죽음과 삶은 동일한 하나의 붙어 있는 이름이다. 누구에게나 필연적인 죽음이 있기 때문에 삶은 더욱 귀하다. 유한한 삶의 가치나 의미를 파고드는 것은 삶이 역설적으로 죽음을 품고 있기 때문이다.
모든 사람에게 너무나도 명확하고 피할 수 없는 죽음은, 모두가 언급을 피하고 싶어 하는 주제이지만 삶의 엄연한 일부이다.

우리가 살아서는 결코 경험할 수 없는 '죽음'보다 '살아 있다'는 것이 몇백 배 더 신비롭고 경이롭다. 심장이 쉬지 않고 뛰고, 몸이 따스하고, 기뻐하고, 미워하고, 울고, 웃고, 슬프고, 분노하고, 욕망하고, 감사하고, 사랑하고, 이 모든 육체와 마음의 변화무쌍함이 죽음보다 더욱 신비롭다. 그래서 사의찬미는 본질적으로 '삶의찬미'이기도 하다.

사의찬미가 말하는 죽음은 살아 있는 삶이기에 말할 수 있고 깨달을 수 있다. 모차르트가 죽음이 가까이 다가오는 것을 느끼면서 오선지에 옮긴 진혼곡 「레퀴엠(Requiem)」 중의 라크리모사(눈물의 날) 선율은 이루 말할 수 없이 슬프고 처연해서 아름답다. 그래서 마음 깊이 무겁고 슬플 때 레퀴엠을 들으면 오히려 마음이 씻기며 살아 있음을 느낀다. 나는 죽음처럼 깊고 위대해서 아름다운 이 음악을 저자 덕분에 접하고 깨달았다.

이 책에는 저자가 30대 중반에 행정 주사 K씨 사무실에 근무하면서 만난 K씨의 셋째 아들 이야기가 나온다. 셋째 아들은 대입에 낙방하고 병약하여 열등감에 사로잡힌 청년이었다. 책을 많이 읽은 나머지 이상에 사로잡혀 자살을 말하는 그는 항상 죽음을 품고 살았다. 그렇다고 죽을 계획이 있는 것은 아니었다. 언제나 자살을 희망처럼 꿈꾸면서도 삶을 거부하지는 못했다.

저자와는 나이 차이가 꽤 아래였지만 지적인 수준이 통했던 청년이 어느 날 저자에게 말했다. "나는 지금 죽을 수 있다." 청년은 죽음을 늘 유희하다가 그 시점에 자기대로의 그런 답을 도출해 냈던가 보다. 비틀거리는 청년을 지탱해 준 것은 죽을 수 있다는 희망이었다.
이 청년(고선욱)이 대학교 철학과를 졸업한 후 대학원에서 철학 공부를 시작하면서 저자에게 보낸 진리와 지식과 인식에 대한 깨달음을 적은 편지가 있다. 이 편지 전문이 이 책에 실려 있다. 젊은 남녀 사이에 주고받은 연애편지가 아니라 조금은 아쉽지만, 젊은 청년이 인생에 대하여 깊이 사색한 결과에서 나온 명문장이다.

두 번째 장인 '사랑'에는 저자의 젊은 시절, 결국 이루어지지 못한 사랑 이야기가 나온다. 이기적이었던 남자와의 첫사랑 이야기는 가슴이 무척 아리다. 사회적으로 재산을 모아 살 만해진 후에도 젊었을 때 이기적이었던 사람은 나이가 들어도 이기적인가 보다. 그 남자가 나이가 들은 후에도 끝까지 타인을 배려하지 못하는 사람으로 남아 있는 모습이 참으로 안타깝다.

"나는 처음부터 다양한 소설 작품 속의 주인공들을 떠올리며 흉내를 내고 있었다. 사랑하지 않은 것은 아니다. 그 사랑이 모방이었다는 말을 하고 있는 것이다. 그래서 그리울 때는 충분히 그리워했고, 슬플 때는 절실히 슬퍼했다. 비극적인 조건이 갖추어졌을 때는 충실히 비극적이게 사고했다. 환상과 현실 사이를 오가면서 다 느끼고 있었다."

저자의 감수성과 삶의 경험에서 우러나온 사랑에 대한 통찰이 담겨 있는 글은 참 재미가 있다. 저자가 이 책에서 말하는 사랑은 죽음이나 삶보다 한 수 위이다. 세상을 포섭할 만한 힘이 있다. 사랑은 신비롭고 천의 얼굴을 가졌다. 그러나 사랑의 본질은 하나다.

선남선녀들이 첫사랑으로 시작해서 사랑의 종국에 이르는 과정을 저자는 실감나게 그려 낸다. 첫사랑 이후 일련의 과정은 나이의 많고 적음을 떠나서 많은 사람의 공감을 자아낸다. 저자가 쓴 이 부분 글을 거의 그대로 요약하여 옮겨 본다.

"첫사랑이라고 일컬을 만한 사건은 사춘기적 현상으로, 병을 앓듯이 한 번 거쳐 가는 하나의 통과 의례여야 바람직하다. 흔히들 '첫사랑은 이루어지지 않는다'라고 무슨 명언 같이 말한다. 당연한 말이다. 아직 인격이 온전히 형성되어 있지 않은 상태에서 만난 사람이 서로에게 맞기는 어려운 일이다. 아무 준비가 되어 있지 않은 상태에서 사랑한 사람을 어떻게 내 것으로 할 수 있겠는가."

이성(異性) 간에 사랑을 한다는 것은 우리가 서로 사랑하고 있다고 여기는 그 자체다. 사랑은 행위 이전에 염원이다. 끊임없이 그를 생각한다. 그와 관련된 것은 다 궁리하고 알려고 애쓴다. 그의 행동, 손짓 하나, 그가 했던 말 한마디까지 모조리 의미를 부여한다.

그것은 급기야 '그가 나를 얼마나 사랑하는가?'로 연결된다. 쉬지 않고 그 작업을 계속한다. 때로는 '이제 그가 나를 사랑하지 않는 거야.'라고 생각할 때도 있다. 조그마한 사건 하나, 행동 하나가 큰 의미를 남기기 때문이다. 한없이 이 일을 반복하다 보면 사랑의 기쁨과 고통을 번갈아 맛보게 된다. 기쁨보다는 고통이 훨씬 크다. 사랑의 기쁨을 느끼는 시간은 한순간이고 거의 괴로움의 연속이다. 왜일까? 그것은 믿지 못해서이다. 그런데 그 사실을 자기도 모른다. 그래서 언제나 사랑은 괴롭다. 사랑이 고정돼 있지 못한 것은 사랑만이 가진 숙명이다

사랑은 미지로의 탐구다. 남자는 여자를 모르고 여자는 남자를 모른다. 서로에 관하여 아주 조그마한 것이라도 궁금하고 알고 싶다. 그 알아 가는 과정이 바로 사랑하는 행위가 아닐까. 하나씩 알아 가면서 서로 행복해하면서 가까워졌다고 생각한다. 마치 정상을 향하여 열심히 올라가는 등반자의 행태라고나 할까. 그렇게 하는데 얼마나 걸릴까? 만나는 주기에 따라 그 속도는 빠르기도, 느리기도 할 것이다.

그리하여 얼마가 걸렸든지 고지에 다다르면 더 모르는 것도 없고, 신비감도 없어지는 날이 올 것이다. 그때도 뜨거운 감정이 남아 있을까. 그때부터는 매너리즘의 연속이다. 그리고 참다운 연애는 끝난다. "인간은 모든 것의 극치를 구한 후, 그것의 종국을 본다."

치열하게 평생을 달려온 저자는 자신이 가지고 있는 죽음과 사랑과 삶에 대한 깊은 사색을 이 책에 담았다. 저자는 글쓰기의 이유를 이 책의 서문에서 밝힌다.

"정의가 무엇인지, 진정으로 추구할 만한 가치는 무엇인지, 언제나 떠나지 않는 질문이 있다. 그것들을 탐구할 수 있는 길은 결국 생각이 아니고, 읽기와 쓰기라는 답을 얻었다. 이 책은 그 결과로 세상에 태어났다. 평생 책과 음악을 양식처럼 먹으며 살았다. 늘 글이 쓰고 싶었지만 70이 넘은 2011년에 '수필문학'에 작가로서 등단했다. 늦게 시작했지만 오랜 세월 곰삭은 각성이 빛을 뚫고 나올 수 있었으면 좋겠다는 신념으로 깊은 사유의 글쓰기를 이어가고 있다."

매사에 적극적으로 삶을 대하며 살아온 저자는 70세 은퇴 이후에도 지적인 탐구와 욕구는 여전하였다.
어떠한 자리에서든 가능하면 주인공이 되고자 노력한다. 자신과의 약속도 적당히 타협하지 않고 지키는 데 온 힘을 다한다. 어떻게 하든 결국 달성해 내고야 마는 분이다. 가족이라도 가능한 객관적으로 평가하려 하신다. 부당하다고 느끼는 것에 대하여는 웬만하면 그냥 잘 넘어가지 않는 편이다.

음악, 그림, 수필, 노래, 인문, 한문, 피아노까지 실력이 대단하다. 은퇴 후에 시작한 게이트볼은 공인심판자격까지 취득하였다.

다양한 방면에 재능이 뛰어난 저자는 나의 장모님이시다. 잘 나가던 친구분들에 비하여 사회적으로 불리한 여건에서도 누구보다도 빈틈없이 자신과 가족을 지키며 열심히 살아온 분이다.

그래서인지 가까운 사람도 기본적으로 긴장하게 만드는 분위기가 있다. 백년손님이라는 사위라서 특별한 배려를 받았던 나조차도 젊었을 때는 감당하기가 쉽지 않았다.

이 책은 치열하게 삶을 살아 온 저자의 철학이 가식 없이 쓰여 있어 더욱 재미있고 소중하고 가치 있다.

지구를 살리는 옷장

박진영, 신하나

다양한 책에 대한 정보를 일주일에 한 번씩 소개하는 '라디오 북클럽 김겨울입니다.'라는 팟캐스트가 있다. 나는 장거리 운전을 할 때면 지나간 팟캐스트를 챙겨서 듣곤 한다. 어느 날 라디오 북클럽에서 소개한 내용이 귀에 들어와서 이 책을 구입했다. 이 책은 재생종이로 출판된 150여 쪽의 손바닥만 한 작은 책이다.

이 책의 두 저자는 어떤 패션 브랜드에서 동료로 만난 친구이다. 두 저자는 '지속 가능한 패션'이라는 뜻을 모아 패션 브랜드 낫아워스(Not Ours)를 함께 런칭하여 운영하는 젊은 여성 공동 대표이다. 낫아워스에서 박진영은 디자인, 신하나는 브랜드 마케팅을 담당한다. 두 사람 다 비건으로, 패션의 영역에서 지속 가능한 삶이 무엇인지 고민하고 실천하고 있다.

이 책에서 저자는 지구 환경을 해치지 않는 옷, 탄소 발자국을 줄이는 패션을 추구한다. 이것을 '비건 패션'으로 설명한다. 추구하는 목표의 이념적인 기반을 비거니즘에 두고 있다.

　세계적으로 유명한 H&M과 Zara 브랜드로 대표되는 패스트 패션(Fast Fashion)의 신제품 출시 주기는 평균 3주로 매우 짧다. 패스트 패션은 빠른 패션을 원하는 소비자에게 이상할 정도로 낮은 가격에 신상을 끊임없이 제공한다. 패스트 패션은 "옷은 잘 관리하고 수선해서 오랫동안 입기보다는 한 계절 입고 버리는 소모품이다."라고 마케팅한다. 이러한 홍보의 홍수 속에 싼 가격으로 매일 엄청난 옷이 소비된다. 중고 의류 기부라는 이름으로 버려져 산처럼 쌓이는 헌 옷은 불과 1%만 재활용이 가능하고 나머지는 심각한 환경 재앙으로 되돌아온다.

　수많은 산업 중에서도 패션 산업은 물 사용량이 두 번째로 많은, 물 소비 산업이다. 동남아 물 부족 국가의 저임금 의류 제조 산업은 이들 나라의 물 부족을 더욱 가속화시키고 있다. 패스트 패션의 터무니없는 '착한 가격'은 동남아 저임금 노동 환경 공급망이 받쳐 주기에 가능한 '나쁜 가격'이다.

　슬로우 패션 산업이 "물건을 많이 생산하지 않아야 한다."고 말하는 것은 할 수 있다면 적게 팔아야 한다는 뜻이라서 뜬금없다. 한 개라도 더 많은 제품을 팔기 위한 엄청난 마케팅으로 가득한 것이 자본주의 사회이다. "덜 팔아야 한다."고 말하는 비건 패션이 자본주의 경제에서 지속 가능할지 의문이다.

살아남는 정도의 사업으로는 산업을 바꿀 수가 없다. 블랙 프라이데이 세일 기간에 "Don't Buy This Jacket."이라고 캠페인하는 미국의 파타고니아(Patagonia)는 지구 환경 보호 활동에 해마다 매출의 1%를 기부하는 세계적인 패션 브랜드이다. 파타고니아는 그렇다고 치더라도, 낫아워스는 용감한 청년 사업가의 작은 도전으로 보인다.

이 책이 계기가 된 낫아워스 두 대표의 북 토크 영상이 있다. 거대한 자본주의 경제가 추구하는 이익 지상주의에 대하여 비건주의 깃발을 치켜들고 "우리는 아니다."라고 말하는 모습이 내 눈에는 안타깝게 보인다. 나는 비건주의에 동조하지 않지만 이 책의 후반부에서 저자가 설명하는 작은 실천은 잔잔한 감동을 준다.

추구하는 이념을 가진 젊음은 오히려 무엇을 모르기 때문에 겁이 없어 용감하다. 그래서 아직은 순수하기에 세상을 바꾸어 나갈 수 있고, 적어도 자신의 삶을 확실히 바꿀 수 있다.

더하는 글 ─────

채식주의를 뜻하는 '비건(Vegan)'이라는 용어는 1944년 영국에서 유래했고, 채식주의자(Vegetarian)의 첫 글자와 마지막 글자를 조합하여 만들어졌다.

비거니즘(Viganism)으로 불리는 비건주의는 다양한 이유로 동물 착취에 반대하는 행동 철학이다. 육류 섭취를 자제하고, 유제품, 계란, 동물성 제품을 섭취하거나 사용하지 않기로 하는 식습관에 그치지 않고, 가죽 제품, 양모, 오리털, 동물 화학 실험 등 동물성 제품의 사용도 피하는 더욱 적극적인 개념을 뜻한다. 채소와 과일, 해초와 같은 식물성 음식 이외에는 아무것도 먹지 않는 철저하고 완전한 채식주의자를 비건(Vegan)으로 부르기도 한다.

프리워커스 [Free Workers]
모빌스 그룹

나의 딸이 2년 전 봄에 이런 책이 있다고 카톡에 올려놓았다. 흥미가 가는 제목이라서 바로 주문해서 그해 어린이날에 읽었다. 이러면 치열하게 살아가는 딸의 생각을 함께 공유할 수 있고, 20대의 젊은 시대감각도 느낄 수 있어서 참 도움이 된다.

프리워커스(Free Workers)는 자유롭게 일하는 사람이다. 좀 더 구체적으로는 '스스로 일하는 방식을 찾는 주체적인 사람'을 뜻한다.
서로 개성이 뚜렷한 젊은 7명으로 이루어진 신생 회사의 멤버들이 각자 잘하는 일을 1년 동안 수행하면서 성장하는 과정을 이 책에 담았다. 이 책 자체도 이들이 만들어 가는 브랜드의 일부이다. 마치 보컬을 포함하여 여러 악기를 연주하는 멤버로 구성된 그룹사운드를 연상하면서 자신들을 그룹이라 말한다. 프리워커스는 자신이 회사의 직원일 수도 있고 오너, 또는 프리랜서일 수도 있다.
언젠가부터 프리랜서로 일하는 사람들이 많아졌는데 시간이 흐르며 점점 더 증가하고 있는 사회 분위기가 느껴진다.

프리랜서의 어원은 크고 작은 분쟁이 있던 과거 중세 시대에서 찾을 수 있다. 이 시대엔 영주와 주종 관계를 맺고 전투에 참여하던 대부분의 병사들과 달리, 어떤 영주에도 소속되지 않았으나 자유롭게(Free) 계약에 따라 싸움을 벌이는 창기병(Lancer)이 있었다. 이런 용병들의 모습에서 따온 단어가 바로 프리랜서이다. 전시에 전투를 치루는 용병을 프리랜서라고 한다면, 평시에 자유롭게 일을 선택하는 사람은 프리워커스라고 불러도 되겠다.

대부분의 사람들이 기본적으로 생계(수입)를 위하여 일(Work)을 한다. 또한 많은 사람이 주어진 일을 수행하면서 자신이 하고 싶지 않은 방식인 경우라도 조직의 방침, 규정, 지침에 따르면서 일을 한다.
그러나 이 그룹은 자신이 잘하는 것을 자신의 방식으로 자유롭게 일하는 방식을 추구한다. 자유롭게 일하는 것을 추구하고, 자신이 원하는 것을 솔직히 드러낸다. 이렇게 일하는 것을 공감하는 사람들이 자신을 모쨍이(고객)라고 하면서 이들이 만든 브랜드 이미지에 함께 참여한다.
이 그룹은 멋진 일의 결과만을 보여 주지 않고, 결과에 이르기까지 중간의 어설픈 과정도 일부러 고객에게 그대로 보여 준다. 이 그룹의 일하는 방식에 감정적으로 공감하는 고객이 함께 동참하게 만든다.

이러한 일에 대한 태도와 프리워커스를 지향하는 가치를 가지고 모베러웍스(More Better Works)라는 브랜드를 만들었다. 'MoTV'라는 유튜브 채널을 운영한다.

브랜드가 추구하는 가치를 표현하는 재미있는 용어도 만들었다. ASAP(As Slow As Possible), 모조(Mojo)라는 자유로운 이미지의 새 마스코트, NTDL (Not To Do List, 하지 않을 일의 목록), Do Nothing Club, Small Work Big Money 등으로 일에 대하여 다르게 추구하는 이미지를 참 재미있게 표현한다.

이러한 이미지를 티셔츠나 머그잔에 인쇄하여 판매하는 것이 이들 비지니스 모델의 일부이다. 신생 회사이지만 여기에 참여한 멤버는 각자의 프리워커 이전의 경력을 꽤 가지고 있다. 창업 1년 만에 나름의 이미지를 구축하고 브랜드화 한 것은 참 대단하다고 생각한다.

이 그룹은 조직적으로 메여서 하는 일을 거부하고 '느슨한 연대'에서 오는 자유로운 가치를 추구한다. 그런데, 내가 책에서 느끼는 이 멤버들이 각자 일하는 모습은 전혀 느슨하지 않다. 이상을 추구하는 열정, 작은 실패와 끊임없는 고민, 철저하게 준비하여 실천하고, 일의 결과를 반성하고 다시 도전하는 모습은 참 절실하게 느껴진다.

이 책의 끝에는 이 멤버들이 읽고서 프리워커스 철학을 세우는 데 영향을 많이 받았다고 추천한 10권의 책 목록이 있다. 이 그룹의 뿌리가 된 생각에 이르게 한 자유론(존 스튜어트 밀)을 이 중의 하나로 제시한 것을 보고는 솔직히 많이 놀랐다. 덕분에 나도 책 목록에서 마음이 끌리는 2권의 책을 새로 주문했고 나의 읽을 책 목록에 추가하였다.

김미경의 리부트(Reboot)
김미경

 이 책의 저자는 25여년 강연 경력을 가진 스타 강사이다. 자기 계발, 꿈과 연애, 사회생활, 경제 문제 등의 여러 주제에 대해 자기의 철학을 갖고 이야기를 풀어 나간다. 저자의 강의는 많은 청중들의 공감을 받고 있다는데, 나는 그동안 한 번도 저자의 강의를 직접 들어 본 적은 없다. 자신의 저서가 15권 이상 되고 작년 말에 약 160만 명의 구독자를 가진 영향력 있는 유튜버인데도 정작 나는 모르고 있었다.
 아내가 대학 후배이기도 한 저자의 책을 전해 주면서 이 책 참 좋다고 권한 것이 계기가 되어 읽어 보았다. 이 책은 2020년 7월에 출간되었다.

 책 제목의 리부트(Reboot)는 원래 컴퓨터 용어로서 컴퓨터를 껐다가 다시 켜는 뜻이다. 저자는 사람을 위기에서 다시 일으켜 세운다는 의미로 이 용어를 사용했다. 저자는 직원 수 20여명 회사의 대표이기도 하다.
 이 책은 COVID-19로 어느 날 한순간에 수입원이 끊어져 위기에 처한 회사를 살리기 위하여 치열하게 고민한 과정과 해법을 책으로 정리한 것이다. 불과 3달여 만에 책 한 권을 낸 것은 그만큼 이 분야의 내공이 쌓여 있다는 뜻이다. 정말 저자가 인생을 치열하고 열심히 살아 왔다는 것과 프로의 생존 본능이 책에서 강하게 느껴진다.

이 책을 읽으면서 COVID-19 이전의 대부분의 회사 수입이 사장(저자)의 오프라인 강연료 수입이었다니, '이렇게 돌아가는 회사도 있구나! 사장이 감기에 걸릴 여유도 없도록 엄청 치열하게 살았겠다!'라는 느낌이 남달리 나에게 다가왔다.

이 책의 주제는 "COVID-19를 계기로 이 사회의 생존 게임 규칙이 비대면(Untact)으로 진정 바뀌었으니 개인도 주도적으로 여기에 적응하고 배우고 따라가라. 그래야 살 수 있다."이다. 온라인 게임/회의/예약/쇼핑/상담/진료/수업/운동/업무/… 일상의 많은 것을 비대면(Untact)과 온라인 대면(Ontact)으로 전환해야 살 수 있다는 뜻이다.
약 5년전부터 마케팅 분야 등에서 사용한 Digital Transformation(디지탈로의 전환)이 COVID-19로 인하여 급가속된 상황이 책에서 언급되었다.

어느 날 갑자기 닥쳐온 COVID-19의 습격에서 개인(회사)의 위기를 치열한 고민과 노력으로 멋지게 극복하고 그 과정에서 훌륭한 콘텐츠(책, 사업 수단)까지 덤으로 확보한 저자의 능력에 박수를 보낸다.

어느 수학자가 본 기이한 세상

강병균

　이 책은 어느 날 서점에 들렸다가 제목이 눈에 들어와서 구입했다. 나는 수학은 참으로 멋있고 대단한 학문이라고 생각한다. 수학자의 눈으로 본 세상은 어떠할까, 하는 호기심으로 이 책을 선택했다. 그런데 전체적인 내용을 보면 수학 이야기는 양념 정도이고 저자의 불교를 포함한 종교에 대한 생각이 대부분을 차지한다.

　직업이 수학 교수인 저자는 종교학자는 아니지만 불교에 대하여 상당한 지식을 가지고 있다고 보인다. 30년 가까이 참선을 하면서 채식주의자로 살아 온 이력도 특별하다. 특히 불교에 대한 지식은 매우 해박하다. 수학은 당연하고 역사, 철학, 종교, 과학, 진화론, 생물학, 현대우주론 등을 포함하여 저자의 박학다식함을 이 책에서 볼 수 있다.

　저자는 인간의 무지와 망상 속에서 종교가 발전했고, 삶과 죽음의 투쟁 속에서 축적된 인간의 지혜가 종교에 담겨 있다고 말한다. 종교에 들어 있는 환망공상(환상幻想·망상妄想·공상空想·상상想像)이라는 독을 제거하면 종교는 유용해질 수 있다고 말한다. 환망공상은 인간이 무지에서 지식으로 나아가는 과정이자 지식을 얻는 도구이지만 종교에서는 혹세무민의 도구로 쓰인다고 한다.

저자는 "신은 100% 망상이다."라고 주장한다. 종교계의 영향력 있는 성직자, 특히 불교의 큰스님들에 의하여 잘못 가르쳐지고 있는 윤회론, 참나론 같은 교리상의 모순은 잘못된 환망공상의 결과라고 비판한다.

여러 가지 종교를 공부한 저자의 눈에 불교가 들어온 이유는 불교가 가장 과학적이기 때문이라고 한다. 종교로서의 불교 교리는 다윈의 진화론, 뇌과학, 현대 우주론 등의 과학적 지식으로 잘 설명할 수 있고 저자의 과학적인 입장과도 일치하기 때문이라고 한다.

구체적으로 불교는 인간과 우주를 관장하는 초월적인 신의 존재를 인정하지 않고, 세계를 연기론과 인과론으로 설명하는 합리적이고 과학적인 종교라고 한다.

이러한 측면에서 저자는 미개한 종교를, 그중에서도 특히 불교를 개혁해야 하는 이유로 과학관·생명관·우주관이 위험할 정도로 무지한, 이름만 대면 알 만한 큰스님들이 환망공상으로 불자를 혹세무민하고 있기 때문이라고 말한다. 가톨릭과 기독교의 예를 들면서 성경의 '구약'에는 인종 청소와 대량 학살을 명령하고 사람을 제물로 받은 미개한 야훼 하나님이 여전히 버젓이 남아 있다고 이 책에서 말한다.

 저자가 쓴 글은 종교에 대한 개인적인 판단과 주장이 많이 반영되어 있다고 보인다. 이 책에 설명된 저자의 종교, 특히 불교에 대한 주장을 독자가 고민 없이 정답처럼 신뢰하는 것은 매우 위험하다고 생각한다.
 저자는 이미 자신의 결론을 내리고, 거기에 부합한다고 생각되는 다양한 반례를 제시하는 방식으로 논리를 전개한다. 자신의 논리를 전개하면서 "어떤 명제에 대한 반례가 하나라도 있으면 그 명제는 참이 아니다."라는 수학적인 방법론을 사용한다.

 이 책은 종교계의 신부, 목회자, 승려들에 대한 부정적인 사례와 측면을 위주로 서술하고 있다. 신앙과 종교를 접하는 초심자에게는 균형 잡힌 시각을 가지지 못하게 하여 종교의 본질을 놓치게 하고 개인 신앙의 가치를 폄훼하는 문제가 있다. 내가 보기에 세상은 기이하다기보다는 서로 생각이 다른 사람들끼리 부대끼며 돌아가고 있을 뿐이니 '기이한 수학자가 본 어느 세상'이라는 표현도 무리가 없어 보인다.

 우주론(宇宙論)은 세상의 처음이 어떻게 시작했는지, 지구에서 태어나 살고 있는 나의 존재가 어떻게 만들어졌는지를 질문한다. 우주론은 인간 중심의 관점에서 신(절대자)의 개입과 의지에 의하여 지금의 절묘한 우주가 창조되었다는 입장과, 무한 반복적인 우연에 의

한 발생과 오랜 진화를 통하여 인간을 포함한 우주가 만들어졌다는 두 가지 입장 중에서 하나를 선택하도록 우리에게 요구한다.

누구나 이 둘 중의 하나를 선택해야 하며, 중간의 선택은 어정쩡할 뿐이다. 전자는 인류 원리(Anthropic Principle)라고 하고, 후자는 코페르니쿠스 원리(Copernicus Principle)라고 한다.

저자는 100% '코페르니쿠스 원리'를 선택했다고 보이고 이 책은 이러한 저자의 생각을 아주 구체적으로 보여 준다. 이 중에 가장 핵심 주장인 무아연기론(無我緣起論)을 요약해 본다. 무신론자이면서 수학자인 저자가 신에 대하여 가지고 있는 생각이 매우 흥미롭다.

> "신이 만들어지는 과정을 본 사람들은 신을 믿기 힘들다. 그래서일까, 신학자들과 생물학자들은 대부분 무신론자들이다. 반면에 자연과학 중 가장 현실과 유리된 학문을 하는 수학자들 중에 유신론자가 가장 많다."

무아론(無我論)은 "영원한 실체로서 자아는 없다."는 불교의 교리이다. 풀어서 설명하자면, 우주적인 절대 실체(신)는 존재하지 않는다. 모든 존재가 '무아'이므로 세상의 모든 현상은 '무한한 조건의 덩어리(연기, 緣起)'라는 논리이다. "생명체 안에 고정불변한 영원한 실체는 없다. 불멸의 신은 존재하지 않고 모든 것은 끝없이 변한다."라고 부처가 선언했다는 것을 근거로 주장한다.

절대적인 '자아'라는 것이 없으니 합리주의 철학자 데카르트가 주장한 유명한 명제 "나는 생각한다. 그러므로 나는 존재한다."는 엉터리 주장이라고 말한다. 영육 이원론자인 데카르트의 명제는 물질세계를 초월한 영혼이 따로 있고 이 영혼이 생각을 하는 것이라고 설명한다.

데카르트의 어처구니없는 '생각'에 대한 발상은 현대 뇌과학의 발전에 의하여 가차 없이 오류로 판명되었다고 한다. 현대 뇌과학자가 분석하기를, 인간의 '생각'은 뇌를 구성하고 있는 원자와 분자의 끊임없는 물리적인 현상의 결과로 창발 되는 것이지 뇌와 독립적으로 존재하는 초월적인 존재가 하는 것이 아니라고 한다.

저자는 영과 육이 분리되어 독립적으로 존재하는 세계를 인정하지 않는다. 저자가 보기에 우주의 모든 것은 물질세계로 통합되어 있고 뇌에서 일어나는 생각도 끝없이 변화하는 물질세계의 일부일 뿐이다.

연기론(緣起論)은 모든 현상이 생기(生起) 소멸하는 법칙을 설명하는 불교 이론이다. 풀어서 설명하자면, 모든 현상은 수많은 원인인 인(因)과 조건인 연(緣)이 모여, 절대적인 설계자 없이, 저절로 만들어진다. 삼라만상에는 궁극적인 본질이 없으며 오직 서로 간의 관계에서만 일시적으로 의미를 가진다.

저자는 두 가지 이론을 묶은 무아연기론(無我緣起論)을 주장하기 위하여 다윈의 진화론을 적극적으로 끌어들인다.

저자는 말하기를 진화론은 인류 역사상 위대한 과학적 발견이지만, 부처의 무아연기론은 다윈의 진화론과 더불어 인류역사상 가장 위대한 발견이라고 말한다. 저자는 또한 진화론의 사상적 배경이 무아연기론이라고 말한다. 저자는 주장하기를 진화론은 물질적인 몸에 대한 것이고, 무아연기론은 정신적인 마음에 대한 것이라고 말한다.

과학적인 근거로 진화론 끌어들인 저자는 진화론적인 관점에서 인간을 포함한 모든 생물학적 진화에는 그 어떤 절대 의지의 개입이 있을 수 없다고 한다. 불교의 무아연기론은 생물체가 유전자를 통해 이어지는 진화론과 만날 수 있다고 한다.
  저자는 모든 것의 근본인 제1원인으로서 신은 존재하지 않는다고 말한다. 제1원인이 없는, 즉 설계자가 없는 설계, 경쟁자가 없는 경쟁이 진화론이라고 한다.
  저자는 부처가 "나란 실체가 본시 존재하는 것이 아니다."라고 말한 것을 이러한 주장의 근거로 삼는다.

우리나라 불교계의 여러 고승이 설법에서 가르치고 있는 '참나론'은 저자가 극구 부정하는 불교 교리이다. 유아론(唯我論), 진아론(眞我論)으로도 표현되는 참나(True Self)는 인도 사상의 정신적, 영구적인 실체인 아트만(Atman), 기독교나 가톨릭의 하나님이나 성령(Holy Spirit)과 같이 정신적이고 영적인 존재를 말한다. 참나론이 좀 심하면 "실재하는 것은 자아뿐이고 다른 모든 것은 자아의 관념이거나 현상에 지나지 아니한다."라는 주장까지 나가기도 한다.

저자는 '과학적' 종교인과 '따뜻한' 유물론자들은 마음이 없다고 주장하는 것은 아니라고 설명한다. 단지, 마음은 물질과 독립적인 것이 아니고, 물질에 의하여 만들어지는 것이라고 주장한다. 나는 저자가 불교계에 일으키는 논쟁의 핵심이 이 부분이라고 본다.

나는 기독교를 신앙으로 믿는 창조 과학자가 과학의 이름으로 성경 속의 여러 기사와 이적이 신화가 아니고 과학적 사실이라고 주장하는 것을 신뢰하지 않는다. 같은 이유로 지식인 불교도가 과학적 이론에 힘입어 부처의 깨달음과 불교의 교리가 옳다고 주장하는 것도 그다지 신뢰가 가지 않는다.

엄격한 관찰, 반복 재현되는 실험, 치열한 이론적 논쟁, 엄밀한 수학적 입증을 통하여 사람들에게 보편적인 지식으로 인정받는 과학적 방법론을 자신의 종교적인 믿음과 신념을 강화하기 위한 수단으로 쓰는 것은 과학적 방법론에 대한 과신이라고 본다.

불교닷컴은 기성 불교종단의 잘못된 활동과 부패한 승려들의 행태를 비판해 온 온라인 언론 매체이다. 이 책은 저자가 불교닷컴에 2014년 6월부터 약 2년간 연재한 글을 묶어서 출판되었다. 연재하는 글마다 수백 개의 댓글이 달리고 한국 불교권 내에서 격렬한 논쟁이 일어났다.

각자 옳다고 믿는 정치적인 신념과 종교적인 교리를 가지고 주장하는 논쟁은 하나의 정답이 있을 수 없다. 논쟁에 참여하는 사람들

사이에 필연적으로 끊임없는 갈등과 분열을 만들어 낸다. 매우 민감한 종교적인 논쟁거리가 공식적인 책으로 출판되어 소비자인 독자에게 전달되었다.

그러하기에 저자의 주장이 독자에게 잘 전달되려면 진지하고 거부감 없게 제시되어야 한다고 생각한다.

이 책의 출판사는 "불교, 부처님 이래 최초로 수학자에 의하여 해부당하다!"라고 서평을 남겼다. 2016년 7월에 출판된 이 책이 약 1년 후에 초판 6쇄까지 나온 것을 보면 이 책이 불교계에 일으킨 논쟁과 출판사의 자극적인 서평 등이 작용했다고 보인다.

직업으로서의 소설가

무라카미 하루키

일본의 유명한 소설가인 무리카미 하루키가 쓴 이 책은 소설이 아니다. 작가는 한두 편의 베스트셀러를 내고는 이름이 사라지는 소설가가 아니다. 이 책은 많은 사람에게 읽히는 장편 소설과 단편 소설을 수십 년간 계속 쓰는 작가가 자기의 직업에 대하여 쓴 글이다.

이 책에는 미국에서부터 유명해지기 시작한 스토리, 때로는 덜 일본적이라는 이유로 일본 문단에서 배척받으면서 발생하는 사건들, 소설 집필에 필요한 체력을 유지하기 위하여 매일 달리기를 하고 해마다 마라톤 대회에 참가하고 있는 내용 등이 있다. 자신의 직업인 소설가로서 겪으면서 경험한 여러 가지 사건과 이에 대한 자신의 생각이 이 책에 담겨 있다.

저자는 소설가다운 글솜씨로 자신이 살아온 이야기를 담담하게, 그러나 할 말은 다 한다는 식으로 이 책에 서술한다. 자기의 삶을 열심히 살아온 사람이 글솜씨까지 있다면 저자처럼 한 권의 책으로 나올 만한 충분한 스토리를 모두 가지고 있을 거라고 본다.

이 책은 2018년 초에 구입하여 읽었다. 이 책의 내용 중에 아래와 같이 기억되는 문장에 가장 마음이 꽂혔다.

"사람이 모여 사는 인간 사회에서는 옳고 그름을 떠나서 상대방을 비난하고 헐뜯는 사람이 언제나 조금씩은 있기 마련입니다. 이건 어쩔 수 없이 자연스럽습니다."

일본 문단에서 저자에게 끊임없이 들어오는 공격과 비난을 이런 식으로 담담하게 받아들이려는 저자의 마음이 깊이 와닿았다. 이 짧은 문장은 그 이후로 내가 세상을 대하는 좋은 지침 중의 하나가 되었다.

어린 시절은 호기심으로 성장한다.
육체적으로 성장하는 폭풍 같은 청년기를 거치고
오십이 지나면서 정신이 계속
성장해야 하는 시기인 것을 깨닫는다.

2장

나는 어떻게 성장하는가

러시아 거장들, 삶을 말하다

오종우

2016년 12월에 산 이후로 책장에 꽂혀 있던 이 책을 6년 만인 작년에 꺼내어 읽었다. 그 당시 러시아 문학을 좀 더 알고 싶은 지적 허영심에 붙잡아 놓은 이 책은 오랫동안 나의 책장에 갇혀 있었다.

그동안 방치되었던 책의 제목에 포함된 '삶을 말하다'라는 짧은 문구에 마음이 다가갔다. 이 책에서 구하려 했던 지적 허영심은 그동안 세월이 흐르면서 '남아 있는 삶을 어떻게 살아야 할까?'라는 실존적인 질문으로 바뀌었다.

작년 초입에 내가 가야할 방향을 가리키는 나침반 바늘이 크게 흔들렸다. 분명하다고 믿었던 나의 갈 길이 여러 갈래로 갈라지고 희미해졌다. 앞으로 나가려는 길을 분별하고 선택하는 눈이 흐려진 나를 발견했다. 어떻게든지 나의 길을 다시 맞추고, 다져 보려는 마음은 책장에 꽂혀 있는 여러 권의 책 중에서 이 책에 손이 가게 했다.

이 책은 '어떻게 살아야 하냐고 묻는 당신에게' 『카라마조프 가의 형제들』(도스토옙스키), 『안나 카레리나』(톨스토이)와 『닥터 지바고』 (파스테르나크) 소설의 주인공들을 통하여 사람의 삶과 어떻게 살아야 하는지 생각하고 되돌아보는 계기를 열어 준다.

러시아 문학 전공자인 저자는 3명의 세계적인 러시아 작가의 장편 소설을 빌려 무엇이 정직한 삶의 태도이고 잘못된 삶의 모습이 어떠한지 설명해 주려고 무척 애쓴다. 그래서인지 이 책은 긴 장편 소설을 직접 읽는 것만큼은 아니지만 이 소설의 핵심을 이해할 수 있게 도와주는 재미가 훌륭하다.

너무나 당연하게 모든 사람은 자기 자신이 옳다고 믿고 추구하는 삶의 모습과 태도를 가지고 있지만 아쉽게도 세상 누구에게나 한결같이 제시해 줄 수 있는 삶의 정답은 없다. 이 책을 다 읽고 나서 생각해 보니 세 소설 속의 문장을 빌린 저자의 글은 저자가 옳다고 생각하고 해석한 소설 주인공의 삶이었고, 그들의 삶이었고, 저자가 주장하는 삶일 뿐이었다. 결국 나의 삶은 내가 찾아서 만들어야 하는 나의 것이어야 함을 새삼 깨닫는다.

오래된 옛 시절을 돌이켜 보면, 나는 서울에서 입학한 초등학교 2학년 때 부산으로 전학을 갔다. 초등학교 4학년 때 부산을 떠나 전라남도 고흥에서 1년을 다니다가 5학년 때 다시 서울로 전학을 왔다.

다시 서울에서 시작한 나의 사춘기 시절은 너무나 빈한하여 위축되었다. 거친 어린 시절의 서러운 눈물을 가슴 속에 숨겨야 했다. 끝까지 참아야만 모범생으로 살아남을 수 있는 시간이었다. 그 시절에는 누구나 그랬었다는 말은 지금도 나에게 위로가 되지 못한다.

　스스로 견뎌 내야 하는 생존 본능으로 훈련된 나의 인생 나침반 바늘은 다행히 앞을 가리키는 방향이 분명했다. 사치스런 방황으로 흔들리는 일도 없었다. 나도 의식하지 못하는 삶의 의지와 스스로에게 가하는 채찍과 그렇게 만들어진 자존감으로 앞만 보며 걸어왔다. 돈으로 살 수 있는 빠른 지름길은 나와는 다른 가진 자의 세계였다. 편하게 쉬어 갈 수 있는 옆길을 곁눈질하는 것은 여유 있는 자의 사치였다. 지나온 길을 뒤돌아보는 것은 결코 있을 수 없었다.

　아직 현역으로 일하고 있는 나는 기본적으로 사람은 '일' 자체로부터 행복을 찾을 수 있다고 생각한다. 나에게 일은 산이었다. 어떠한 산이든 정상으로 올라가는 과정은 언제나 숨이 턱에 차고 힘들다. 그러함에도 육체적으로 힘든 것은 우울함과 불행한 감정을 뒤로 넘기고 잊게 만든다. 어떠한 상황에서도 일을 할 수 있다는 것은 행복의 기본 조건이다.

　그러나 행복의 조건은 만족함에 달려 있다. 하고 있는 일의 귀천과 수입에 따라서 만족의 크기가 달라진다면 그러한 행복은 욕심의 지배를 받은 욕망이다. 인간의 욕망은 결코 충족될 수가 없고, 궁극적으로 충족되지도 않는다.
　인간은 어떠한 욕망이 충족되었다고 알게 된 그 순간, 새로운 결핍을 느낀다. 결핍은 욕망의 이면이다. 사람들은 부족하다고 생각하기 때문에 무엇인가를 바라고 욕망한다. 결핍이 초래한 욕망은 아무리 채워도 결코 채워지지 않는다. 그 까닭은 과잉의 문제에 있다. 차고 넘쳐도 부족하다고 느끼는 욕망의 과잉으로 언제나 결핍을 느낄 수밖에 없다. 결핍을 느끼는 욕망은 자연스러운 삶의 모습을 일그러뜨리고, 마음의 평화를 흔들고, 불안함과 우울함의 함정에 갇히게 하여, 결국 어두운 죽음에 이르는 병이 된다.

그동안 웬만한 어려운 일에도 주눅 들지 않고 뚜벅뚜벅 해치우며 앞으로 밀고 나갔다. 마음과 어깨에 부딪치는 장애물은 내가 나아가는 발길을 불편하게 만들었고 늦추게도 했지만 나의 가는 길을 막지는 못하였다.

일과 행복이 촘촘히 연결되어 달려 온 나의 삶의 어느 고리에서 욕망과 결핍의 부자연스러움이 나타났다. 실체를 분명히 설명할 수 없는 불안함이 나의 나침반 바늘을 흔들고 있었다.

예전에는 정말로 아무렇지도 않았던 일들이 언제인가부터 마음을 흔들어 놓았다. 새벽에 깨어 잠을 못 이루게 하는 경우가 잦아졌다. 이러는 모습에서 생에 집착하고, 더 가지려고, 가진 것을 놓치지 않으려고, 그러면서 작아지고 있는 내가 보인다. 어쩌면 이것을 세상이 남자 갱년기라고 부르는 것일 수도 있겠다.

사람의 내면은 너무나 깊고 복잡하고 수시로 바뀌어서 자기 자신도 스스로를 잘 모른다. 욕망과 결핍의 쳇바퀴를 '어떻게 살아야 할 것인가?'라는 물음을 반복하면서 일상으로부터 행복의 답을 찾아보려고 한다.

우리에게는 날마다 끊임없이 주어지는 크고 작은 선택이 있다. 선택을 해야 할지, 한다면 어떤 선택을 할지는 언제나 나의 몫이다. 교과서 같은 삶의 모범 답안은 있지만 정답은 결코 없는 주관식 시험 문제를 매일 평생 동안 한결같이 풀어 가야 하는 것이 우리의 삶이다.

쉼 없이 답을 써 내려가다가 가끔은 멈추고 되돌아보며 생각하기도 하지만 내가 가야 하는 길은 언제나 명확했다. 그러던 어느 때 등산로가 희미해진 것을 깨닫는 순간, 되돌아가기에는 이미 늦은 것을 확인한 순간, 결국은 계속 앞으로 가야만 하는 것을 알기에, 다시 마음을 다잡으면서 그래도 무언가 답을 구하려는 마음은 오래된 책을 다시 붙들며 답을 구하게 만든다.

최진석의 대한민국 읽기

최진석

　저자는 철학과 명예 교수이다. 중국 북경대학교에서 철학 박사 학위를 받아서 동양 철학에도 해박하고 이와 관련된 저서도 여러 권 있다. 현실의 삶과는 좀 멀어 보이는 철학자가 우리나라가 진영 싸움의 덫에 갇혀 못 빠져나올 것만 같은 안타까운 현실에 대한 문제 인식을 책으로 내었다. 우리나라가 안고 있는 문제의 해결을 위한 저자의 생각을 이 책에 펼쳤다.

　이 책은 논리에 밝은 지식인이 남의 이야기를 다루듯 하는 입장에서 써 내려간 글이 아니다. 마치 성경 구약 시대에 이스라엘 민족이 하나님을 떠나서 이방신을 숭배하며 타락했을 때 그 잘못을 질타하며 광야에서 외치는 예언자를 보는 느낌이다. 성서 속의 예언자는 야훼 하나님의 이름으로 옳은 길을 선포하는 절대적인 권위와 하나님의 보호가 있었지만 이 책에서 외치는 저자를 지지하고 지켜 주는 세상의 권위는 안타깝지만 작아 보인다. 그래서 저자는 외로울 수밖에 없어 보인다.

저자의 고향 사람을 포함하여 저자를 비난하는 세상 사람들에게 오죽하면 "내가 미쳤다. 내가 미치지 않고서 어떻게 이런 글을 쓸 수 있겠나."라고 저자는 이 책에 쓰고 있다. 우리나라가 이대로 가게 두면 안 되겠다는 대한민국 지식인이 목이 타들어 가는 심경으로 글을 썼다고 생각한다.

우리나라의 근현대사를 되돌아보면, 제2차 세계 대전이 끝나면서 대한민국이 건국되었다. 찢어지게 가난했던 부모님 세대의 피와 땀으로 우리나라는 산업화에 성공하였다. 군사 독재 정권의 극심한 탄압을 젊은 피로 싸운 민주화 운동권의 노력으로 민주주의에도 성공한 나라가 되었다.
우리는 이러한 세 단계의 험난한 여정을 단기간에 성공시킨 지구상의 유일한 나라이다.

그러나 과거 운동권이 중심이 된 민주화 주도 세력은 정권을 다시 잡은 초반부터 적폐 청산의 이름으로 과거 역사를 바로 세우는 과정에서 스스로 적폐가 되어 갔다.
기득권이 되어 버린 민주 권력은 과거 순수했던 젊은 시절에 추구했던 이념의 프레임 속에 갇혀서 세상을 좁게 보는 편협한 존재가 되어 버렸다. 군사 독재와 산업 자본주의의 시대적인 모순을 극복하기 위하여 투쟁했던 민주화 세력은 이미 시대적으로 극복해야 할 대상이 되어 갔다. 이 민주화 세력이 정권을 잡고 권력의 맛을 보면서 우리나라는 미래로 나아가지 못하고 제자리에서 어지럽게 맴돌았다. 개인이든 회사이든 국가이든 제자리에 머물러 있는 것은 유지가 아니고 퇴행의 길로 들어가는 것이다.

자식을 훌륭하게 키우기 위하여 어떻게라도 잘해 주려는 것은 모든 부모의 한결같은 마음이다. 문제는 어린 자녀에게 어떻게 하는 것이 맞는 것인지의 철학과 선택이다.

자녀는 사회에 대한 경험이 부모보다 당연히 부족하다. 모든 부모는 자녀를 키워 본 경험이 부족하다. 경험이 부족한 부모가 어린 자녀를 키우면서 대부분 시행착오를 거치지만 이 과정에서 자녀가 잘 성장하는지는 결정적으로 부모가 양육에 대하여 가지는 생각과 철학이 결정한다. 부모가 어린 자녀가 원하는 것을 모두 돈으로 해결해 준다고 자녀가 바르게 성장하지는 않는다. 길게 보면 오히려 그 반대가 더 많다.

정권을 잡아서 세금으로 부유해진 민주화 세력은 국민이 맛있는 사탕을 원하고 재미있는 장난감을 사 달라고 조를 때 돈으로 아이의 욕구를 달래 주는 것과 같이 국가를 운영하고 있다. 여러 가지 명목의 국민 지원금과 복지 혜택으로 노력하지 않고도 들어오는 돈맛을 보며 좋아하는 국민은 겉과 속이 어떠하든지 단 사탕을 빨면서 좋아하는 아이들과 다를 바 없다. 국민은 정권을 잡은 미숙한 권력보다 더 영리하기에 거저 주어지는 현금을 결코 마다하지 않는다.

국가를 훌륭하게 키우려면 국민이 맛있는 사탕을 계속 달라고 원해도 너무 많이 먹으면 이가 썩기 때문에 안 된다고, 대신에 양치질을 열심히 해야 한다고 말할 수 있어야 한다.

미래를 위해서 자녀를 올바르게 양육하는 수준의 철학도 갖추지 못했거나 잘못될 것을 알면서도 자녀를 편하게 다루려는 민주화 세력은 오래전에 권력이 된 민주 노동 진영에 힘입어 정권을 잡았다. 이후에 민주화 세력이 펼친 좁은 시야의 정책들은 이 나라를 여전히 중진국의 함정에서 건져 내지 못하고 오히려 퇴행시키고 있다.

민주화 세력 진영의 아마추어 수준의 국가 경영에 분노한 반대쪽에는 태극기 진영이 모여 있다. 민주화 진영은 광복 후 어렵게 달성한 대한민국의 건국과 가난한 젊은 시절에 피와 땀으로 일군, 한강의 기적이라 불리우는 산업화 시절의 공로를 부정하고 폄하하였다. 이에 분노한 태극기 부대는 민주진영이 극복하려고 투쟁했던 산업화 시절의 영광을 그리워했다. 애국의 이름으로 그때의 정신을 오늘에 다시 살려야 한다고, 민주 세력 정권이 망쳐 놓은 이 나라를 구해야 한다고 주장하고 있다.

크게 보자면, 더 오래된 과거의 생각과 프레임으로 덜 과거가 저지른 잘못을 해결하겠다고 주장하는 것으로 보인다. 내가 보기에 동일한 수준의 이념 프레임 안에 갇혀 있고 서로 입은 옷의 색깔이 다를 뿐 본질은 낮은 수준의 시대정신에 살고 있을 뿐이다.

나는 저자가 이 책에 쓴 아래의 생각에 전적으로 공감한다.

"자기만의 생각에 갇힌 사람이 하는 정의로운 활동은 대개 자기만의 생각에 갇힌 또 다른 정의로운 사람과의 충돌일 뿐이다. 그러나 충돌만 존재하고 감화력은 생기지 않는다. 그러면서 충돌에서 설령 이기더라도 정치적인 승리로 그치고 만다. 정치적 승패는 상황을 같은 층위에서 반복하거나 뱅뱅 돌게 만든다. 승패의 교환만 계속된다. 그래서 정치 자체는 발전하지 못하고 순환만 한다."

저자는 국가의 건국, 산업화 성공, 민주화의 달성까지 피땀으로 노력하여 당당하게 중진국의 반열에 들어선 우리나라가 미래로 향하기 위해서는 선진화로 들어갈 수 있는 문제의식과 이를 뒷받침하는 문화와 철학을 갖추어야 한다고 주장한다. 내가 지지하는 당으로 정권이 바뀌어서가 아니고 시민 개인이 철학을 갖추어야 한다. 현재의 정치 수준은 우리 국민이 그동안 가져온 문화와 철학 수준의 결과물이라는 뜻이다.

선진화는 자신의 존재와 가치에 대한 끊임없는 질문, 과거 생각의 틀로부터 벗어나려는 노력을 통하여 구현될 수 있다. 자신의 잘못된 행동에 부끄러움을 느끼고, 다른 사람의 잘못된 행동을 받아들이지 않는 우리 사회의 문화와 철학 수준이 있어야 한다. 저자는 이 책에서 우리나라가 지금의 단계에서 더 높은 단계로 발전하기 위해서 추구해야 할 방향과 방법을 제시하고 있다.

내가 평소 좋아하고 책을 많이 읽는 지인이 소개해 준 이 책은 정의의 이름으로 자기의 주장만 끝도 없이 하는 진영 싸움에 내몰린 우리나라의 상황을 더 높은 단계로 뛰어넘기 위한 생각을 정리한 좋은 책이다. 오래간만에 존경의 마음이 드는 어른의 생각을 이 책을 통하여 얻는 기쁨이 있다.

담론 [談論]
신영복

　2015년 4월에 출간된 이 책 표지의 안쪽에는 내가 2016년 2월에 이 책을 받았다는 짧은 메모가 있다. 나는 책을 받으면 항상 표지 안쪽에 받은 날짜와 내 이름을 기록한다. 이 책은 받은 후 5년 동안 읽지 않은 상태로 책장에 꽂혀 있었는데, 어떻게 내 손에 들어왔는지 안타깝게도 기억이 나질 않는다. 이 책을 거의 다 읽은 때쯤 막연히 생존해 있다고 생각한 저자가 이 책을 출간한 후 1년도 안 지난 2016년 1월에 작고한 것을 뒤늦게 알았다.

　저자는 성공회대학교 사회과학부 교수를 정년 퇴임한 후에 '인문학 특강'을 강의했다. 이 강의를 끝내는 것과 함께 이 책을 남기었다. 그래서 이 책의 부제가 '신영복의 마지막 강의'이다. 재작년 봄에 책장에 꽂혀 있지만 읽지 않은 책 중에 어떤 마음이 들어서인지 이 책을 붙잡고 읽었다.

　이 책의 1부는 중국 고전에서 배우는 세계 인식이고 2부는 저자가 20년간 교도소 수형 생활을 겪으면서 깨달은 인간이해와 자기 성찰로 구성되어 있다.

이 책의 2부를 읽는 동안 가슴속 깊은 슬픈 감정이 내 마음과 동기화되는 것을 느꼈다. 저자는 끝이 안 보이는 깊고 어두운 교도소 생활에서 머리로 배우고 가슴으로 깨달은 세계와 인간에 대한 이해를 이 책에 담았다. 저자 자신이 머지않아 죽음을 맞이할 거라고 생각했는지는 알 수 없지만 나는 이 책이 남아 있는 산 자에게 남기는 유언과도 같은 글로 여겨졌다. 아마도 이 책을 읽기 전에 깊이 가라앉아 있던 나의 마음과 몸의 상태가 무어라 표현하기 쉽지 않지만 저자의 글에 공감되었을 것이다.

저자는 육군사관학교 경제학 교수이면서 장교였던 1968년에 국가 전복을 모의했다는 이유로 158명이 검거된 통일혁명당 사건의 핵심 인물로 지목되었다. 이 사건의 군법 재판에서 1심과 2심에서 사형 선고를 받았다.

이후에 무기 징역으로 감형되었고, 수감된 지 20년 20일 만에 출소했다. 20년 동안의 긴 교도소 수형 생활은 2차 세계 대전 이후 미국과 예전 소련의 냉전 시대에 미국의 자본주의가 공산주의를 극도로 적대시한 전후 세계 질서 환경을 그 당시 군사 정권이 정권 유지의 수단으로 철저하게 악용한 결과이다. 이것은 한 지식인의 자유와 인권이 철저하게 유린되고 짓밟힌 한국 현대사의 비극이다.

나는 서울대학교에 입학한 1979년 가을, 대학 축제를 하루 남긴 10월 26일에 박정희 대통령의 암살 소식을 긴급 라디오 뉴스로 접했다. 박정희 정권의 마지막 1년인 1학년과 5.18 군사 구데타로 집권한 전두환 정권 초기의 2년간 학생 운동의 한 가운데에서 대학 3년을 보냈다.

나는 일제 시대 이후로 청산되지 못한 기득권 자본 세력과 군사 정권을 매판 자본과 파쇼 독재라고 학습하면서 대학 3년을 치열하게 활동한 민주화 운동권이었다. 지금 생각해 보면 좁은 세계관으로 세상을 판단하고, 우리의 왜곡된 역사를 바로잡아야 한다고 주장하면서 지식인의 역할을 고민하던 시절이었다.

그때 형성된 세계관은 지금도 내 생각의 일부로 자리 잡고 있다. 지금 생각하면 너무도 미숙하지만 결코 후회스럽지 않은 나의 순수한 젊은 청춘이었다.

여느 세상일과 비슷하게 학생 운동권 3학년은 처음 때의 순수함은 어느덧 희미해졌다. 강력한 탄압에서 생존해야 하기에 더욱 강해진 이론과 이념으로 운동권도 조직화 되었다. 시대적 상황은 선배들이 제시하는 노선을 따라야 하는 시점이었다.

나는 기독교 학생 운동권에 속했었다. 어느 때부터 교회 건물에서 예배를 드리고 찬송가를 부르지만 우리들의 대화에 하나님과 예수님은 희미해졌다. 개인 내면의 믿음을 선택한 신앙의 본질을 대화하지 못했고 세상에 정의를 외치지 못하는 기존 교회는 낭만적인 유약함으로 간주되었다. 정의를 위하여 타도해야 하는 악과 싸워 이기려면 필요악이라도 선택하면서 악의 모습을 닮아 가는 자기모순과 위선(僞善)의 씨앗이 그 속에 있었다.

5.18 광주 시민의 학살로 집권한 전두환 독재 정권과 싸움에서 살아남기 위해서는 더욱 강한 이데올로기로 정신 무장을 하여야 했다. 여기에 더하여 투쟁의 논리적 정당성이 필연적으로 요구되었다.

운동 이론과 노선이 갈린 선배들의 헤게모니 싸움에 심히 실망하였다. 이념적으로 정해진 운동 노선에 합류를 원하는 선배들과 논쟁하면서 갈등하는 와중에 회의와 번민으로 심한 소화 불량에 걸렸다. 대학의 마지막 4학년에 등록했지만 바로 휴학계를 낸 후 지난 3년간 운동권과의 인연을 뒤에 남기고 부산의 외가로 홀로 내려갔다.

부산에서의 긴 휴학 중에 징병 통지서가 날아왔다. 전라남도 광주에서 신체검사를 받았다. 결혼 전에 부모님과 함께 살고 있던 영등포의 집과 가까운 육군 부대에 배치되어 보충역 통신병으로 군 복무를 시작했다.

군 입대 후, 반년 정도 지난 1983년 중반쯤 한미합동군사훈련인 팀스피리트 훈련에 차출되었다. 차출 당일 대대장실에 나 혼자만 호출되었다. 대대장과 함께 2명의 사복이 나를 기다리고 있었다. 작은 브리사 승용차 뒷좌석 가운데 나를 앉히고 양쪽에 사복이 앉은 순간에 연합 훈련이 아니라 연행인 것을 깨달았다. 처음 겪는 상황은 체념과 마음을 비우는 것 말고는 내가 달리 할 수 있는 것이 없었다. 항상 들고 다니던 친구와 동료들의 연락처를 적은 손수첩을 빼놓고 왔어야 했는데, 아뿔싸 이미 때는 늦어 버렸다.

브리사 승용차가 도착한 장소는 숙명여대 부근 남영동에 위치한 꽤 규모가 큰 단독 양옥집 구조의 보안사령부 부속 건물이었다. 군복을 벗고 수의로 갈아입은 후, 그 당시 대한민국의 서슬 퍼런 권력인 남영동 대공분실의 지하 독방에 갇혔다.

2평쯤 되는 독방 가운데 놓인 철재 책상과 의자, 책상 바로 위 천장에 매달려 있는 갓 달린 백열전등, 한 편 벽에 놓인 철재 침대, 매 끼니마다 철문 아래쪽의 작은 창으로 들어오는 식사, 보안사 수사관의 반복되는 질문과 자술서 작성, 초등생에게 하는 수준으로 훈계하는 보안사 소령의 반공 교육, 나에게 벌어지는 모든 것이 그야말로 영화의 한 장면 같은 현실이었다.

부모님은 아들이 한미군사훈련에서 훈련 중이라고 알고 있었다. 나의 소식을 전할 방법도 없고, 언제까지 독방에 갇혀 있어야 할지도 몰랐다. 갇혀 있다 죽어도 당시는 연합 훈련 중 사고사로 통보하면 모든 것이 소리 없이 덮이던 시절이었다.

독방에 시계는 없었다. 끼니때 맞추어 나오는 식사와 지상 바닥 쪽으로 붙어 있는 작은 철창을 통해 감지되는 바깥 빛으로 하루의 진행을 짐작할 수 있었다.

만약 독방에서 나갈 수만 있다면 그 어떤 험한 일이라도, 매일 똥을 푸는 일이라도 주어지면 기꺼이 감당하겠다는 심정이었다. 독방에 갇혀 있는 동안에 깨달았다. 자유로운 세상에서 나에게 할 수 있는 일이 주어진다는 것이 얼마나 큰 행복인지, 그게 독방에 갇혀 있는 것보다 백배 천배 좋은 거라는 생각뿐이었다. 2주 쯤 지난 후, 이번에는 군용 지프를 타고 노량진 보안사령부 장교실에 먼저 들린 후, 다시 영등포의 소속 부대로 복귀했다.

남영동 대공분실에서 풀려나 군용 지프를 타고 노량진 보안사령부로 가면서 만난 파란 하늘과 흰 구름, 맑은 햇살은 눈물겨운 감격 그 자체였다. 지금도 그날의 햇살은 잊을 수가 없다. 내가 지금까지 살면서 본 최고 아름다운 태양이었고 이러한 태양 아래 내가 살고 있는 것 자체가 환희였다.

나는 당시 전두환 정권이 군 복무 중인 민주화 운동권에 대하여 실시한 '녹화 사업' 대상이었다. 원래 소속 부대로 복귀한 후, 남아 있는 군 생활 중에도 숨 막히는 보안사 수사관의 관리는 지속되었다. 군 제대 후 4학년에 복학하였다. 4학년 재학 중에 계속되던 보안사 수사관의 관리는 대학 졸업을 거의 앞두고서야 벗어닐 수 있었다.
이 숨 막히는 압박의 경험은 그 이후로 10여년이 지나도록 나 혼자만 지니고 있었다. 그 시절 이후로도 오랜 기간 우리나라 국가 권력은 여전히 군사 독재의 그늘에서 움직였으며 심리적인 억압의 굴레는 한동안 남아 있었다.

신영복 선생이 담론 2부에서 날마다 너무나도 괴로운 교도소 생활 중에 자살하지 말아야 하는 이유가 신문지 한 장 크기도 안 되게 감옥으로 비쳐 들어오는 햇볕 때문이었다고 쓴 글은 절실하게 다가온다.

"우리가 살 수 있다면 결코 슬프지 않습니다. 생각하면 우리가 생명을 저버리지 않고 살아가고 있는 한 우리는 누군가를 사랑하고 있습니다. 그리고 사랑한다는 것은 기쁨만이 아닙니다. 슬픔도 사랑의 일부 입니다. 마치 우리 삶이 그런 것처럼."

저자가 유언처럼 남긴 이 책에서 가장 나의 가슴으로 깊이 파고 들어 온 글이다. 이 엄청난 문장을 그대로 받아들이기에는 나는 아직도 이 세상에서 내가 하고 싶은 것을 하면서 멋지고 여유 있게 살 수 있기를 원한다. 그러나 내가 원하는 것이 모두 이루어지지는 못할 것이다.

나의 상황이 어찌되든 나에게 주어진 삶을 살아야 한다. 멋지고 행복하게 사는 순간도 있지만 때로는 고독하고 슬픈 순간도 받아들여야 하는 것을 가슴으로 깨닫는다.

머리로 배운 지혜가 내 가슴에 깊이 자리 잡을 때까지는 힘들고 때로는 외로워도 생명이 있는 한 우리는 누군가를 사랑하니까, 그래서 삶은 결코 슬픈 것이 아니니까, 하늘 아래 내가 받은 가장 커다란 선물이 오늘이니까, 다시 마음을 다잡고 매일 새롭게 선물로 주어진 하루를 열심히 살아야 한다.

죄수와 검사

심인보, 김경래

어릴 적에 우리는 학교에서 모든 사람은 법 앞에 평등하다고 배웠다. 즉, 법은 모든 사람에게 똑같은 잣대로 죄를 물어야 한다는 뜻이다.

대한민국 헌법 11조는 아래와 같이 평등의 헌법적 가치를 분명하게 명시한다.

① 모든 국민은 법 앞에서 평등하다. 누구든지 성별·종교 또는 사회적 신분에 의하여 정치적·경제적·사회적·문화적 생활의 모든 영역에 있어서 차별을 받지 아니한다.
② 사회적 특수계급제도는 인정되지 아니하며, 어떠한 형태로도 이를 창설할 수 없다.

법률소비자연대의 조사에 따르면 우리나라 국민의 80% 가량이 유전무죄, 무전유죄(有錢無罪, 無錢有罪)에 동의한다고 한다. 헌법에 정확히 명시되었음에도 불구하고 국민의 80%가 법 앞에 평등하지 않다고 생각하는 이상과 현실 사이의 심각한 괴리이다.

중세 시대에 가톨릭은 돈을 받고 면죄부를 팔아서 개인이 지은 죄를 면제해 주는 사업(비지니스)을 해서 급기야는 종교 개혁에 이르게 한 어두운 과거의 잘못이 있다.

지금의 사법 현실에서 중세 시대의 면죄부가 복잡한 먹이 사슬로 연결된 사회 시스템으로 얽혀서 재현되고 있다고 해석해도 무리가 없다. 넓게 보면 나 자신도 이 불합리한 사회 시스템의 일부이다. 역대 정권에서 시도해 온 검찰 개혁도 좋은 뜻으로 보면 헌법 정신에 따른 모든 사람이 법 앞에 평등한 정의로운 사법 시스템을 만들겠다는 시도로 이해된다.

이 책의 부제인 '죄수들이 쓴 공소장'은 죄를 저지른 죄수가 오히려 범죄자를 기소하는 검사를 고발하는 아이러니한 상황을 뜻한다.

"죄수는 언제나 절박하다. 담배 한 개비에 절박하고 짜장면 한 그릇에 절박하다. 신선한 바깥 공기가 절실하고 자유로운 대화가 절실하다. 검찰의 구형량을 줄이기 위하여, 가석방을 받기 위하여, 형집행정지를 받기 위하여, 독방에서 편하게 지내기 위하여, 죄수들은 필사적으로 노력한다. 이것을 풀기 위한 모든 열쇠는 검사가 쥐고 있다."

이 책은 죄에 대한 전문가인 죄수와 죄수의 절박한 요구를 해결해 줄 막강한 권한을 가지고 있는 특수부 검사 사이의 검은 거래를 소재로 내용이 전개된다. 도움이 절박한 공급자(죄수)가 상품(공개되지 않은 큰 범죄)을 제공하고 이 상품이 매우 필요한 수요자(검사)는 서로의 이익을 위하여 자연스럽게 거래(비지니스)를 하게 된다.

현직 기자 2명이 공동 저술한 이 책은 검사가 필요로 하는 큰 먹 잇감(사회적 이슈가 될 수 있는 범죄)을 물어 오는 죄수와 먹잇감을 물어 온 대가로 죄수에게 편법과 불법으로 다양한 편의를 제공하는 검사 사이의 어두운 공생 관계를 실명과 익명으로 설명한다.

일반적으로 사람들은 가족 간에는 비록 잘못이 있어도 가족의 울타리 안에서 서로 감싸 주고 허물을 덮어 주고 보호해 준다. 그래서 가족이다.

우리가 흔히 들어서 알고 있는 검사는 매우 강한 상명하복의 조직 문화를 가지고 있는 검찰 조직의 구성원이다. 그런데 검찰을 이야기할 때 '검찰 가족'이라는 표현이 종종 있는데 이 때문인지 검찰을 비판하는 언론 기사를 보면 '제 식구 감싸기'라는 표현을 자주 사용한다.

한 개인으로서 능력 있고 정의롭고 성실한 검사가 검찰 가족의 구성원이 된 후에 이 세계 안에서 무리 없이 살아가려면 조직 문화로 형성된 내부 규칙이 개인이 추구하는 가치와 판단에 우선하는 것이 조직으로서의 검사들의 사회이다. 그래서 일단 검찰의 '가족'이 되면 가능한 방법으로 서로를 감싸는 것은 잘못된 것이지만 오히려 자연스럽다. 그러나 기소권을 가지고 형량을 정할 수 있는 조직이기에 더 위험하고 부패한 자연스러움이다.

죄(罪)의 그리스 원어인 파라바시스($\pi\alpha\rho\acute{\alpha}\beta\alpha\sigma\iota\varsigma$)는 '옳고 그름의

선을 건너가 버리는 것'을 뜻한다. 법은 이 선(line)의 위치를 규정한 것이고 비록 법이 완벽하지 않더라도 법으로 약속된 선은 누구에게나 똑같이 적용되는 것이 법 앞의 평등이고 정의(正義)이다.

이 책에서 검찰은 법 적용의 특별한 잣대를 가지고 있다고 한다. 기준이 되는 선(Line)을 검사의 필요에 따라 변경할 수 있고 검찰 가족에게는 더욱 유연한 잣대를 적용하는 사례를 나열한다.

우리나라에서 기업인으로 다양한 사업을 하다 보면 관련 법에 따라 형사 고발될 수 있는 죄목이 2천 가지가 넘는다는 신문 기사를 수년 전에 읽은 적이 있다. 이 많은 법을 지식으로 미리 습득하기에는 한계가 있고 막상 일이 닥치면 그때서야 배워서 알게 되는 경우가 대부분일 것이다.

나는 2018년에 시작한 신규 사업으로 인하여 2019년 4월에 대외무역법 위반으로 고발당해 난생 처음으로 피고인 신분으로 법정에 서게 된 경험이 있다. 한국의 기술과 고유 브랜드로 해외에 수출하는 제품을 국내에서 제조하면서 겪은 일이다. 수사권이 있는 관세청의 제복을 입은 담당 공무원이 회사를 처음 방문한 이후로 많은 조사 과정을 거친 후 결국 검찰에 약식 명령으로 기소되기까지 이르렀다. 누가 어떠한 이유로 고발했는지 충분히 알 수 있었지만 경영자로서 속이 아무리 상해도 지혜롭게 참았어야 옳았다고 생각하며 마음속에 담아 두기로 하였다.

이 사건을 담당한 판사와 검사, 심지어 변호사에게조차 낯선 법으로 기소된 이 재판에서 관련 법 적용의 잘못됨을 설명하고 소명한 결과, 약 1년 반이 지난 2020년 12월에 1심으로 재판이 마무리되었다.

창업 후 19년 만에 처음 겪는 경험이어서 정신적으로 매우 피곤하고 힘든 과정이었지만 이 기회에 진짜 사회를 배운다는 마음으로 재판에 참석했다. 이 재판을 거치면서 인간이 살아가는 사회시스템을 새롭게 배운 계기가 되었다. 개인적으로는 "악법도 법이다."라고 하면서 독배를 마신 소크라테스의 말을 제대로 깨달은 값비싼 인생 수업이었다.

이 책이 한 편의 영화라면 상영이 끝난 후 관객들이 자리를 뜨면서 뒤끝이 씁쓸하고, 우울하고, 넘을 수 없는 큰 벽을 마주한 무력감, 처연함을 느낄 거라고 생각된다.

2년 전 이른 여름에 출근길 라디오 시사 프로에 출연한 저자 중의 한 사람이 한명숙 전 총리의 뇌물 사건과 이 사건에 깊이 연루된 한만호 비망록을 설명하는 방송을 우연히 청취하였다. 그때 자세한 사건의 내용을 알고 싶어 구입한 이 책의 표지도 이 사건의 느낌을 전달하는 듯하다.

실화인 이 영화의 1편은 끝났지만 아직도 관련자가 살아 있는 현재 진행형인 스토리이다. 앞으로도 언젠가는 다시 언론에 거론될 것이다. 이러한 종류의 사건을 들여다보고 해석할 수 있는 안목이 조금이나마 생긴 것은 큰 소득이다.

BBK의 배신

김경준

저자는 한국계 미국인 투자 전문가로, 이명박 대통령이 당선된 17대 대선판을 뒤흔든 BBK 주가 조작 사건의 핵심 인물이다. 그는 이 사건으로 미국 감옥에서 3년 반, 한국 감옥에서 9년 반으로 총 13년간 감옥 생활을 했다. 30대 후반에 투옥되어 50대가 되어서 풀려났으니 돈과 권력의 게임에 크게 얽혀 버린 인생이다.

저자는 이 책을 수감 중인 2012년에 비비케이북스를 발행처로 출간했다. 이때는 전임 이명박 대통령의 임기를 1년 남겨 둔 시점이라 이 책이 대중에게 노출되기가 쉽지 않았을 거라고 짐작된다.
박근혜 대통령이 탄핵된 이후인 2017년 10월에 이 책의 소개 기사를 우연히 언론에서 접했다. 이 사건의 진실 공방이 너무나 지루하고 복잡했다. 사건의 핵심 당사자인 저자는 어떠한 주장을 하는지 직접 알아보고 싶은 마음에 이 책을 구입해서 읽었다. 이 책은 저자의 한국어가 서툴다 보니 오히려 문장 표현이 단순하고 쉬운 편이라 읽기가 아주 쉽다.

이 사건의 지리한 진행 과정과 진실 공방은 여러 언론과 이 책에 구체적으로 나와 있으니 굳이 더 나열할 필요는 없다고 보인다. 저자는 스스로 나쁜 놈이라 생각하고 벌을 받아도 할 말이 없다고 인정한다. 그런데 더 나쁜 놈이 멀쩡하게 있는 것이 너무나도 억울해서 이 책을 썼다고 한다. 그 의도 때문만은 아니겠지만 지난 정권에서 진행된 재판으로 전임 대통령의 구속이라는 결과가 나왔다.

돈으로 복잡하게 얽히고 엮인 인간관계에서 돈 때문에 삶이 힘들어지고 망가지는 경우가 참 많다. 이 과정에서 사람 때문에 겪는 실망과 배신감이 사람의 마음을 가장 힘들게 한다.

늦게서야 조금씩 깨닫고 있는 돈에 대한 진리이다. 돈은 본능적으로 좋은 가치를 찾아 옮겨 다니는 인격과 같다. 올바른 가치를 가진 사람과 일에게는 어떠한 모습이든 찾아가지만, 이기적인 가치의 사람과 일로부터는 어떠한 방식으로든 결국 떠나가 버린다. 언제 어떤 방식으로 찾아가고 어떻게 떠나는지는 누구도 당시는 알 수 없다. 딩대 혹은 후내의 세월이 흐른 후 되짚어 보면 그때서야 보일 것이다.
베풀어진 돈은 짧은 시간에 나에게 돌아오지 않고 사라진 것 같지만 긴 시간을 보면 눈에 보이지 않는 사람 관계와 연결을 통하여 반드시 나에게 돌아온다.

돈 때문에 누군가에게 서운하고, 억울하고, 배신당했다고 생각된다면 비록 말 없는 돈이지만 내가 마음속으로 내 방식의 손익 계산을 돈에게 기대하고 요구했는지를 자문해 본다. 그러다 보면 답이 나올 수 있다. 나 스스로도 그동안의 삶을 뒤돌아보면 돈에게 지혜롭게 행동하지 못한 경우가 당연히 있었다.

한창 젊었을 때 돈에 대한 지혜가 부족하고 조금 가지고 있는 것을 지키려는 욕심에 나로 인해 실망했을 사람에 생각이 미칠 때면 늦은 후회에 가슴이 저민다. "돈을 쫓아 다니지 말라. 돈이 나를 찾아오게 만들어라."라는 문장에서 '돈이 사람'이라는 것을 늦게나마 새삼 깨닫는다.

이것이 나의 내면의 지혜가 되어 크고 작은 일상의 선택과 행동에서 좋은 가치를 찾아가기를 소망한다.

이재봉의 법정증언

이재봉

이 책의 저자는 북한 문제 전문가이다. 그러다 보니 국가보안법에 연루된 사람들의 재판에 증인으로 참석한 경우가 많았다. 이 책은 법정에서 증인 자격으로 증언한 내용을 모아서 쓴 것이다. 그래서 이 책의 제목이 『이재봉의 법정증언』이다.

법정에서 판사와 검사 앞에서 증언한 말을 글로 썼으니 사법 체계의 검증을 거친 책의 내용인지라 국가보안법으로 문제가 될 내용은 없다.

저자는 북한에 대한 나름의 생각을 가지고 있는 사람을 세 가지 부류로 나누었는데, 공개적으로 자신을 친북이라 밝히고 있다. 굳이 말하면 나도 저자와 같은 마음이다. 실제로 친해서 친북이 아니고 마음에 안 드는 것이 많음에도 어쩔 수 없이 서로 친하게 지내야만 하는 운명체라고 생각하기에 친북의 마음을 가지려는 것이다.

1. 친북: 북한과 친하게 지내자는 것

2. 종북: 북한의 이념, 체재, 지도자를 추종하는 것
3. 빨갱이: 공산주의자

오래 살다 보면 떨어져 있는 남보다는 오히려 가까운 이웃과 다툼이 있는 경우가 훨씬 많다는 것을 경험한다. 국경을 접한 이웃 나라, 서로 담을 대고 있는 옆집, 아파트 위아래 층, 밀접하게 연결된 직장 동료, 그리고 한 집안의 친척과 형제, 부부 사이 등이 이에 해당한다. 특히 집안 형제간의 속을 들여다보면 이러한 갈등이 전혀 없이 사는 집은 드물 것이다. 가까운 사람 사이에 미움과 싸움이 있는 것은 사람이 모여 사는 사회에서 오히려 어쩔 수 없이 자연스럽다고도 보인다.

형제와 한번 틀어져서 평생을 얼굴 한 번 안 보고 회환을 품고 죽는 사람도 많다. 죽기 직전에 화해하는 사람은 그나마 다행이지만 사는 동안의 속마음은 얼마나 안타깝고 지나간 세월이 아깝지 않을까! 톨스토이의 소설 첫 장에 나오는 유명한 문구, "행복한 가정은 모두 엇비슷하고, 불행한 가정은 불행한 이유가 제각기 다르다."를 빗댄 '안나 카레니나의 법칙'은 인간의 삶을 어쩌면 이렇게 정확하게 표현했나 싶어 감탄한다.

내 주변에는 이 책의 저자를 두고 "자기들의 주장을 대변하고 있는 친북 이재봉 교수를 골수 종북 빨갱이들이 좋아합니다."라고 해석하면서 배척하는 사람도 있다. 한 번 틀어진 미운 형제는 먼저 잘

못했다고 나에게 빌기 전에는 절대 안 받아들이겠다는 마음으로는 답이 없다. 그래서 저자 자신은 '친북'이라고 말한다.

많은 사람이 통일을 바라는데 현실은 그렇지 못한 안타까움을 쓴 내용인데 내가 미처 생각하지 못한 많은 것을 알았다. 이 책에서 북한을 가까이 정을 나누고 살아야 할 형제인데 서로 상대방을 대하는 태도의 문제로 인하여 미움의 상처가 너무 깊어져 버린, 그래서 사실상 통일이 멀어지고 있다는 저자의 안타까움을 느낄 수 있다.

나는 달린다 / 트레일 러너

안병식

내가 처음으로 참가한 공식 달리기 대회는 2012년 11월 초 제주도에서 열린 Trail RUN Jeju이다. 한라산 정상, 올레 코스, 오름의 3가지 코스로 구성된 100km 구간을 3일 동안 매일 제한 시간 안에 달리는 산악 마라톤 대회였다. 처음부터 겁 없이 무모한 도전을 선택한 나는 석 달을 남겨 두고 연습을 시작하였다. 끝까지 부상 없이 완주했고 나의 달리기 예찬은 이때부터 시작되었다. 이 모든 것은 내가 우연히 만난 한 권의 책이 계기가 되었다.

어릴 때 어른들로부터 "사람이 책을 만들고 책이 사람을 만든다."라는 말씀을 들으며 자랐다. 그만큼 사람에게 책 읽기가 중요하다고 강조하는 뜻이다. 그러다가 한참 어른이 된 3년 전 여름에 문득 "책은 사람이다."라는 깨달음이 나에게 들어왔다.

어떤 '사람'이 아무리 훌륭해도 내가 다가가지 않으면 배울 수가 없다. 다른 누군가가 큰 감명을 받았다는 사람을 내가 만난다고 해서 나도 똑같은 감동을 받는다는 보장은 없다.

내 그릇에 비하여 너무 깊이 있는 사람이 나에게 중요한 무언가를 전해 주려고 해도 정작 나는 이해를 못 할 수 있다. 심지어는 무슨 말도 안 되는 주장을 한다면서 오히려 그 사람을 비난할 수도 있다.

너무 고급 지식을 가진 사람의 말은 내가 준비되어 있지 않으면 들어도 무슨 소리인지 감이 안 잡히니 지루하게 느껴진다.

우연히 만난 사람에게서 전혀 기대하지 못했던 큰 자극과 배움을 받을 수도 있다. 흥미진진하고 조금은 자극적인 사람의 말은 밤을 지새우면서도 들을 수 있다. 내가 전혀 모르는 세상 이야기를 들려주는 사람에게서는 간접 경험이지만 흥미진진한 즐거움을 느낀다.

겉모습은 멋진데 속 내용은 그저 그런 사람도 있고 반면에 소박한 겉모습이 오히려 아쉽다고 생각될 정도로 속 내용이 너무나 가치 있는 사람도 있다.

내가 바라보는 상대방 사람의 좋고 나쁨은 절대적이라기보다는 나의 인격 수준과 생각하기에 따라서 상대적으로 정해진다.

위의 글에서 '사람'이란 단어를 '책'으로 바꾸어도 문맥이 대부분 잘 통한다. 그래서 "책은 사람이다."라고 생각하고 책을 선택하면 거의 맞다. 그런데 사람은 오랜 시간과 비용을 들여서 자주 만나야만 깊이 있게 배울 수 있지만 책은 거기에 비하면 약간의 돈을 지불하면 얼마든지 훌륭한 내용을 직접 만날 수 있으니 정말 가성비가 좋다.

세상에는 좋은 책이 참 많다. 새로운 지식을 알려 주고, 생활에 유용한 정보를 주고, 가슴 뭉클한 감명을 주고, 괴로운 마음을 위로해 주고, 유쾌한 즐거움을 주는 책들이 참 많이 있다.

우리 주변에는 좋은 사람이 많지만 실망, 깊은 마음의 상처, 속임, 배신과 같이 많은 수업료를 치르게 하는 사람도 일정 부분 있다. 그러나 책은 제목에 낚여서 잘못 고르더라도 내 아까운 시간과 몇만 원의 손해 정도의 수업료만 치루면 된다.

나는 자신의 생각을 바꾸어 행동까지 긍정적으로 변화되는 계기를 주는 책을 가장 좋은 책으로 친다. 책의 저자가 세계적으로 유명한 작가, 학식 높은 저명인사나 크게 성공한 인물일 필요는 없다.

2012년 초여름, 정말 우연히 내 손에 들어온 한 권의 책 『나는 달린다』가 그러했다. 세상에 이런 달리기에 미친 사람이 있나 싶었지만 정말 강한 자극이 되었다. 아마도 이 책을 많은 사람이 읽었겠지만 모두가 나와 같은 동기를 부여받지는 않았을 것이다. 그때의 나의 마음이 그 책의 내용을 강하게 긍정적으로 받아들였다고 생각된다. 책의 좋고 나쁨은 책을 읽는 각자에게 상대적인 가치로 주어진다.

저자는 『나는 달린다』 출간 이후로 8년 동안의 내용을 더한 『트레일 러너』를 2020년 여름에 출간했다. 나는 출간 소식을 듣자마자 바로 사서 읽었다. 새로운 내용이 많이 더해진 만큼 더 달리기에 미친 사람의 스토리이다. 그래도 8년 전에 우연히 접한 작은 책에서 내가 받은 자극이 훨씬 강했고 지금 나의 많은 부분에 녹아 있다.

 이러한 책이 평생에 몇 권이나 나에게 주어질지는 모르겠다. 책과 더불어 사람과 함께 부대끼면서 자극받고 배우는 삶의 즐거움을 얻기가 쉽지는 않지만 참으로 가치가 있다.

안철수, 내가 달리기를 하며 배운 것들

안철수

나는 50대 초반에 사업상의 큰 위기를 넘기면서 결국 내가 바뀌어야 새롭게 시작할 수 있다는 절실한 깨달음이 있었다. 우연히 손에 들어온 책(『나는 달린다』, 안병식)의 말미에 트레일런 제주(Trail RUN Jeju) 대회의 정보가 있었다. 이것을 보는 순간 한번 도전해 보아야겠다는 절실한 마음이 다가왔다.

그동안 정말로 숨쉬기 운동만 하고 살았는데, 대회를 3달여 남겨 두고 우선 대회에 등록부터 했다. 비장한 마음으로 연습을 시작한 첫날, 몇백m밖에 달리지 않았는데도 숨이 턱에 차서 걸을 수밖에 없었다. 이후로 매일 조금씩 달리는 거리를 늘려 가며 한밤중에도 헤드 랜턴을 쓰고 뛰었다. 이미 대회 날짜가 정해졌기 때문에 아스팔트, 개천 변, 논두렁, 동네 뒷산 가리지 않고 열심히 3달간 달리며 연습했다. 그리고 제주도 산야 100km를 3일 동안 달려서 완주했고 다행히 아무런 부상도 없었다.

이 대회 참가를 계기로 나의 달리기 예찬은 시작되었다. 풀코스 마라톤 3번 완주를 포함하여 지금도 해마다 몇 번의 하프코스 마라톤 대회를 참가한다. 이 때문에 달리기를 나의 운동 습관으로 만들었다.

내가 달리기를 예찬하는 가장 큰 이유는 달리는 동안 너무 숨차고 힘들기 때문이기도 하다. 순전히 내 힘으로 한발 한발 내딛어야 결승점에 도달하기에 참고 달려야 한다. 이것을 감내하고 극복하면서 얻는 이득이 참 많다. 계속 달릴 수 있는 다리 근육은 덤이다.

이 책의 저자가 3년 전 가을에 출간한 『안철수, 내가 달리기를 하며 배운 것들』은 쉽게 읽을 수 있는 분량의 책이다. 마라톤 대회를 힘들게 완주한 경험이 있는 사람은 저자가 쓴 문장에서 깨달음 수준의 마음을 읽을 수 있다.

이 책을 읽어 보면 정치인 안철수가 2년 남짓한 달리기 경험에서 얻은 것이 무척 많아 보인다. 안철수이 마리톤 풀코스 기록이 나보다 좋은 것은 참 부러운데, 아직은 하프코스 마라톤까지는 큰 무리 없이 완주하는 나에게 스스로 만족하고 감사한다.

철학자와 달리기 [Running with the Pack]
마크 롤랜즈

이 책의 저자는 영국 출신의 철학자이고 현재 미국 마이애미 대학교 철학과 교수이다. 세상과 사물을 약간은 삐딱선 타듯이 즐기며 바라보는 저자는 수십 년간의 달리기 경험을 가지고 우리의 삶을 어떻게 바라보고 진정한 삶의 의미를 무엇으로 찾을 수 있는지를 이 책에 쓰고 있다.

나는 장거리 운전을 할 때면 지나간 팟캐스트를 챙겨서 듣곤 한다. 이 책은 어느 날 팟캐스트 '라디오 북클럽'에서 소개한 내용이 귀에 들어와서 구입했다.

저자는 청년 시절에 새끼 늑대 브레닌과 브레닌의 친구인 개 두 마리를 데려와 키웠다. 이 녀석들의 힘이 너무 넘쳐 난 나머지 집 안을 언제나 난장판으로 만들었다. 이를 지켜보던 저자는 결국 이들을 지치게 만들려는 의도로 들판을 뛰게 하면서 자신도 함께 달리게 된 것을 계기로 달리기를 시작하였다.

중년의 나이에도 계속 달리기를 해 온 저자는 인생의 반환점을 돌아선 50대 초반에 달리기에 대한 자신의 철학적 사유를 이 책에 담았다.

나는 달리기라는 운동을 좋아하는 편이다. 달리기는 스포츠로서 운동 이전에 인류의 오래된 생존 수단이었다. 날카로운 이빨과 발톱 같은 공격 수단이 없고 순간적인 순발력도 많이 떨어지는 인류가 자신보다 빠르고 공격적인 동물을 사냥하는 데 오래 달리기만큼 유효한 사냥 방법은 없었다. 인간은 직립 자세에서 장거리 달리기에 유리하도록 엉덩이 근육이 유난히 발달하였다. 달릴 때 몸에서 발산하는 열을 식히기 위하여 털이 없고 땀을 잘 배출하는 피부를 가지도록 진화하였다.

달리기는 적당한 러닝화와 계절에 알맞은 운동복만 입으면 언제 어디서나 약간의 사전 준비만으로 시작할 수 있는 매력적인 운동이다. 나처럼 운동 신경이 무딘 사람도 달리기는 특별히 배우지 않아도 시작할 수 있다. 그렇지만 달리기에 중요한 몇 가지 팁을 배우면 훨씬 달리기에 도움되는데, 이 기술을 배우기는 생각보다 쉽다.

사실 달리기는 어느 정도 몸이 워밍업이 되기까지의 초반의 숨이 차는 구간과 중반 이후로 다리가 무거워지고 지친 상태에서는 힘들고 지루한 운동이다. 계획한 구간을 목적지까지 에누리 없이 한발 한발 내딛어야만 도착할 수 있는 정직한 운동이기도 하다.
장거리 달리기는 가능한 처음부터 끝까지 계속 같은 속도로 달리는 것이 좋은데 힘들더라도 목표한 구간의 달리기를 달성하고 나면 그렇게 상쾌하고 뿌듯할 수가 없다.

대부분 스포츠에서 운동 신경이 젬병인 나는 달리기에서도 남달리 뛰어난 체질은 아닌 것 같다. 그냥 힘들어도 참고 견디며 달린다는 표현이 적절하다. 체력이 특별히 좋아서 달리는 것 같지는 않고 그냥 깡으로 달리는 것 같다고 말하는 지인도 있는데 부분적으로는 맞다.

나의 달리기 기록은 마라톤 하프코스를 2시간 초반에, 풀코스를 5시간 반에 주파하는 기록이다. 내 나이에 하프코스의 기록은 좋지도 나쁘지도 않다고 본다. 그러나 풀코스는 오버 페이스를 하지 않고 아무리 속도를 조절해서 달려도 30km 지점에서는 여지없이 종아리에 쥐가 날 지경이다. 이 지점에서는 어쩔 수 없이 걷지 않을 수 없다. 수 km를 걸으면서 다리의 뭉친 근육을 푼 후에 다시 끝까지 달려야 한다. 마라톤 풀코스를 제한 시간인 6시간 안에 큰 부상 없이 피니시 라인을 통과할 수 있으니 나는 이것만으로도 감사하다고 생각한다.

나는 이것을 내 건강 지표의 하나로 삼고 해마다 봄과 가을의 마라톤 대회에 참가하고 있다.

나의 경우 풀코스 대회에 참가하려면 최소한 대회 세달 전부터 많은 연습량이 필요하다. 그래야 코스 중에 죽을 것 같은 고생을 덜 한다. 아무래도 사전 운동량을 충분히 채우기가 어려운 나는 작년 가을 춘천마라톤대회에서 풀코스 세 번을 달린 것을 마지막 삼았다. 이제는 많은 준비를 안 해도 비교적 무리 없이 감당할 수 있는 하프 코스 마라톤 대회만 참가하려고 마음먹고 있다.

나는 굳이 철학적 사유에 기대지 않고 그냥 한참 달리고 난 후에 이마에 흐르는 땀이 주는 기쁨만으로도 행복하다.

그렇지만 철학자인 저자는 달리기에서 삶의 무언가 의미를 찾으려고 한다. 저자는 철학적 사유와 논리의 전개를 빌려서 쾌락과 행복을 차례로 설명한다. 그러면서 놀이로서의 달리기가 어떻게 본질적 가치인 행복과 연결되는지에 대한 자신의 생각을 이 책에서 전개한다.

저자는 "쾌락과 고통은 재미(fun)와 속이다(cheat)라는 공통의 어원을 가지는 서로 연결된 단어이다."라고 말한다. 저자가 쾌락에 대하여 가지는 철학적 생각을 정리해 본다.

쾌락은 도구적 가치로 점철된 삶을 잠시 잊고 기분 전환을 해 주는 의미에서 속임수가 된다. 쾌락에 가치를 두는 삶은 모든 것이 오직 수단일 뿐인 치열한 인간 활동이 일(work)로 채워진 것을 보여주는 증상이다. 쾌락은 본질적 가치가 부재한 삶에서는 사람에게 가장 중요한 것이다. 쾌락은 현대 사회의 거대한 속임수요 장난이다.

도구적인 것에 더 많이 지배받는 삶일수록 쾌락에 가치를 두게 된다. 도구적 가치에 지배를 받는 삶은 무엇을 하건 그 목적이 다른 것에 연결되어 있기에 늘 쫓아다니기 바쁘다. 만약 우리가 행복을 쾌락과 같은 것으로 생각한다면 이야기는 달라진다. 쾌락으로서의 행복은 다른 무언가를 얻기 위한 수단으로 행복을 원하게 만들 뿐이다.

저자는 모든 사람이 추구하는 행복은 쾌락이 아니고 본질적인 가치를 지닌 것이어야 한다고 말한다.

"행복을 다른 것으로서의 수단이 아닌 그 자체를 원하는 본질적 가치를 지닌 것으로 생각하는 것이 보편적이다. 행복이 본질적으로 가치 있다는 주장은 보편적인 정도가 아니라 거의 범세계적으로, 최소한 철학자들 사이에서는 당연시되는 견해이다. 일견 그럴싸해 보인다. 행복을 돈으로 살 수 있기에 돈을 원할 수 있다. 그렇다면 우리는 행복으로 무엇을 살 수 있다고 생각하는가? 사람들은 다른 이유는 없이 그저 행복해지고 싶어서 행복을 원한다. 바로 이곳이 의미나 목적이 멈추는 곳이다. 따라서 행복은 본질적으로 가치 있는 것이라야 한다."

저자는 인간의 삶을 본질적으로 가치 있고 살 만한 가치가 있게 만드는 것은 일이 아닌 '놀이'라고 말한다. 저자는 "달리기는 놀이이다."라고 말한다. 그렇기 때문에 "달리기는 본질적 가치를 지니고 삶에서 그 모습을 드러내는 선(善)이다."라고 최고의 찬사를 달리기에 보낸다.

"모든 놀이에서 우리는 본질적 가치, 즉 삶의 선이 그 모습을 드러내는 것을 본다. 마침내 내가 더 이상 달리기를 할 수 없게 되면, 그때는 다른 놀이를 찾아야 한다. 그러나 달리기는 오래된 놀이이다. 가장 오래되고 또 가장 단순한 놀이이다. 그렇기 때문에 달리기는 가장 오래되고 가장 단순한 인간 활동에서의 선의 표명이다. 달리기는 삶의 본질적 가치의 체화된 이해이다. 이것이 달리기의 의미이며, 바로 이것이 달리기이다"

브랜드 브랜딩 브랜디드

임태수

나는 2000년 5월에 창업 직전에 근무하던 회사의 팀원 2명을 포함하여 7명의 임직원으로 다담마이크로㈜를 창업했다. 유명한 경제학자가 '위험을 무릅쓰고 포착한 기회를 사업화하려는 모험과 도전의 정신'을 기업가 정신(Entrepreneurship)이라고 정의했다. 흔히 기업가 정신으로 무장한 젊음이 벤처 창업에 도전한다.

세월이 한참 지난 후 스스로를 되돌아보니 세상이 돌아가는 이치를 제대로 몰라서 용감한 것만큼 창업에 결정적으로 작용하는 것은 없다. 역설적이지만 사실이다. 세상을 미리 알면 창업을 주저하게 되니, 몰라서 용감한 것이 항상 나쁜 것만은 아니다.

창업은 나의 인생에 엄청난 변화를 주었다. 그동안 크고 작은 경영 위기를 넘기면서도 단 한 번도 창업을 후회한 적은 없다. 지금의 나의 모습에서 새롭게 만들어진 제2의 천성은 사업을 하였기에 만들어졌다.

다행히 오랜 인연으로 엮인 주변 지인들의 도움으로 운 좋게 회사는 계속 생존했다. 나는 느지막한 50대 후반에 많은 중소기업 사장이 꿈꾸는 새로운 도전을 선택했다. 자사가 개발한 소비자 제품을 자사의 고유 브랜드로 시장에서 성공시키겠다는 목표를 6년 전에 세웠다. 결코 쉽지 않은, 어찌보면 무모한 목표였다. 시간이 지나고 보니 용감한 벤처 창업의 도전 방식이 다시 한번 나에게 작동했다는 것을 실감나게 깨닫는다.

나는 2017년 11월에 광촉매반응 기술을 응용한 공기 살균기의 개발을 착수하면서 새로운 사업에 발을 디뎠다. 2018년 1월 미국 CES 전시회에 공기 살균기 퓨리팟(puripot) 브랜드의 첫 모델인 P1 시제품을 최초로 출품하였다. 그해 6월에 P1 제품을 국내 크라우드 펀딩을 통하여 시장에 정식으로 출시했다. 그동안의 사업 경험에 따른 경영적인 판단에서 처음부터 주문자생산방식(OEM)은 배제하였다. 특정 유통망에 영업을 의존하는 비지니스는 안 하겠다고 사업 방침을 정했다.

자사 브랜드 소비자 제품의 성공 확률 1%의 게임에 도전한다고 스스로 마음을 다졌다. 그러나 나는 유통 경험이 매우 부족했고, 오프라인 세대 사장의 취약한 온라인 감각은 한참 떨어졌다. 영업 목표와 현실 시장 사이의 커다란 간극으로 많은 수업료를 치루면서 신사업을 전개했다.

언제나 비싼 수업료는 속이 쓰리고 가슴이 아프지만 이 세상에 수업료를 안 치르고 배울 수 있는 진리는 없다. 다행히도 비싼 수업료는 언제나 중요한 배움을 되돌려 준다.

어떻게든지 소비자 시장에서 퓨리팟을 성공시키려는 마음으로 주변의 마케팅 분야의 전문가들을 찾아다녔다. 예전 방식의 마케팅에 오랫동안 익숙한 전문가들은 소비자 온라인 마케팅에 들어가면 젊은 감각과 최신 데이터 분석으로 움직이는 온라인의 실전을 못 따라갔다. 나에게 호의를 가진 마케팅 전문가의 교과서적인 마케팅 자문과 한 대라도 더 팔아서 월급을 주려는 사장의 절실함 사이에는 어쩔 수 없는 거리가 있었다. 허리가 결리고 아픈데 어떻게 치료를 해야 하는지 묻는 사람에게 매일 아침의 체조와 야채즙 한잔이 건강에 매우 도움이 된다는 식의 마케팅 조언을 듣고 있자면 가슴이 답답하고 시간이 아까웠다.

우리가 잘 알고 있는 "사람이 책을 만들고, 책이 사람을 만든다."는 문장은 많은 진리를 담고 있다.
나는 새로운 사업을 시작한 지 얼마 지나지 않아 "회사는 제품을 만들고, 제품은 사장을 바꾼다."는 사실을 새삼 깨달았다. 그동안의 홈네트워크 B2B 사업과는 전혀 다른 성격의 B2C 상품을 시장에 팔아야 했다. 사장인 내가 바뀌지 않으면 이 사업은 성공할 수 없다는 절실한 깨달음이 왔다.

지금 새삼 되돌아보니 비싼 수업료는 당연히 나를 바뀌게 했지만 나의 가족도 변화되는 계기를 만들어 주었다. 이 사업은 내가 미처 생각하지 못했던 방향으로 우리 가족 각자의 삶에도 긍정적인 영향을 주었다.

우리 회사의 신제품을 그만한 비용을 지불할 만한 가치 있는 브랜드로 소비자에게 인식시켜 시장에서 성공시키겠다는 마음은 당연히 마케팅 서적에도 손이 가게 만들었다. 이 책도 그러한 절실함에 작년 봄에 샀는데, 어떤 누구의 소개였는지는 기억이 나지 않는다. 이 책의 저자는 기업의 브랜드 관련 컨설팅 회사의 대표로 다양한 경험을 쌓은 이 분야의 전문가이다. 이 책의 표지 안쪽에 있는 간략한 저자 소개 중에 의미 있는 문구가 눈에 들어왔다.

"모임은 되도록 네 명 이하로 갖는다."

이 책의 내용은 저자의 머리에서 나온 지식이라기보다는 저자가 실전에서 몸으로 경험한 내공으로 나에게 다가왔다. 그래서 배울 점이 참 많다. 저자의 "제대로 된 기획서만으로 좋은 브랜드를 만들 수 있다고 생각했던 때를 떠올리면 괜히 겸연쩍기도 하다."는 솔직한 고백은 신뢰가 간다.

이 책의 앞부분과 후반부는 브랜드에 대한 저자의 솔직하고 깊이 있는 내용으로 채워져 있다. 특히 마지막 부분은 마음 깊이 공감되는 좋은 내용으로 채워져 있다.

더하는 글 ————

이 책의 후반부에는 마케팅을 이해할 수 있는 좋은 내용이 많다. 나의 입장에서 중요하다고 생각하는 내용을 가능한 저자의 표현으로 요약하여 이 글에 인용하려 하였다. 그러나 인용을 허락하지 않는 출판사의 입장으로 인하여 해당 부분을 모두 삭제하였다.
인용한 부분이 삭제되지 않은 원본 글은 나의 블로그에 있다.

책 쓰기! 나도 할 수 있다

김도인

나를 포함한 대부분의 사람은 책은 아무나 쉽게 쓰지 못한다고 생각한다. 사회적으로 크게 성공한 사람 또는 정치하는 사람이 책을 내는 것은 그렇다 쳐도, 친구나 가까운 지인이 책을 냈다는 소식을 접하면 존경스런 마음이 드는 것은 이러한 이유 때문이기도 하다. 내가 30대 시절에 재미로 들은 말 중에 남자가 평생 이루어야 할 세 가지가 있는데 이 중에 자신의 책을 내는 것이 포함된 것으로 기억한다. 어떻게든지 책을 내는 것은 어려우면서도 가치 있는 일이라 생각이 든다.

그런데 저자가 "나도 책을 쓸 수 있다."라고 하니 눈에 확 들어오는 책 제목이었다.

이 책은 2년 전 해가 끝나가는 무렵에 나의 남동생이 읽고 추천하면서 보내 주었다. 추천하는 동생의 마음을 느끼기에 이렇게 추천받은 책은 더 특별한 마음을 갖고 읽게 된다.

저자는 기독교회의 현직 담임목사이다. 교인들로부터 "설교가 들려지지 않는다."는 볼멘소리를 듣고 50살에 독서를 시작해서 10년 만에 5천 권의 엄청난 책을 읽었다고 한다. 주로 인문학 분야의 책을 다독한 후에 글쓰기, 특히 목회자의 예배를 위한 설교문 쓰기를 꾸준히 강의하였다.

저자는 책 쓰기를 위해서 갖추어야 할 세 가지를 말한다. 첫째 많은 독서로 다양한 지식을 쌓고, 둘째 평소 꾸준한 글쓰기 훈련을 한 후에 마지막 세 번째 단계로 책 쓰기를 잘 할 수 있다고 말한다. 역시 노력 없이 이 책 한 권을 읽었다고 쉽게 책을 쓰는 비법을 얻는 공짜는 세상에 없다.

내가 보기에는 저자가 말하는 책 쓰기를 위한 세 단계 중에서 독서가 그나마 쉬운 편이다. 책을 읽고 자기의 생각을 정리한 글쓰기는 생각보다 노력이 필요하지만 훈련하면 할 만하다.

그런데 책 쓰기는 내 자신이 남에게 노출되고, 객관적으로 평가받게 되고, 서점을 통하여 팔리는 부수로 검증되기 때문에 마음먹었어도 쉽게 이루어지는 일이 아니다.

책 쓰기의 결과는 출판이다. 일반적으로 출판을 위해서는 철저한 시장 분석, 기획, 마케팅과 홍보가 필수적이다. 출판사는 자본주의 시장 논리에 따라야 하는 기업이기 때문이다. 출판사 입장에서는 당연히 베스트셀러를 희망하는데, 베스트셀러는 '잘 팔리는 책'이면 충분하고 반드시 '좋은 책'은 아닐 수 있다.

내 회사의 '퓨리팟(puripot)' 공기 살균기는 온라인 오픈 마켓에 올라가 있다. 소비자에게 선택받아야만 상품이 팔리는 경험에 비추어 보면 저자가 책 쓰기에서 강조하는 자본주의 시장 논리는 너무도 당연하다.

대한출판문화협회의 출판 통계에 따르면 우리나라에서는 매년 약 6만여 권의 신간이 발행된다. 하루에 약 150여 권 정도의 새 책이 출간된다. 이 중에 베스트셀러 반열에 올라가는 책은 정말 드물다.

저자는 누구나 책을 출간하는 것은 어렵다고 생각한다고 한다. 그렇지만 어렵사리 자신의 책을 내더라도 첫 번째 책은 부족할 수밖에 없으니 너무 완벽하려고 고민하지 말라고 권한다. 나의 이 책이 처음으로 나오는 데에는 저자의 이러한 권고가 큰 도움이 되었다.

남성사교요리클럽(MSCC)에 대한 생각

전익수

1960년 전후에 태어나서 현재 대한민국에서 살아가고 있는 나를 기준으로 남자들의 삶을 생각해 본다. 모든 것이 한참 부족한 나라에서 태어나 열심히 살아온 형님뻘 세대의 살아가는 모습에서 열심히 일하는 법을 배웠다. 그래서인지 노는 것보다는 일과 함께 살아가는 것이 몸에 배었다. 유교적 도덕 교육을 초등학교부터 배워서 몸에 깊이 새겨진 부모에 대한 효도는 굳이 설명하지 않아도 당연하다. 학교를 졸업하고 몸담은 조직에서 윗사람의 지시를 옳고 그름을 묻지 않고 따라야 하는 충성 윤리는 짧지 않은 국민 교육 헌장을 술술 외우도록 가르친 어릴 적 학교 교육의 결과였다. 어쩌다가 TV에 태극기가 휘날리면서 조국과 민족의 감흥을 되살리는 예전 장면이 나오면 여간해서 안 나오는 눈물이 찔끔 맺히는 심성은 내가 생각해도 신기하다.

여간해서 겉으로는 드러내지 않고 웬만큼 가까워져서 깊은 말을 섞기 전에는 잘 모르지만 베이비 붐 앞뒤를 포함한 대부분 세대의 남자는 어릴 적 성장하면서, 학교를 졸업하고 사회생활을 겪어 오면서 각자 소설 한 권을 채울 만큼의 삶의 아픔과 질곡을 갖고 있다고 생각한다. 이런 것이 없이 행복한 어린 시절을 보내고 큰 어려움 없이 잘 살아온 남자가 있다면 그 자체는 좋은 것이지만 아마도 서로 깊이 있는 삶의 대화를 나누기는 어려울 것이다.

각자의 성장 과정과 다양한 사회 경험을 가진 40~60대 남자들의 현재 모습으로 앞으로 평균적으로 수십 년을 더 살아나가야 하는 한국 사회에서 "잘 살아 나갈 수 있을까? 문제는 없을까? 아니야 그렇지 않아."라는 평소의 생각이 지난달 초순에 스페인 바스크(Basque) 지방 여행을 다녀온 것을 계기로 남성사교요리클럽(Men's Social Cooking Club)을 만들어 보자는 생각에 이르렀다.

우리 세대의 기본 도리인 효도로 모시고 부양의 짐을 기꺼이 떠안았던 부모님은 한 분씩 돌아가시면서 어깨의 짐은 점점 가벼워진다. 처음으로 자녀를 낳아 보았기에 경험도 없고 무엇을 노트면서 키웠던 자녀들은 이제는 어지간히 몸과 생각이 커져 각자 자기 몫의 삶의 무게를 지고 열심히 사회 속으로 달려간다.

자녀들이 잘되기를 바라는 것은 모든 부모의 한결같은 마음이다. 그러나 실제 아들, 딸이 어떻게 삶을 살아갈지는 부모의 의도대로 진행되지는 않는다. 각자 설명하기 나름이지만 인간의 삶은 보이지 않는 힘이 작용하는 세계이기에 아이들은 부모로서 남자가 어찌해 줄 수 있는 영역을 점차 벗어난다. 그래도 할 수 있는 것은 "뿌린 대로 거둔다.", "공짜는 없다." 같은 인간의 삶에서 너무도 당연한 명제를 기회가 될 때 설명하면서 아빠의, 아버지의 살아가는 모습으로 보여 줄 수 있다면, 그래서 조금씩이라도 후대에 전달이 된다면 다행이다.

베이비 붐 시대 전후로 태어난 남자들이 살아온 그리고 앞으로 살아갈 패턴을 일반화하려는 의도는 아니다. 바로 나 자신을 돌아보아도 보이는 평균에서 크게 벗어나지 않은 지나온 여정에서 미래의 모습이 보인다. 이러한 현재 시점의 문제의식을 공유하고, 기왕이면 의미 있게, 그래서 남자들이 모여서 만드는 이 모임이 나와 네가 함께 재미있게 살 수 있는 사회의 작은 단위로 잘 작동한다면 더할 나위 없이 좋겠다는 생각이다.

남자들이 언젠가 은퇴하기 전의 현역에서 살아가는 모습은 20~30년의 기간 동안 각자의 전문 영역과 사업에서 쌓은 내공으로 깊이 숙성된 전문가들이다. 각자의 사회적 역량을 키우고 유지하기 위하여 대부분 비지니스와 지인들로 엮인 인간관계로 하루하루가 무척 바쁘다. 어찌 보면 바쁜 것이 계급장이고 능력이고 자랑이다.

개인에게 은퇴는 시간의 문제이고 시간이 문제라면 반드시 마주하게 된다. 언젠가의 은퇴를 앞두기 전에는 일 자체가 자신을 붙들어 주고 일이 자기의 대부분이기 때문에 나를 유지하는 성벽이다.

그 성안에 있으면 일로 인한 스트레스는 언제나 있지만 기본적인 삶의 패턴은 유지되기 때문에 큰 틀에서는 안정적이다.

그러나 언제까지나 남자의 살아가는 모습이 같을 수는 없다. 개인적인 능력의 많고 적음에 따라 시점의 차이는 있지만 결국 내가 쌓아 온, 그래서 나를 지켜 주는 성을 떠나서 밖으로 나가야 한다. 어쩔 수 없어서 나가야 하고, 나가는 것이 맞다고 스스로 판단해서 떠나기도 하지만 결국은 같은 것이고 이것을 구별하는 것은 별 의미가 없다.

남성 위주의 가부장적인 환경에서 자라고 사회생활을 해 온 베이비 붐 세대의 남자들과 이후 세대의 남자들은 은퇴한 후에 상대적으로 사회적인 위치가 약해질 수밖에 없다. 은퇴 후에도 경제적인 능력이 어느 정도 갖추어졌다면 좀 더 길게 갈 수는 있다.

너무도 자연스럽게 당연한 모습이지만, 성공을 목표로 사는 남자들은 평생을 강자의 논리로 생존하는 법을 배웠기에 성내석으로 약자가 되어서 살아가는 방법이 매우 서툴다. 자기의 생각과 주장을 펼치는 데는 익숙하지만, 상대방의 감정을 느끼는 것이 무척 서툴고 어색해서 자연스럽게 남을 배려하는 것에 한 템포 늦다. 이러다 보니 이러한 남자를 서비스업에 갖다 붙이기에는 전혀 젬병이다. 그런 자리에 서 있으면 오히려 일을 망칠까 불안하다.

나는 젊은 세대의 행동, 생각, 말투, 옷차림, 몸치장, 업무 태도 등

그 어떤 것이든 접하면서 노여운 감정이 생기거나 무어라도 한마디 하고 싶은 마음이 든다면 그 자체가 경험 많은 약자의 모습이라고 의식적으로 생각한다. 그들은 내가 살아왔던 젊은 시절을 지금 살고 있고 그들의 현재 모습은 나를 포함한 사회가 만들어 낸 결과이다.

마음에 안 드는 젊은 세대를 수용할 수밖에 없다고 판단한 이후에는 자신의 잘나가던 한창 젊은 시절의 경험을 되새기며 그 힘으로 남은 시간을 살아 나간다. 그래서 그때의 시절과 경험을 공유한 사람들과 주로 어울리게 되며 과거를 먹고 살아가는 모습이고 어쩔 수 없는 인간 삶의 모습으로 자연스럽다.

그럼에도 불구하고 모든 남자는 언젠가 은퇴한 이후에도 남은 삶을 의미 있고 보람 있고 재미있게 그래서 건강하고 행복하게 살고 싶어 하는 마음에 공감한다. 현역으로 열심히 활동하든지, 은퇴를 앞두고 있든지, 또는 은퇴한 이후를 포함하여 "이것이 어떻게 하면 가능할까?"가 던져진 질문이고 주어진 문제이다.

우리의 삶은 사람의 속을 닮아서 정말 복잡하기 때문에 어떠한 질문이나 문제이든지 간에 똑 떨어지는 정답은 어차피 없다. 아무리 많이 살고 경험했다고 해도 상대적으로 좀 더 나은 답을 제시할 수는 있어도 그것을 정답이라고 할 수는 없다. 남자들의 삶의 문제를 함께 나누고 서로의 지혜를 공유하여 기왕 좋은 답을 함께 찾아보자는 취지에서 모임이 시작되면 좋겠다.

기왕에 이 사회에서 쓸모 있는 필요한 남자가 되고자 정신적, 육체적, 영적인 건강함을 갖기 위하여 지속적으로 노력하는 남자가 되자!

나의 사회적 위치가 어떠하든 그 자리에서 이웃과 사회에 선한 영향력을 주는 삶을 추구해 보자!

나는 우리 사회에서 선택받았다고 인식하고, 나의 방식으로 나의 재능과 능력을 우리 사회에 되돌려 주고자 지속적으로 실천해 보자!

이런 목표와 가치를 클럽의 회원들이 공유하면서 자신이 직접 요리하여 만든 음식으로 이웃과 친구와 선배와 후배와 스승과 제자와 임직원과 동료와 가족과 회원과 함께 나눌 수 있으면 얼마나 좋을까!

이러한 것들을 모두 함께하는 남자들의 사교 요리 모임을 진지하게 생각해 본다.

더하는 글 ———

이 책에 포함된 이 글은 서평이 아니다. 나에게 주어진 사회적 위치에서 이웃과 사회에 선한 영향력을 주는 삶을 추구하는 품격 있는 남자로 성장하기를 바라면서 그러한 가치를 추구하는 사람들의 모임을 생각하며 쓴 글이다.

www.instagram.com/mscc.hq

2장 나는 어떻게 성장하는가

인간이 모여 사는 사회는
천의 얼굴을 가지고 있는 하나의 집합체이다.
이 중의 하나인 나는 나머지 얼굴들과
끊임없는 만남과 부딪힘 속에서 성장한다.

3장

사회를 어떻게 볼 것인가

90년생이 온다

임홍택

 이 책의 저자는 1980년대생이다. 80년대생의 눈에도 90년대생은 쉽게 이해되지 않았나 보다. 쉽게 말하자면 세대 차이다. 하물며 60년생인 나에게는 더 말할 것도 없이 쉬이 이해가 안 된다. 정확히 말하자면 나의 사회 통념으로 보면 집단으로서의 90년대생은 가끔은 너무도 이상한 구석이 있어서 이해하고 싶지 않았다고 하는 것이 솔직한 표현이다.
 따지고 보니까 나의 아들, 딸들이 90년대생인데 이들의 세계를 가족으로서가 아니라 사회 구성원 중의 일부로 이해하고 받아들이는 것이 마땅하다고 본다. 90년내생이 이상하기 때문에 문제라기보다는 이상하다고 생각하기 때문에 문제라고 본다.

 이 책은 90년대생만의 다양한 언어 방식을 잘 설명하고 있다. 이것 때문에라도 읽어 볼 가치가 있는 책이다. 이 책의 내용 중 하나를 예로 들면 '병맛'은 어떤 대상이 '맥락 없고 어이없음'을 뜻하는 90년대생의 신조어이다. 원래는 대상에 대한 조롱의 의미를 내포하고 있지만 오히려 사람들에게 강하게 어필하는 요소 때문에 일부러 마케팅 방법으로 쓰기도 한다.

한 세대 차이로 다가오는 미래 우리 사회의 주역을 잘 이해하는 것은 미래 사회의 변화를 이해하고 받아들이는 것과 맥락이 통한다. 그래서 이 책은 "요즘 젊은 사람은 왜 우리 때처럼 하질 않느냐."라며 혀를 차고 스스로 답답한 사람이 되는 것을 예방하는 처방약으로 생각해도 좋다.

에이트(8)

이지성

　이 책은 2019년 10월에 출간되었는데 그해 12월 초에 우연히 손에 들어와서 읽었다. 저자의 『꿈꾸는 다락방』을 7년 전에 읽고 큰 감명을 받았던 기억이 있는데 이 책에서 다시 큰 느낌을 받았다.

　자율 주행 자동차, 빅데이터, 로봇, AI(인공 지능) 등의 첨단 4차 산업 지식을 전하는 많은 책들 중에서도 이 책은 지식을 전하기보다는 "그래서, 나는 어떻게 살아야 하는데?"라는 질문으로 접근한다.

　인공 지능(AI)이 사람보나 지능이 뛰어나서가 아니라 사람들이 생명체 인간의 제안과 판단보다 인공 지능의 지침과 결정을 더 신뢰하고 따르기 때문에 결국 인공 지능이 우리 사회에 자리 잡을 거라는 주장이 더 설득력이 있다.
　학교에서 공부를 잘했던 인간 판사보다 엄청나고 정확한 법률 지식 데이터를 가진 인공 지능 판사가 오히려 정의로운 판결을 내려 줄 거라는 믿음을 일반 사람들이 갖는 것이 더 혁명적인 변화이다.

인공 지능이 보편화될 미래 사회에서 학교에서 배운 지식, 좋은 학교 출신, '사'자 들어간 국가 고시 자격은 결코 안정된 직업을 보장해 주지 못한다. 그러함에도 불구하고 해마다 대학 입시로 온 나라가 몸살을 앓고 있다. 지금의 입시 위주 교육은 청소년에게 엄청난 시간과 돈을 써 가면서 미래에 인공 지능에게 결국 밀려날 사람을 만들고 있다고 저자는 보고 있다.

이 책의 저자는 '공감 능력'과 '창조적 상상력'을 갖춘 사람이 인공 지능 시대에도 주도적인 사회 계층이 된다고 강하게 주장한다. 나는 이 중에 공감 능력에 더 비중을 둔다. 인공 지능은 인터넷에 존재하는 정보를 학습하여 배운다. 인터넷에 존재하는 지식으로는 인공 지능이 타인의 생각과 감정을 타인의 입장에서 느끼거나 이해할 수 있는 능력, 즉 공감 능력을 가질 수 없다고 보기 때문이다.

어떤 사람이 자기 생각을 타인에게 주장하거나 논쟁을 계속 반복하고 그래서 타인을 싫어하고, 미워하고, 소외시키고, 불이익을 주고, 심할 경우 보복한다면 공감 능력이 부족한 사람으로 보아도 크게 무리가 없다고 본다.

이제 공감 능력과 창조적 상상력은 있으면 삶이 더 풍요로워지는 사치물이 아니고 4차 산업 시대의 생존 수단이다. 이 중요한 생존 수단을 지금의 입시 위주 교육 방식으로 얻기 어려운 것을 절실히 깨닫는 것이 삶의 지혜라고 생각된다.

엘리트 세습 [The Meritocracy Trap]

대니얼 마코비츠

1994년에 출판된 『하버드대학의 공부벌레들』이란 유명한 책이 있었다. 미국 아이비리그에 속한 공부 천재들의 이야기려니 생각하고 굳이 읽지는 않았지만, 이 책의 영어 원제목인 『능력주의 덫(The Meritocracy Trap)』이 미국 사회에 뿌리를 내렸다는 신호였고 이후 26년 만에 이 책이 나오게 된 사회, 경제적 배경이었다.

이 책을 출간할 당시 저자는 노력과 실력으로 예일대학교 로스쿨 교수가 된 미국 사회의 엘리트 중의 엘리트였다. 저자는 미국 사회의 심각한 병을 분석하고 진단한 이 책을 20년간에 걸쳐 썼다. 저자는 자기 자신이 이 책이 폭로하는 엘리트 능력주의가 만든 불평등한 사회의 산물이자 행위자라고 스스로 인정했다.

나는 세상을 긍정적인 눈으로 보는 편이다. 그러나 해가 갈수록 심각해지는 한국 사회의 양극화 문제는 정말 심각하다고 생각한다. '기울어진 운동장' 위에서 무기력해지는 청년 세대의 모습에서는 답이 쉽게 안 보인다. 우리들 모두가 느끼는 병이면서도 어쩔 수 없다고 받아들이는 모습 같아서 안타깝다.

이 책은 미국 사회를 진단했지만 마치 한국 사회를 들여다보는 느낌이다. 저자가 미국의 교육 양극화를 심각하게 설명할 때 역시 심각하다고 비교한 유일한 해외 사례가 '한국 서울의 부자 동네'이다. 이 책에서 한국은 개인 과외비가 가계 지출 총액의 12%에 해당한다고 저자는 기술했다. 우리 사회의 비교적 엘리트 계층인 '강남 좌파'가 정치의식은 진보이면서 경제 논리는 보수를 표방하는 배경도 이 책을 읽으면 잘 이해된다.

2차 세계 대전 이후에 미국 군정하에 건국한 대한민국은 사실상 미국의 경제, 사회, 문화 전반과 깊숙이 동기화되어 훌륭하게 성장하여 지금에 이르렀다. 미국의 DNA가 후천적으로 유전된 한국 사회를 분석할 때, 이 책이 지적하는 미국의 문제가 나에게도 절실하게 다가오는 것은 이 때문이다.

중세 봉건 시대 귀족제(Aristocracy)에서 귀족은 출생으로 결정되었다. 귀족제를 지탱하는 최대 부의 원천은 토지였다. 근대 시대에 들어오면서 귀족제는 귀족 덕목에 대한 실망, 개인의 자유 의지 중시, 창의력과 기회균등의 가치에 밀려 소멸의 길을 걸었다.

20세기에 들어오면서 귀족주의를 대체한 능력주의(Meritocracy)는 공정하고 호의적이며 개인의 이익과 공익을 조화시키고 모두의 자유와 기회를 촉진하는 이념으로 설명되었다. 능력주의는 기회의 평등과 결합되고 보완하는 요소로 받아들여졌다.

  능력주의에서는 부의 최대 원천이 엄청난 기량과 근면성을 갖춘 상위 엘리트 노동자의 노동력이다. 이 책에서 말하는 상위 엘리트는 사회 전 부문에서 상위 1% 이내를 의미하며, 좀 더 확대한다면 소득 상위 5% 전후를 포함한다.

  귀족제의 선천적인 귀족 신분과 달리 능력주의 시대의 엘리트는 후천적으로 만들어진다. 능력주의 세계에서는 엘리트 신분을 계속 자녀에게 물려주고 싶은 부모들이 차별화된 방법으로 자녀를 양육하여 목표를 달성한다. 능력주의 시대의 유능한 엄마는 양육의 의무를 다하기 위하여 자신의 경력을 희생하고 자녀 교육에 재산뿐 아니라 기량과 에너지를 쏟아붓는다.

  과거의 부모들은 어른들의 사회를 중심으로 한 가정생활을 영위했지만, 오늘날의 부모들은 가정생활의 초점을 자녀 교육에 맞춘다. 과거의 어린이들은 아무런 근심 없이 현재에 충실했지만, 오늘날의 어린이들은 미래를 보장받기 위해 초조하게 양육되고 준비한다.

  일류 대학의 학생회를 구성하는 대다수는 부유층 자제이다. 오늘날 능력주의 대학 교육은 일반 국민이 아니라 엘리트 계층의 목표를 충족하는 도구가 되었다. 엘리트 대학의 학생들은 학교에서 좋은 성과를 내고 계층을 유지하기 위해 끊임없이 분투를 벌일 수 있도록 양육될 뿐 아니라 교육되고 지도되고 형성되며 포장된다. 능력주의 교육은 어김없이 공허하고 파괴적인 교육 경쟁을 낳으며 궁극적으로 그런 경쟁은 그 누구에게도, 심지어 승자에게도 도움이 되지 않는다.

20세기 중반부터 심화되기 시작한 능력주의 사회의 경제적 불평등의 원인은 노동에서 자본으로의 소득 이전 때문이라기보다는 중산층 노동 직업에서 상위 엘리트 노동 직업으로의 소득 이전 때문이다. 능력주의 톱니바퀴가 한차례 돌아갈 때마다 소득과 기회의 불평등은 가차 없이 확대되고 심화되고 있다. 실력과 근면성으로 무장한 능력주의 시대의 엘리트들은 중간 숙련 근로자인 중산층을 소득 경제 구조에서 배제하거나 망가뜨리는 과정을 통해 지위를 얻는다.

포퓰리즘(Populism)은 능력주의가 소득 양극화라는 증상으로 민주주의에 일으킨 질병이다.

2015년에 도널드 트럼프는 엘리트 능력주의가 발생시킨 빈부 격차라는 질병을 자신이 치료할 수 있다고 정치계에 나섰고 2016년에 미국의 제45대 대통령에 당선되었다. 트럼프는 "나는 교육을 많이 받지 못한 사람이 좋다."라고 공언하며 능력주의 시대의 엘리트를 대놓고 비난했다. '블루칼라 억만장자'로서 능력주의로 인한 백인 중산층의 불만을 선거 운동에 이용했다. 트럼프는 중산층 분노의 흐름을 일으켰다기보다는 그 흐름에 편승해 대통령에 당선되었다.

이 당시 대통령 선거에서 교육 수준이 높은 엘리트 집단은 힐러리 클린턴을 받아들이고 트럼프를 어설픈 어릿광대 정치인으로 깎아내렸다. 반면에 중산층은 힐러리의 휘황찬란한 학력과 경력에 반감을 품었고, 엘리트 교육을 거부하는 트럼프에게 깊이 공감했다. 자신의 노력과 능력에 따라 성공했다는 자기 논리에 사로잡힌 부유하고 고결한 엘리트층은 중산층의 고충과 분노를 알지 못했다. 선거 유세 기간에 힐러리가 트럼프 지지자의 절반을 가리켜 '한심한 패거리'라고 지칭한 것은 미국 엘리트 전반이 중산층에 대하여 은밀하게 품고 있던 생각을 말로 표현한 것이다.

엘리트 부유층과 중산층은 탄생, 교육, 결혼, 직업, 사회 활동, 소비, 취미, 여가 등 사회 전반에 걸쳐 다른 길을 걷고 있다. 인간의 삶 전체가 등급별로 분리된 여객기 좌석의 형식으로 재형성되는 추세이다.

요리에 대한 취향을 예를 들면, 상위 엘리트들은 직업적인 인맥을 확충하려는 생각에서 '더 친해지고' 싶은 사람에게 신기한 요리를 대접해 좋은 인상을 주려고 한다. 반면에 중산층은 익숙한 음식을 가족이나 오랜 친구에게 대접한다.

대화하는 것을 예를 들면, 부유층은 형식적이고 정치적인 대화를 나누는 경향이 있는 반면에, 중산층은 솔직하고 직선적인 화법에 자부심을 느낀다.

능력주의로 양극화된 노동 시장에서 번지르르한 엘리트 직업이 경제적인 역할을 다하려면 교육을 통해 엄청난 기량을 쌓아야 한다. 과로를 꺼리지 말아야 하며, 일이 바쁜 것을 자랑으로 내세우고, 사회적으로도 고된 노력을 권장하는 분위기가 형성되어야 한다고 저자는 말한다.

능력주의는 교육과 일에 대한 경쟁, 평가, 성취, 보상의 복합체를 통해 실행된다. 능력주의 사회에서 사람은 인간(Human)이 아니고 인적 자본(Human Capital)이고, 회사에서 인사부는 인적자본관리부로 명칭이 바뀐다.

능력주의는 이제 특권과 부의 집중, 세습을 유지하는 메커니즘이자 엘리트 계층 제도를 유지하는 논리가 되었다. 능력주의는 엘리트의 지적 능력으로 지탱되는 새로운 귀족제라고 할 수 있다.

미국의 엘리트와 중산층은 공통되고 상호 파괴적인 경제적, 사회적 논리에 갇혀 있다. 이들의 부담감과 고통은 상반된 듯 보이지만 실제로는 능력주의라는 공통된 질병의 두 가지 형태일 뿐이다.

애초에 산 중턱까지 올라가는 삶을 택했다가 근근이 정상 부근에 올라가서 절벽에 필사적으로 매달려 있는 사람은 절벽 가장자리에서 갑자기 떨어질 때 그전에 떨어진 사람보다 더 극심한 충격을 받는다. 이러한 측면에서 상위 엘리트 근로자는 '세상의 절대자(Master of the Universe)'라기보다는 계층만 높은 징집병에 가깝다.

과도한 근무 시간에서 탈피하려는 '일과 삶의 균형(Work and

Life Balance)'이라는 주장은 더 이상 직업이 천직이 아니라 소외된 노동이라는 전제를 깔고 있다. 능력주의 사회에서 천직(天職)은 더 이상 존재하지 않는 개념이다.

이런 능력주의의 해악이 드러나지 않는 이유는 "능력주의는 공정하고 호의적이며 개인의 이익과 공익을 조화시키고 모두의 자유와 기회를 촉진하는 이념이다."로 설명되는 마력 때문이다. 이 마력 때문에 해악의 배후에 능력주의가 있다는 사실을 진지하게 고찰하기가 쉽지 않다. 그래서 능력주의의 덫에서 빠져나가기가 매우 어렵다.

지구상에 인구가 5천만 명 이상이면서 1인당 GDP가 5만 불 이상인 나라는 미국과 독일이다. 저자는 미국 능력주의에서의 '교육의 집중'에 대한 대안으로 독일의 '교육의 분산'을 설명했다.

저자에 따르면 독일은 사실상 사립 학교나 사립 대학이 없다. 예를 들어, 베를린은 시 정부가 모든 시민에게 무료로 어린이집을 제공하고 고급 어린이집을 불법화하는 조례를 제정했다. 독일은 엘리트주의의 가치보다는 사회 통합의 가치를 더 추구하면서 사립 교육에 의한 엘리트 교육을 정부가 적극적으로 금지하였다. 우리의 시각으로는 다분히 사회주의적이지만 독일은 분명히 우리나라보다는 기회균등과 사회 통합의 측면에서 훨씬 앞선 나라이다.

이제 능력주의는 오히려 기회 평등의 가장 큰 걸림돌이 되었다. 사회 계층 간의 이동을 촉진하기보다는 억제하는 요소에 가깝다.

능력주의는 단순히 불평등하기보다 정당하게 불평등한 사회질서를 구축하려 한다. 지금 사회에서 능력은 자연스럽고 보편적인 덕목이 아니라 능력주의에 의하여 인위적으로 만들어진 불평등의 결과물이다. 엘리트에게 막대한 소득을 안겨 주는 능력주의의 엄청난 생산성과 이것을 미덕으로 간주하는 것은 경제적 불평등의 산물이다. 능력주의에 따른 불평등은 사회의 연대를 저해하고 민주주의적인 자치를 타락시킨다.

실체를 잘 알 수 없지만 양쪽 계층 모두에게 타격을 주는 좌절감, 중산층이 느끼는 전례 없는 분노, 엘리트가 느끼는 헤아릴 수 없는 불안감은 같은 강물에 휘몰아치는 여러 종류의 소용돌이로 같은 흐름에서 어둠의 에너지를 얻는다. 능력주의에 따른 불평등 때문에 모든 사람들이 소외된다.
일류 학교를 나와 일류 직업에 종사하며 점점 더 숫자가 줄어들고 있는 최고의 엘리트는 예외이다.

봉건 사회의 귀족제는 귀족 개인의 도덕심, 덕목, 능력이 부족하여 무너진 것이 아니라 귀족이라는 '선천적 특권'을 근대 시민 사회가 정당하지 않다고 규정하면서 몰락하였다.

저자는 '능력'이라는 개념은 엘리트의 이념적인 자만이고, 근본적으로 경제적으로 부당한 이익 분배를 눈속임하기 위해 만들어졌다고 결론을 내린다. 저자는 능력주의가 초래한 사회적 불평등을 해결하기 위하여 능력주의를 신봉하는 개인을 비난하는 접근 방식으로는 안 되며, 능력주의를 지탱하는 '능력'이라는 개념 자체를 인정하지 말아야 한다고 주장한다.

그런데 이러한 주장을 해야 하는 사회 세력은 누구이어야 하는가? 엘리트 중의 엘리트인 저자가 내부자로서 폭로를 했는데, 이제 문제 해결의 주체는 누구이어야 하는가?

나는 저자가 이 책에서 무엇을 말하려는지 의도는 이해가 된다. 나는 중소기업을 경영하는 기업인으로서 인사가 만사이고, 사람이 가장 중요하다고 생각한다. 그러한 의미에서 엘리트의 능력주의는 기본 덕목으로 믿어 왔다. 그러면서도 통합된 사회에서 각자 위치에서 만족하며 살아야 하는데, 솔직히 지금의 상황에서 모든 것을 깔끔하게 만족시키는 모범 답안은 안 보인다.

그럼에도 불구하고 최선이 아니라면 차선이라도 기왕이면 함께 행복한 삶에 도움 되는 답을 찾아 나가는 노력을 계속하여야 한다.

모든 것의 역사 [A Brief History of Everything]
켄 윌버

　이 책은 2018년 4월에 '인간 역사의 모든 것을 다룰 것 같은' 멋진 제목에 끌려서 샀다. 다분히 나의 지적인 허영심과 호기심이 함께 작용한 결과였다.

　3년 전 가을에 거의 두 달간 지루하게 씨름하면서 이 책을 읽어냈다. 두 달이면 대기 중인 책 여러 권을 읽을 수 있었는데 독서 효율이 극히 떨어져 버렸다.

　그래도 무언가 있을 거라 믿고, 나름 다루는 주제가 우주인지라 금맥 찾아 힘들게 굴을 파들어 가는 마음으로 6백여 쪽의 두껍고 무거운 책을 매일 가지고 다니면서 읽었다. 이 책의 역자가 이 분야에 정통하여 번역이 부실한 것 같지는 않았다. 그러나 내용이 어렵고 단어가 난해하여 책을 읽다 보면 얼마 안 있어 금방 나를 졸리게 만들었다. 덕분에 일부러 잠들려고 읽은 적도 있었고 신기하게 잘 먹혔다.

이 책은 제목이 주는 선입관처럼 선사 시대, 고대 그리스, 로마, 중세, 근대, 현대의 역사를 전체적으로 기술한 책이 아니다. 굳이 따지면 근대(近代, Modern)의 비중이 높다. 그렇다고 산업 혁명이나 1차, 2차 세계 대전 등을 다루지도 않는다.

이 책은 "마음과 세계가 어떻게 태어나고 어디로 진화하는가?"를 다루고 있다. 저자는 이 책에서 현대 사회의 성차별 갈등, 인종 문제, 환경 문제, 종교 분쟁, 민족주의, 지역 분쟁 등의 온갖 현대 사회 문제의 근본적인 해결 방안을 명쾌한 논리로 제시한다.

칸트, 스피노자 등의 근대 철학자들의 사조를 크게 에고주의와 에코주의의 대결로 나누었다. 저자는 어느 쪽의 접근 방법도 현대 사회가 겪고 있는 문제를 제대로 해결하지 못하고 오히려 서로를 부정하는 극단적인 싸움을 해 왔다고 진단한다.
개인 중심주의와 경험주의에 입각하여 문제에 접근하는 에고주의와 절대 자연을 최고의 가치로 두고 다른 모든 것은 자연에 부속 요소로 접근하는 에코주의는 좋은 세상을 만들자는 공동의 목표 앞에서 서로 헐뜯고 공격하면서 근대 사회가 만들어 놓은 현대병을 치유하는데 실패했다고 저자는 진단한다.

저자는 초개인, 통합심리학 분야의 큰 업적을 쌓은 철학자이다. 동양 철학과 서양 철학을 함께 아우르는 학문적 성취를 이루었다고 보인다. 자신의 철학 이론을 직접 실천하고 있는 수행자의 모습을 보면 오히려 동양 철학의 가치에 더 무게를 두고 있다고 보인다. 학교 수업에서 배웠던 색즉시공(色卽是空), 공즉시색(空卽是色)의 논리와 가치도 함께 다룬다.

저자는 세상을 구성하는 모든 요소를 사분면(四分面, Quadrant) 개념으로 매우 구체적이고 체계적으로 설명한다. 우주(Cosmos) 만으로는 이 세상을 설명하기에 한계가 있어 온우주(Kosmos) 개념을 제시하였다. 이를 통하여 '과학 만능주의'의 근세를 지나면서 심각하게 잃어버린 마음, 정신, 공동체, 진실성, 의식, 영(靈, Spirit) 등의 가치(세상, History)를 복원하고자 한다.

이 긴 책의 후반부 마무리 글을 보자면 솔직히 내가 접근하기 힘든 영역이다.

"빅뱅 이전에 당신이 가졌던. 온우주로 노래하는 순수한 공(空) 그래서 남아 있는 것 전부란 미소뿐이며, 어느 투명하게 밝은 밤 조용한 연못 위에 비친 달의 모습뿐입니다."

세상(우주)을 온전히 이해한다는 것은 "나 자신을 깨닫고, 가까운 사람을 이해하고, 내 일을 성공시키는 법을 알게 되고, 세상을 여유롭게 받아들인다."라는 문장에 담긴 뜻과 충분히 서로 통한다.

책 권수로 따지자면 독서의 효율을 극히 떨어뜨린 힘들게 읽은 책이지만 충분히 보상받을 만한 가치가 있는 좋은 책이다.

어른은 어떻게 성장하는가

존 헤네시

　이 책의 저자는 미국에서 가장 영향력 있는 인물 2위까지 선정되었던 사람이다. 스텐퍼드 대학교에서 16년간 총장 역임, 나이키 회장과 나이트-헤네시 재단의 이사장 등 사회적인 경력과 명성이 정말 대단한 사람이다. 너무 잘난 사람의 책이라는 점이 거부감을 줄 수도 있지만 이 책은 그러한 종류는 아니라고 본다.

　이 책의 저자는 자신의 인생 경험을 바탕으로 사회의 리더가 갖추어야 할 덕목을 10가지로 정리하여 이 책에서 제시하였다.

　이 책에서 정말 눈에 들어오는 것은 '겸손'을 리더의 첫 번째 덕목에 올린 것이다. 자신이 가장 똑똑한 사람이 아니니 스스로 낮추려 노력해야 하는 것을 제일 먼저 제시했다.
　두 번째로 나에게 강하게 다가온 것은 비영리조직 리더의 핵심 능력으로 후원금 모집 역량을 꼽았다. 후원금 모집은 자본주의 기업의 '상품'을 파는 영업 능력과는 다르다. 비영리 조직의 '사회적 가치'를 전달하는 설득의 능력이고 이것은 리더의 인격이 따라가야 가능하다고 본다.

어떠한 모임이나 조직에서 주로 의사 결정을 해야 할 위치에 있는 사람은 이 책에서 말한 여러 리더의 덕목을 반복해서 되새길 필요가 있다고 본다. 좋은 리더가 되려고 마음을 품은 사람은 이 책을 읽다 보면 자신이 리더로서의 선택할 위치에 있을 때 힘을 더해 주는 우군이라는 느낌을 받을 것이다.

한비자, 법과 정치의 필연성에 대하여

임건순

　이 책은 2019년 2월 초에 접하여 2020년 3월 초에 읽었다. '한비자는 법가' 정도의 대학 입시용 얕은 지식으로 살아온 나에게 한비자 법가 사상의 핵심을 이 책에서 접한 것은 그저 많이 좋았다는 표현보다는 새로운 배움이었다.
　이러한 한비자의 사상을 짧은 글로 요약하는 것이 미안한 마음에 서평 글을 쓰는 것도 미루어졌다. 그러나 그동안 계속 머릿속에서 떠나지 않고 있던 숙제라 책을 읽고 2달이 지난 어느 날 아침 일찍 마음먹고 글을 썼다.

　한비자는 대략 기원전 280년경에 중국 한나라에서 태어났다. 한비자가 주창한 법가 사상의 시대적 배경은 일곱 강대국이 난립하는 중국의 전국 시대이다. 한비자는 끊임없는 전쟁, 왕과 신하가 서로를 죽이는 권력 투쟁을 가까이 지켜보았다. 왕권을 견고히 유지하고 그래서 나라를 강하게 번영시키려는 목적에서 한비자는 잘 만들어진 '법'으로 다스려지는 나라를 그 답으로 보았다.

흔히 한비자의 사상은 "인간의 심성은 본래 악하다."라는 성악설에 근거한다고 말한다. 나는 '악하다'라는 도덕적 표현보다는 '이기적이다'라는 진화 생물학적 표현이 더 적합하다고 본다.

한비자는 모두가 자기의 이익을 우선하여 판단하고 행동하는 인간 사회가 잘 돌아가기 위해서는 모두에게 동등한 법으로 통치되는 국가와 이를 위한 정치를 주장했다.

한비자 사상은 강한 법치에 필요한 절대적인 왕권을 강조했다. 당연히 신하의 입장에서는 도입하기 싫은 사상이었다. 조선 시대 신하 집단이 그러했다. 주자학의 영향을 강하게 받은 유교가 지배한 조선 시대 사회는 "모름지기 사람은 마땅히 이러해야 한다."는 식의 도덕적 규범을 위주로 가르쳤다.

학교에서는 그렇게 도덕적으로 행하라고 배웠지만 사회는 반드시 학교에서 배운 대로 돌아가지 않는다. 도덕적으로 작동하지 않는 사회가 옳은 것은 아니지만 그렇다고 반드시 잘못된 것은 아니다. 우리가 매일 부딪치는 정의롭지 못한 사회가 자연스러운 인간의 이기적인 본성이 종합적으로 어우러진 실체이다.

한 가족을 이끄는 가장의 덕목과 회사를 경영하는 사장의 방침과 나라를 통치하는 대통령의 정책의 기준은 서로 다를 수밖에 없다. 그러나 학교에서 수신제가치국평천하(修身齊家治國平天下)라는 윤리를 접한 우리는 하나의 도덕적 잣대로 개인부터 나라까지 잘 운영할 수 있다고 배웠다. 이러한 배경에서 개인 간을 포함한 사회의 작은 단위의 갈등을 스스로 해결하려 노력하기보다는 최종에는 대통령(청와대)이 책임지고 풀어 주어야 한다고 주장하는 사회가 되었다.

철학과 지혜를 담은 사상은 잘 안 보이고 자신의 주장만이 난무하는 우리 사회를 보면서 나 자신부터 책을 통한 지혜를 배우며 살아야겠다는 마음이다.

군자론 [君子論]

이한우

영문학과 서양 철학을 전공한 언론인 출신의 저자와는 2013년 끝 무렵에 독서 모임 리더스포럼에서 특별히 진행한 '논어로 논어를 풀다.' 강해 시간에 처음 만났다. 나의 고등학교 시절에 겉핥기로 배웠던 중국의 고전 사서오경(四書五經) 중에서 대표적인 논어(論語)의 첫 문장부터 하나씩 풀어 가면서 새삼스럽게 배워 나가는 맛이 참 좋았던 기억이다.

중국의 논어와 맹자 같은 고전을 통하여 자주 접했던 단어 중에 '군자'와 '소인'이 있다. 저자는 이 책에서 사회 조직에서 '일(Work)'을 잘 해낼 수 있는 사람으로 군자를 새롭게 정의한다. 국가를 포함한 모든 인간의 조직에서 사람의 마음을 읽고 헤아릴 수 있는 리더의 자질은 너무나 중요한데 저자는 이것을 『군자론(君子論)』이라는 제목의 책으로 풀어냈다.

우리나라의 유학은 주자학이 주도한 측면이 매우 강하다. 주자가 가르친 유학은 가난한 생활에도 편안한 마음으로 도를 즐기는 안빈

낙도(安貧樂道) 또는 자기 분수를 지키며 만족하는 안분지족(安分知足)이니 하는 허상에 공자의 사상을 가두어 버렸다. 이러한 배경에서 공자가 논어에서 말한 군자다움이 사회적으로 느슨하고 조직 생활에 적합하지 못한 선비의 모습으로 왜곡되어 버린 문제가 크다.

공자는 논어에서 착하고 가난하고 도덕적인 것이 절대 선이라고 말한 적이 결코 없다. 공자는 오히려 신중하고 지혜롭고 현명하게 일이 될 수 있도록 이끄는 사람, 즉 일 처리 능력 있는 사람을 군자로 칭했다. 일이 되게끔 하는 사람이 군자이다. 저자는 이러한 내용을 논어를 포함한 고전에서 새롭게 찾아내어 이 책에 기술하였다.

논어의 아래 글은 예전의 논어 강해시간에 공부할 때 "이게 공자의 생각이 맞아?"라고 깜짝 놀랄 정도로 인상적으로 다가왔던 내용이다.

[논어(論語) 13권 자로(子路) 18장]

초나라의 섭공이 공자에게 말했다. "우리 마을에 정직을 실천한 자가 있습니다. 부친이 양을 훔쳤는데 아들이 이 사실을 증언했습니다."
공자가 말했다. "우리 마을의 정직이란 이와는 다릅니다. 아비는 자식을 위해 허물을 숨겨 주고, 아들은 아비를 위해 허물을 숨겨 줍니다. 정직은 아비와 아들의 그런 감싸 주는 마음속에 있습니다."

논어 자로(子路)의 이 장(章)은 법률상 신의가 인륜의 도리와 충돌할 때 처신하는 방법에 대해 논했다. 즉, 불의한 잘못을 보았을 때 법대로 처신하는 법치(法治)가 옳은지, 아니면 사람 간의 관계를 고려하여 숨기는 인치(人治)가 옳은지의 문제를 다룬다.

　예를 들어, 부모가 절도 또는 살인을 했을 때 나는 고발할 것인가 아니면 숨겨 줄 것인가?

　이 딜레마는 동서고금을 막론하고 모든 인류에 공통된 윤리 문제이다. 동·서양의 고전인 논어와 맹자 그리고 플라톤의 네 대화편 중의 하나인 에우튀프론에서 신기할 정도로 똑같이 이 문제를 다루고 있다.

　나를 포함한 한 개인 또는 크고 작은 다양한 사회 조직의 리더는 현실에서 이러한 종류의 윤리 문제와 맞닥뜨릴 수 있다. 이때 군자의 입장에 선다면 어떻게 판단하여 지혜롭게 처신할지에 대하여 자못 궁금하다. 이런 종류의 인간사 문제에 내면의 지혜로운 답을 구하며 살 수 있으면 좋겠다.

어떻게 민주주의는 무너지는가

스티븐 레비츠키, 대니얼 지블랫

    2016년 말 도널드 트럼프는 미국의 제45대 대통령으로 당선되었다. 이 직후에 하버드대 정치학과 교수이면서 이 책을 공저한 두 저자는 "트럼프는 민주주의에 위협이 되는가?"라는 제목으로 『뉴욕타임즈』에 칼럼을 연재하였다. 그 당시 이 칼럼은 미국인들에게 큰 주목을 받았다. 2년 후에는 이 책으로 출간되어 큰 화제를 일으킨 베스트셀러가 되었다.

    이 책의 저자는 트럼프가 미국의 민주주의 규범을 심하게 파괴한 정치인이라고 진난한다. 미국 정치에서 오랫동안 유지해 온 상호 관용의 규범을 어겼고 결과적으로 다른 전체주의 국가의 포퓰리스트 독재자의 모습과 다르지 않다고 말한다. 그 근거로 민주주의의 파괴 여부를 진단하는 리트머스 시험지로 하는 아래 네 가지 테스트에서 모두 전체주의 반응이 나온 것을 제시한다.

    1) 민주주의 규범을 거부하거나 규범 준수에 대한 의지가 부족한가?

2) 상대방 정치 경쟁자를 부정하고 비난하고 위협하는가?
3) 정적에 대한 다양한 형태의 폭력을 조장하거나 묵인하는가?
4) 언론과 경쟁자의 기본권을 억압하거나 다른 억압 사례를 지지하는가?

민주주의가 어떠한 과정으로 무너지는지 알아내기 위하여 저자는 독재자가 될 가능성이 다분한 포퓰리스트 성향의 극단주의자들이 어떻게 정치권에 진입하는지, 어떤 조건에서 선거를 통하여 대통령으로 선출되는지, 선출된 대통령이 어떻게 합법적으로 민주주의를 파괴하면서 독재자의 길로 가는지를 세계 여러 나라의 사례를 들면서 설명한다.

이 책에서는 군사 쿠데타로 무력을 통하여 권력을 잡은 독재자가 민주주의를 파괴한 사례는 다루지 않는다. 저자는 민주주의라는 정당한 제도적 장치와 절차를 거쳤음에도 불구하고 독재자가 선출된 사례를 집중적으로 분석한다.

미국 이외의 대표적인 독재자로 아르헨티나의 후안 페론, 페루의 알베르토 후지모리와 오얀타 우말라, 베네수엘라의 우고 차베스, 러시아의 블라디미르 푸틴, 이탈리아의 실비오 베를루스코니, 터키의 레제프 에르도안, 에콰도르의 라파엘 코레아, 헝가리의 빅토르 오르반, 폴란드의 야로스라프 카친스키 등을 예로 든다.

저자는 현대 미국 사회의 민주주의도 얼마든지 무너질 수 있다는 위기를 진지하게 경고한다. 전 세계적으로 포퓰리스트 지도자가 부상하며 민주주의가 급속히 쇠퇴하고 있는 경향이다. 저자는 이러한 시점에 민주주의가 무너지는 위험 신호를 어떻게 인지하는지 방법을 제시한다. 이 책의 말미에서는 극심한 양극화로 갈등이 심화된 미국의 정치 위기가 어떻게 진행될지 설명하면서 극복할 수 있는 시나리오를 제시한다.

절대 권력을 기반으로 하는 과거의 군주제조차도 군주의 자발적인 자제가 따를 때 안정되었던 것 같이 민주주의도 경쟁자 간에 자제의 덕목을 필요로 한다.

민주주의를 계속 시합이 이어지는 운동 경기라고 보자. 경기가 이어지려면 선수들은 상대를 완전히 짓밟아서는 안 된다. 그리고 다시는 보지 않을 사람처럼 상대를 적대시하지 말아야 한다. 상대팀이 떠나 버리고 없어지면 더 이상 경기는 없다. 이 말은 경기에서 승리를 위해 최선을 다하더라도, 어느 정도 선에서 자제하며 경기에 임해야 한다는 뜻이다.

만약 운동 경기에서 심판을 매수하고, 상대편 주전이 경기에 뛰지 못하도록 방해하고, 경기 규칙을 고쳐서 상대편에 불리하게 운동장을 기울인다면 그러한 경기는 그 순간 더 이상 민주주의가 아니다.

이러한 측면에서 정치인은 운동선수들에게 한참 배워야 한다. 운동선수들은 졌으면 상대방에게 박수 쳐 주는 기본적인 룰이 있다.

그리고 다음엔 이길 수 있다고 생각한다. 이것이 선의의 경쟁이고 민주주의이다.

자제의 반대는 제도적 특권을 함부로 휘두르는 것이다. 저자는 이러한 태도를 '헌법적 강경 태도(Constitutional Hardball)'라고 인용한다. 이 표현은 비록 규칙에 따라 경기에 임하기는 하지만 규칙의 테두리 안에서 최대한 거칠게 상대방을 밀어붙이고 '영원히 승리를 빼앗기지 않으려는 태도'를 의미한다. 이러한 태도는 민주주의라고 하는 경기가 계속 이어질 수 있는지에 대해서는 전혀 걱정하지 않고, 오로지 상대방 정치 경쟁자를 없애 버리기 위한 전투일 뿐이다.

오래전 미국 출장길에 미국에 수십 년간 살면서 미국의 정치 현실을 많이 경험한 교포 지인으로부터 "미국의 정치가 진절머리 날 정도로 잘못되어서 사람들이 정치에 혐오감을 가지고 있다."는 말을 들은 적이 있다. 학교에서 미국을 민주주의의 교과서격인 모범적인 나라라고 배웠던 내 입장에서는 의외의 말이었고 그 당시에는 솔직히 실감이 안 갔다. 그러나 이 책을 읽으면 충분히 공감이 간다.

영악하고 똑똑한 미국의 일부 정치인들이 상대 정당에게 내뱉는 공격적인 독설과 매카시즘적인 애국심을 내세우면서 상대방 정치인을 자극하고 적으로 몰아붙이는 모습을 보면 우리나라의 정치판에서 5류 정치인이 벌이는 수준 이하의 모습과 별반 다르지 않다고 보인다.

인간이 모여 사는 사회는 비록 성문화된 법으로 존재하지는 않지만 그 사회에 속해 있는 사람들이 자율적으로 지켜야 하는 규범이나 불문율이 있다. 저자는 이것을 자동차 도로에 있는 가드레일에 비유한다. 어쩌다 차가 가드레일에 부딪쳐서 손상되는 경우는 있지만 그 범위를 넘어서 밖으로 넘어 나가는 경우는 매우 드물다. 그러나 양극화되는 사회에서는 가드레일을 넘어가는 상황이 빈번히 발생한다.

일반적으로 양극화 현상이 가속화되는 사회에서는 이러한 규범이나 불문율이라는 가드레일이 누군가에 의하여 의도적으로 위반되고 파괴되는 경향이 있다. 이때 사회는 '일탈의 범위를 축소하는', 다시 말해 규범이나 불문율의 기준을 하향 조정하는 방향으로 움직인다. 예전에는 비정상적으로 보였던 행동이 정상적인 행동으로 바뀌는 것이다. 저자는 이것을 관리하거나 통제하지 못하는 사회는 위험하고 이러한 상황에서 민주주의는 무너질 수 있다고 설명한다.

지난 200년간 미국의 정치판을 주도했던 백인 개신교 집단은 백인 민족주의 모습을 하고 공화당 집단이라는 닫힌 시야로 미국 정치를 주도하려고 한다. 반면에 흑인을 포함한 소수 유색 인종과 이민자 1, 2세대의 민주당 지지율은 인구 증가에 따라서 점점 높아지고 있다.

전통적으로 미국 정치는 보수주의를 표방하는 공화당과 진보를 표방하는 민주당의 상호 보완적이고 협력적인 양당 구도 체제였다.

그러나 21세기 들어서 양당은 정치적 이념의 차이에 인종과 종교적인 갈등이 추가된 양극화 대결 구도로 치닫고 있다. 이것은 정치에서 상호 관용과 제도적 자제라는 규범을 지키기보다는 대립과 반목으로 갈등하는 구도이다.

정치라는 경기에서 '똑같이 지저분해지더라도' 자기 당의 주장을 관철하는 것이 더 다급해진 미국의 정치 현실이 되었다.

미국 사회에서 유색 인종과 이민자의 정치적 비중이 시간이 갈수록 커지는 만큼 백인 기독교인을 대표하는 공화당의 극단적인 오른쪽으로 이동은 점점 가속화될 것이다. 이러한 미국 정당 정치의 양극화로 인하여 미국의 민주주의도 무너질 수 있다는 위기감이 이 책이 큰 관심을 끈 배경이다.

저자는 이 책에서 민주주의의 위기와 문제의식을 글로서 미국인을 포함한 세계 시민에게 알렸다.

파타고니아, 파도가 칠 때는 서핑을

이본 쉬나드

파타고니아(Patagonia)는 암벽 등반, 파도 서핑, 스키, 럭비와 같은 전문적인 스포츠용 의류 브랜드로 유명하다. 남아메리카 남부 지역의 파타고니아 국립공원 이름을 회사명과 브랜드명으로 사용했다. 조금은 촌스러워 보이는 파타고니아 로고는 이 지역의 모습 그대로를 보여 준다. 나는 지금까지 한 번도 파타고니아 브랜드의 옷을 사서 입어 본 적이 없다. 적당한 운동용 옷이 이미 있기에 일부러 사야겠다는 생각이 당장에 들지는 않아서이다.

이 책의 저자 이본쉬나드(Yvon Chouinard)는 세계적으로 유명한 암벽 등반 전문가이고 파도가 높은 해변을 찾아다니며 익스트림 스포츠를 즐기는 파타고니아의 설립자이다. 사무실을 기왕이면 서핑하기 좋은 지역에 자리 잡는 것은 새삼스럽지 않아 보인다.

미국 요세미티에는 약 900m 높이의 엘 캐피탄(El Capitan)이라는 엄청난 크기의 화강암 수직 절벽이 있다. 너무 가파르고 높아서 밑에서 암벽 타기를 출발하면 700m 높이쯤 수직 바위 면에 임시로 매달은 해먹에서 하룻밤을 보내야만 다음 날 정상에 도달할 수 있다. 저자는 이러한 스포츠를 즐기면서 익스트림 스포츠에 적합한 의류를 스스로 디자인하고 사용한 경험을 가지고 1973년에 파타고니아를 창업했다. 파타고니아는 올해로 50년 된 장수 기업이다.

저자가 파타고니아를 창업한 후 약 40년이 되는 시점에 회사를 운영하면서 겪은 자신의 경험과 100년 기업을 목표로 추구해야 할 가치로 믿는 생각을 회사에 소속된 임직원에게 전해야겠다는 생각을 가졌다. 그러한 생각을 담은 것이 이 책이다. 책 제목은 『파타고니아』인데, 부제는 매우 인상적으로 '파도가 칠 때는 서핑을'이다.

몇 년 전에 이 책을 소개한 기사를 얼핏 접한 적이 있다. 당시 부제 때문이었는지 "와! 이 회사는 직원 복지가 거의 천국 수준이야! 사무실서 일하다가도 파도가 치면 언제라도 바다로 뛰쳐나가 신나게 놀 수 있는 회사네! 이런 회사에서 일하는 것을 모두 부러워하겠네!" 하는 생각이 들었다. 그런데 이 회사의 껍데기만 보았다는 것을 올해 초 뜻밖에 손에 들어온 이 책을 읽고 나서야 깨달았다.

매해 한 해씩 살아간다는 느낌으로 23년째 열심히 사업을 해 오고 있지만 이 책은 내가 사업하는 이유를 다시 진지하게 생각해 보는 신선한 충격을 주었다.

모든 사업가는 누구나 회사를 키우고 성공하고 싶어 한다. 그렇지만 '왜 성공해야 하는지? 무엇이 성공이고 어디까지가 성공인지?'에 대한 답은 항상 아쉽고 부족했다. 그 이유는 내가 성공에 대한 철학을 제대로 가지고 있지 못하기 때문이었다.

"자기 사업을 시작하고 회사를 잘 키워서 많은 돈을 벌면 좀 일찍 은퇴해서 골프와 해외여행을 즐기며 여생을 여유롭게 보낸다." 이것은 회사를 돈을 벌기 위한 '도구' 또는 사고 팔수 있는 '상품'으로 보는 전형적인 자본주의 사회의 삶의 목적이고 기업관이다. "기업의 목적은 영리 추구이다."라고 학교 교과서에서 정확히 배웠고, 사회 생활을 하면서 주변 사람들이 하는 모습을 보면 "결국 그게 맞아."라고 재확인하는 것이 우리 자본주의 사회의 전형적인 모습이다.

이 책의 초반부는 파타고니아의 설립 동기와 역사를 설명하지만 이후 부분은 모두 '철학(Philosophy)' 이야기이다. 그런데, 칸트나 니체의 철학 이야기가 아니다. 제품 디자인 철학, 생산 철학, 유통 철학, 마케팅 철학, 재무 철학, 인사 철학, 경영 철학, 마지막으로 환경 철학까지 저자의 생각이 담겨 있다.

자신의 생각을 '정책(Policy)' 정도가 아니라 철학(Philosophy)이라는 용어를 쓴다는 것은 저자의 치열한 삶과 행동, 자신보다 회사가 더 오래 가야 한다는 신념에서 나온 것이기 때문에 정말 감동이다.

회사를 좋은 값에 팔고(M&A) 큰돈을 챙기겠다는 생각이라면 기업의 사명에 철학이라는 말을 감히 쓸 수가 없다. 정책은 이익 추구의 필요에 따라 바뀔 수 있지만 철학은 한 사람의 인생보다 길 수 있기 때문이다.

파타고니아의 환경 철학은 "지구 환경을 보존하고 지킨다."이고 이 회사 사업 목적의 핵심이기도 하다. 이 환경 철학을 "매출의 1%를 환경 보존 활동에 기부한다."로 정해 놓고 꾸준히 실천하고 있다. 나는 이익의 10%를 기부한다는 약속보다 매출의 1% 기부가 얼마나 더 어렵고 힘든 것임을 잘 알기에 이 철학이 감동이다.

사업해서 성공하려는 것은 당연하지만 "왜 성공하려는가?"의 답을 찾는 과정에 이 책이 큰 자극과 계기가 되었다.

미친 듯이 심플 [Insanely Simple]

켄 시걸

이 책의 표지 디자인은 단순하다. 제목은 단순하지만 강렬하다. 이 책의 주인공은 스티브 잡스이다. 저자인 켄 시걸은 17년간 애플의 광고와 마케팅을 맡아 온 외주 회사의 임원으로 잡스와 비지니스를 가까이서 함께했다. 저자는 1997년 잡스가 고사 직전의 애플에 복귀했을 때 '다르게 생각하라(Think Different)' 광고 캠페인을 기획했고, '아이맥(iMac)'이란 제품명을 고안해 애플 'i' 시리즈 성공의 기반을 다진 인물이다. 저자는 애플의 세계적인 엄청난 성장에 기여한 핵심 가치를 이 책의 제목으로 삼았다.

잡스의 경영 원칙을 형상화한 것으로 '심플 스틱(Simple Stick)'이란 용어가 있다. 심플 스틱은 실제 애플의 직원들이 사용했던 용어이다. 잡스가 핵심이 모호한 결과물을 내놓은 직원을 직설적인 언사로 호되게 평가할 때 직원들은 "심플 스틱으로 맞았다."라고 표현했다.

잡스는 항상 "본론이 뭐냐?" 혹은 "그래서 결론이 뭐냐?"라는 단순함을 요구했다. 회의에 불필요한 사람이 자리만 차지하고 있을 때, 제품의 기능이나 디자인이 직관적이지 않고 복잡할 때, 두세 문장이면 설명될 내용을 그럴듯한 프레젠테이션으로 회의 시간만 늘여 놓았을 때, 어김없이 잡스는 심플 스틱을 휘둘렀다.

똑똑한 인재들의 창의적 사고를 저해하는 관료적인 위계질서와 대기업형 업무 절차를 철저하게 단순화하고자 한 잡스의 경영 방식을 저자는 '단순함을 향한 헌신적인 집착'이라고 표현했다. 지금은 어떤지 모르지만 10년 전에 전 세계 애플 임원의 수를 100명으로 한정한 것도 '똑똑한 사람들의 작은 집단'이 가장 효율적이고도 가장 빠르게 성과를 달성하는 기업 조직으로 보았기 때문이다.

흔히 비즈니스 세계에서는 불편한 인간관계를 만들고 싶지 않거나 자신의 이익을 지키려고 할 때 명확한 진실을 말하지 않거나 회피한 채 두리뭉실하게 넘어가는 경향이 많다.

잡스는 이런 모호한 태도 때문에 업무의 진행과 결과가 불투명해져 손실이 발생하는 것을 매우 경계했다. 저자는 이러한 측면에서 잡스 특유의 기질이기도 했던 '냉혹함'을 매우 강조했다. 잡스가 냉혈한이라는 의미이기보다는, 조직이 최선의 결과를 창출하도록 일의 진행과 평가에서 잡스가 당사자 면전에서 할 말을 분명하고 단호하게 했다는 뜻이다.

잡스는 1997년 애플에 복귀할 당시 20가지가 넘는 제품군을 개인용과 전문가용 데스크톱과 노트북 4가지로 축소했다. 결과적으로 애플은 단 4가지 제품만으로 천문학적 이윤을 달성했다. 다양한 제품을 내놓는 기업들은 고객에게 다양한 선택권을 제공한다고 생각한다. 그러나 저자는 고객이 복잡한 제품군을 보며 복잡한 선택을 해야 하는 것보다는 오히려 단순화된 구매 경험을 하게 될 때 회사를 더욱 신뢰하게 된다는 것을 애플의 사례를 통해 보여 준다.

20가지의 음식을 제공하는 식당에서 메뉴판을 보면서 한참 생각하게 하는 고급 레스토랑도 있지만, 단 4가지의 음식 메뉴로 고객을 훌륭하게 만족시키는 식당도 있다. 애플은 후자를 선택했고 엄청난 성공을 이루었다.

그러나 세계적인 식당의 메뉴가 4가지뿐인 극도의 단순함은 이 책에서 잡스의 단순함을 설명하는 여러 가지 중에 눈에 보이는 하나일 뿐이다. 단순함을 향한 애플의 사랑은 의심의 여지가 없다. 눈에 보이는, 보이지 않는 모든 곳에 단순함이 자리한다. 단순함이 회사의 제품이고, 광고이며, 내부 조직이고, 스토어이며, 고객과의 관계다. 애플 내부에서는 단순함이 목표고, 업무 프로세스이며, 평가의 척도다.

기업 활동에서 복잡함은 선택과 결정을 회피하고, 단순한 결정이 초래할 수 있는 책임을 지고 싶지 않아서 생겨난다. 복잡해지는 것은 한순간이다. 이렇게 만들어진 복잡함은 그 조직과 소비자가 떠안아야 한다. 이 결과로 발생하는 손실은 결국 복잡함을 만든 자신이 감당하게 된다.

개인의 삶에서도 어떻게 할지 결정하지 못하고 계속 가지고 있는 생각, 태도, 물건, 인간관계 등은 결국 복잡함으로 나타난다. 복잡해지는 이유는 버리는 선택을 못하기 때문이다. 조금씩은 좋고 필요하다고 생각해서 '아니오'라고 버리지 못해서이다. 다른 아이디어들도 나름 좋고 쓸모 있어서 버리지 못하고 끌어안고 있기 때문이다.
붙잡지 않고 놓아 버리는 것이 단순함을 위한 선택이고, 이것이 기업이든 개인이든 변화와 혁신을 가져온다.

복잡함을 단순함으로 전환시키는 결정적인 덕목은 꼼꼼하거나, 알뜰하거나, 계획적이거나, 논리적인 것이 아니다.
내가 이 책에서 결정적으로 배운 것은 "단순함은 자존감을 바탕으로 한 용기 있는 선택의 결과이다."이다. 삶은 끊임없는 선택의 결과이니, 변화하기 위하여 가능한 단순함을 실천하여야 한다.

이 책은 2019년 초에 딸이 읽고 나서 참 좋은 책이라고 권하기에 바로 사서 읽었다. 2년 반 동안 잘 다니던 대학을 휴학하고 자기 사업을 해 보겠다고 열심히 덤벼든 딸의 생각과 행동에 이 책이 좋은 영향을 준 것으로 보인다.
나 또한 이 책에서 얻은 것이 참 많다. 자신이 가지고 있는 많은 복잡한 생각을 설명하려면 복잡한 언어를 사용해야 되고 어느 순간 자신도 이해를 못한다.

 이 책은 복잡함에 대한 유혹이 생겨날 때, 다시 펴 볼 만한 좋은 책이다. 3년 전에 읽은 책을 작년 여름에 새삼 정리했던 이유이기도 하다.

규칙 없음 [No Rules Rules]

리드 헤이스팅스, 에린 마이어

  이 책은 재작년 봄에 딸이 권하여 읽은 『프리워커스』 마지막 글에 있는 추천 책 목록에서 보고 구입했다. 모빌스 그룹의 젊은 멤버(직원)들이 읽고서 프리워커스 철학을 세우는 데 이 책에서 많은 영향을 받았다고 본다.

  이 책을 읽어 내려가는 초반부터 나를 돌아보며 마음이 좀 무거워지는 것을 느꼈다. 일반적인 경영 전문 분야의 베스트셀러에서 말하는 경영자의 자질과 덕목이 나에게 부족하다고 느꼈다는 뜻이 아니다. 일종의 넘사벽(넘四壁)을 느끼게 하는 너무나 혁명적인 기업 문화를 만들어 낸 성공적인 회사이고, 이러한 기업 문화를 정리한 책을 CEO가 함께 썼기 때문이다.

  그렇지만 회사의 운영 방식을 어떻게든지 유연하게 변화시켜서 좋은 회사를 만들고 싶은 나의 입장에서는 경영자로서 나의 부족함을 깨닫게 해 주고, 참신한 자극을 주는 훌륭한 책이다.

1997년에 설립한 넷플릭스(Netflix)는 지금은 영화 스트리밍 서비스와 주문형 콘텐츠 제작을 사업 모델로 가지고 있는 거대한 다국적 기업이다. 이 기업이 지난 20년간 엄청난 성장을 달성한 비결이 지구상에서 가장 빠르고 유연한 기업이기 때문이다. 어떻게 이런 기업 문화를 만들고 계속 유지할 수 있는지가 경이롭고, 이러한 특별한 기업 문화를 갖게 만든 창업자 리드 헤이스팅스의 존재감이 대단하다.

넷플릭스의 성공 사례는 회사의 성장을 이끄는 특별한 기업문화에 기반한 것이지만, 사람이 모여 사는 어떤 형태의 집단이라도 비슷하게 적용될 수 있는 성공적인 인간관계를 위한 방식이라고 본다. 이 방식이 세대와 나라를 불문하고 항상 좋은 것인가 반문할 수도 있다. 그렇지만 창조적인 혁신을 추구하는 회사에게는 분명히 옳은 방식이라고 생각한다. 넷플릭스 방식이 옳다고 인정해도 이것의 실천은 정말 쉽지 않다.

넷플릭스는 집단적 효율성의 극대화(회사의 지속적인 성장)가 상호 역동적인 협업의 힘에서 나온다고 믿는다. 이를 위하여 높은 인재 밀도 구축, 업계 최고의 연봉 제공, 라이브 360도 평가 방식, 솔직한 피드백 문화, Keeper Test 등을 꾸준히 실천한다.

내가 대학생 시절에 동아리나 교회 청년부는 종종 1박 2일의 MT(Membership Training)를 가곤 했다. 이때 저녁을 먹은 후에 모두 한방에 둘러앉아서 재미 삼아 '도마 씹기'를 하곤 했다. 한 사람씩 도마 위에 올려놓고 모두 참여하여 공개적으로 칼질하는 프로그램이다. 정제되지 않은 솔직한 표현으로 선배와 동료의 잘못을 들추어내는데 이 시간이 참 유쾌하고 재미있었던 기억이다. 도마 위에 올려진 당사자에게는 동료들이 나를 어떻게 생각하는지 알 수 있는 기회이고 개인의 단점을 솔직하게 까발려서 서로 친해지자는 것이 목적인 놀이였다.

넷플릭스의 '라이브 360도 평가' 프로그램이 이것과 비슷하다. 도마 씹기와 다른 것은 사적으로 친해지자는 목적이 아니다. 회사의 성장을 위하여 효율적인 업무 수행과 협업에 장애가 되는 개인의 단점과 태도를 공개적으로 지적하고 이에 대한 입장을 듣는 것이 목적이다. 진행상 양념으로 그 사람의 장점을 말하고 업무 성과에 대한 칭찬은 곁들인다. 그렇지만 단점과 잘못한 것에 대하여는 마음 여린 사람은 눈물이 쏙 빠질 정도로 직설적이고 거침없는 동료의 지적을 팀원 모두가 보는 앞에서 공개적으로 받는 모습을 떠올리면 된다.

예를 들어, 호텔의 작은 회의실에서 팀장을 포함한 8명의 팀원이 한 방에서 무려 3시간 동안 이 프로그램을 공식 진행한다. 업무 회의도 아닌데 대략 30%의 칭찬과 70%의 비판으로 3시간을 어떻게 채울지? 서로 솔직하게 엄청난 말을 해 대지 않으면 도무지 프로그램의 진행이 썰렁하고 불가능할 것 같다.

중국 문화 혁명 시절의 인민재판이 연상되기도 하는데, 넷플릭스에서는 특정 개인을 올가미를 씌워서 매장하는 목적이 아니다. 회사

안에서 동료와의 협업에 방해되는 개인적 업무 태도와 일하는 방식을 들추어내고 해결시키려는 목적이다. 개인에게서 고쳐야 할 나쁜 태도라고 모두에게 지적받아 공개되면 그냥은 넘어갈 수 없는 것이 건강한 회사의 정상적인 문화이기 때문이다.

넷플릭스 기업 문화가 매우 강조하는 '솔직한 피드백'은 동료의 약점을 공개적으로 들추고 남에게 지적된 나의 약점을 솔직하게 받아들일 수 있는 마음을 갖춘 사람으로 구성된 조직과 이것을 모두가 받아들이게 만드는 기업 문화에서만 가능하다. 이에 비하면 나의 대학 시절에 경험했던 도마 씹기는 정말 애교이다.

회사는 조직을 관리하는 데 오류 방지와 혁신 중에서 어떤 것이 우선적인 가치인가를 정하여야 한다. 이 결정에 따라서 '규정과 절차(R&P, Rules & Process)'를 중시하거나 '자유와 책임(F&R, Freedom & Responsibilty)'을 중시하는 것 중에서 하나를 선택하여야 한다. 한 회사 안에서도 사업 부문별로 어떤 것을 더 중시할지 분명하게 구분해야 한다.

넷플릭스는 F&R의 가치를 선택했고, 이를 위하여 "통제가 아닌 맥락으로 리드하라.(Lead with Context, Not Control)"의 철학으로 느슨하게 결합된 조직 시스템으로 회사가 운영된다.

주어진 목표는 동일하지만 실행은 실무자가 자율적인 자유와 철저한 책임의 자세로 일을 수행한다. 인재 밀도가 높고 혁신이 핵심 가치인 느슨한 결합 조직의 회사는 개인의 업무를 통제보다는 맥락으로 조율하며 결정한다. 회사의 리더는 비록 실무자의 업무 수행 결과가 안 좋게 나왔더라도 어리석은 결정을 했다고 실무자를 나무라서는 안 된다. 리더로서 핵심적인 맥락을 사전에 실무자에게 정확히 제시했는지를 자문해야 한다.

R&P(규정과 절차)가 교향악단에게 악보를 주고 한 치의 오차도 없는 정확한 연주자 집단을 요구한다면, F&R(자유와 책임)은 재즈에 어울리는 무대를 만들고 즉흥 연주에 능한 연주자로 구성된 집단에 어울린다.

넷플릭스는 최고의 재즈 연주자에게 최대의 자율성을 부여하는 데 성공한 재즈스러운 회사이고, 이것을 멋지게 실천한 솔직하고 성숙한 인격의 CEO가 창업자인 회사이다.

이러한 기업 문화는 많은 돈을 투입한다고 해서 만들어지지 않는다. 상사와 동료의 잘못이나 약점을 공개적인 방법과 장소에서 눈치 안 보고 비판할 수 있어야 한다. 부하 직원이나 동료의 비난을 회사의 구성원이 선의로 받아들일 수 있어야 한다. 이러한 비판이 당장은 쓰리고 아프지만 앞으로 내가 더 성숙하는 데 도움 되는 쓴 약으로 받아들일 수 있는 성숙된 마음과 인격이 갖추어져 있어야 한다. 여기에 큰돈이 들어가지는 않지만 실천은 결코 쉽지 않다.

F&R는 투자 비용은 적지만 성공하면 엄청난 힘을 갖게 만드는 회사 운영 기업 문화이다. 이것의 운영은 실천 지침 매뉴얼을 잘 만들어서 임직원에게 나누어 준다고 가능하지 않다. 오히려 자세하고 두꺼운 매뉴얼은 실천에 장애물이다. 회사의 구성원이 이것이 진정 회사 발전에 도움이 된다고 마음으로 받아들여야 가능하다.

마케팅이다 [This is Marketing]
세스 고딘

 이 책의 저자는 30여 년간 마케팅 분야의 세계적인 권위자이다. 다이렉트 온라인 마케팅의 개념을 새롭게 정의했고 자신이 마케팅 회사를 설립하여 많은 성공 실적을 보여 주었고, 이러한 경험을 여러 권의 베스트셀러로 펴낸 사람이다. 이 책은 저자가 2018년에 출간한 책으로 책의 제목이 『마케팅이다(This is Marketing)』로 당당하다.
 이 책 역시 『프리워커스』 마지막 글에 있는 추천 책 목록에서 보고 구입하였다.

 이 책은 다양한 관점에서 마케팅의 근본 원칙을 설명했다. 쉽게 풀어서 설명하자면 "고객을 돕는 마케팅을 하라."이다. 흔히 말하는 "돈을 쫓지 말고 돈이 나를 따라오게 만들어라."와도 일맥 통하는 이야기이다. 마케팅의 기법이나 실전 테크닉을 말하기보다는 근본적인 인간관계와 삶을 대하는 마케팅 철학에 관한 내용이다. "마케팅을 사냥하듯이 하지 말고, 농사짓듯이 하라."는 문장에서는 저자의 철학이 느껴진다.

내 입장에서 경쟁사 일부 제품의 홈쇼핑 페이지를 보면 굶은 늑대가 사냥하듯이 들이대는 마케팅이 너무 섬뜩하게 느껴진다. "우리도 이렇게 해야 되는 것 아니야?"라는 유혹도 때로는 느껴진다. 사냥 같은 마케팅이 짧은 한탕으로 한몫 잡아서 인생을 살리는 모습이라면, 이 세계의 많은 유통사들이 언제까지 이렇게 장사하려고 하나, 하는 안타까운 마음이지만 자본주의 경제에서 생존 그 자체가 답인 것은 부인할 수 없다.

내가 보기에 저자는 세계적인 마케팅 전문가이기도 하지만 시장에서 인간의 마음이 어떻게 움직이는지를 정확히 알고 있는 통찰을 가지고 실제 마케팅 회사를 경영한 마케팅계의 백전노장이라는 소개가 더 적절하다고 본다. 이 책의 짧은 단락마다 저자의 내공 있는 통찰에서 나오는 문장에 공감 가는 경우가 많았다.
역자가 이 책을 좀 많이 의역했다면 손자병법 스타일의 마케팅 병법서가 나올 법도 하다.

"사람은 자기가 보고 싶은 것을 찾고, 믿고 싶은 것을 주장한다."는 인간의 본능적인 한계가 올바른 마케팅에 접근하는 데 치명적인 약점이 된다고 생각된다.

모든 마케터가 치열하게 시장에서 선택받기 위하여 노력하지만, ①무시당한다, ②속임수를 쓴다, ③신뢰 받는다 중의 하나의 길로 가게 된다고 저자는 말한다.

많은 마케터가 당연히 ③이 되기를 원하지만 대부분은 ①과 ②의 길로 가게 된다. ③으로 선택받는 것은 마케팅 수단과 기법만의 문제가 아니다. 마케팅을 하는 개인, 조직, 회사의 전략과 철학이 신뢰에 기반을 두어야 한다. 이것을 지속적으로 행동으로 보이면서 시장에서 인정받아야 어느 시점에 결국 가능해진다.

이 책은 자신의 상품이 시장에서 고객의 선택을 받기 위해서 마케팅이라는 노력을 하는 사람들이 반복하여 마음에 깊이 새겨야 할 가치 있는 내용이 많이 담겨 있는 좋은 책이다.

나는 대부분 책을 한 번만 읽고서 다음 책으로 넘어가는데 이 책만큼은 한 번 더 읽어야겠다는 느낌이 강하게 들었다. 이 책을 처음 읽고 한 달 만에 두 번째 읽기를 어렵게 마쳤다. 그 당시에 내가 특별히 고심하는 신제품의 마케팅 비책을 하나라도 더 단단히 챙기려는 마음이었다.

주로 취침 전의 피곤하고 가물거리는 눈으로 책을 붙들다 보니 그리 두껍지도 않은 이 책의 마지막 쪽의 넘김까지 참 오래 걸렸다. 언젠가 이 책을 세 번째 읽는다면 또 다른 깊이를 느낄 거라고 생각된다.

내가 경영하는 회사의 신제품 퓨리팟(puripot) 공기 살균기의 마케팅에서 절실한 어려움을 느끼는 입장에서 무언가 기대를 갖고서 이 책에서 실마리를 찾을 것 같은 느낌이다.

농사짓는 마음가짐과 삶의 철학과 세계를 해석하는 눈으로 진실에 기초한 마케팅 철학을 만들어 나의 사업을 성공시키고 싶다.

더현대 서울 인사이트

김난도, 최지혜, 이수진, 이향은

이 책은 COVID-19가 한창이던 2021년 2월 어느 날 여의도에 새로 문을 연 '더현대 서울(이후 더현대라고 함)' 백화점의 성공 스토리이다. 부연 설명하자면, 상식적으로 매우 부적절한 입지의 상권, 소매 유통의 몰락을 뜻하는 '리테일 아포칼립스(Retail Apocalypse)'로 표현되는 오프라인 매장의 위기 분위기, COVID-19로 비대면 온라인 위주로 소매 시장이 재편되는 특수한 상황 등 도무지 백화점이 입점하여 성공할 수 없는 조건에서 오픈한 오프라인 백화점이 그럼에도 불구하고 크게 성공한 사례를 분석한 일종의 비지니스 리뷰이다.

우리가 알고 있는 대부분의 유명 백화점은 대중적인 인지도와 규모의 차이는 있지만 층별 구분 방식과 상품의 구성은 유사한 패턴을 보인다. 그런데 저자는 "더현대는 모든 면에서 전혀 다르다."라고 말한다. 더현대는 백화점의 공간을 구성하는 모든 요소를 철저히 MZ세대에 타깃팅하여 MZ세대가 자신의 정체성을 느낄 수 있는 장소로 기획했다고 한다.

MZ세대는 1981~1996년생을 의미하는 밀레니얼(Millennial) 세대와 1990년대 중후반부터 2010년대 초반까지 태어난 Z세대를 아울러서 부르는 말이다. 약 30년의 긴 세월이지만, 이들은 이전 세대인 X세대(1965~1980년생)나 베이비 붐 세대(1964~1955년생)와는 확연하게 구분되는 가치관과 소비 특성을 보인다.

MZ세대는 지극히 개인화된 매체인 페이스북, 인스타그램, 카톡, 틱톡, 트위터 등으로 소통하기 때문에 '멀티 페르소나', 즉 다양한 매체로 자기의 정체성을 표현한다. MZ세대는 다수의 대중이 좋다고 하는 것을 그대로 받아들이기보다는 가장 '나답다'라고 느끼는 것을 찾아 움직이고 팬덤(Fandom)을 형성한다.

저자는 더현대가 '페르소나(Persona) 공간' 개념에 가장 가까이 다가선 사례로 제시한다. 이 책의 부제는 "사람들이 몰려드는 '페르소나 공간'의 비밀"로 좀 어려운 표현이라 궁금증을 자아낸다.

더현대에는 고급 백화점으로 인정받기 위하여 입점시키려는 에르메스, 루이비통, 샤넬을 파는 속칭 '에루샤' 명품 가방 매장이 하나도 없다. MZ세대가 주로 이용하는 지하철역과 바로 연결되는 핵심 지하 2층에는 더현대의 '임원이 모르는 브랜드'의 상품으로만 채웠다고 수차례 강조한다. 새 제품만을 판매하는 백화점에 전례 없이 온라인 중고거래 플랫폼 '번개장터(BGZT)'의 오프라인 매장을 입점시켰다.

 백화점 매장 전체를 꾸미는 비주얼 머천다이징(VMD, Visual Merchandising)은 화려하고 강하게 연출하기보다는 단순한 이미지를 추구했다. 매장을 꾸미기 위해 무엇을 하려고 하기보다는 하지 않으려고 더 힘을 쏟았다. 마치 애플의 강력한 심플 철학처럼 단순함 자체를 마케팅 원칙으로 삼았다고 볼 수 있다.

 이러한 장소에 여의도 인근 지역의 주민이 아닌 전국 각지에서 MZ세대가 캐리어를 끌고 몰려왔다.

 백화점 건물 안팎에 연중행사처럼 걸려 있는 각종 할인 행사를 알리는 현수막이 없다. TV, 라디오, 신문, 잡지의 전통적인 매스 미디어로 불특정 다수에게 상품이나 브랜드를 알리는 ATL(Above The Line) 마케팅은 여간해서 하지 않는다.

 자신의 브랜드를 알리는 홍보 이미지는 대놓고 백화점 이름을 노출하지 않고 감각적인 힙(hip)한 내용으로 채운다. 모든 상품과 할인 정보는 디지털로 제공한다. 전용 홈페이지아 앱, 인스다그램, 유튜브, 블로그 등의 온라인 마이크로 채널로 상대방과 대화하듯, 궁금증을 유발하고 일상의 공감을 이끌어 내는 화법으로 MZ세대와 커뮤니케이션한다.

 홍보 모델로 전형적인 미남, 미녀와 유명 연예인은 철저히 배제한다. 백화점 공간을 대중적인 주류에서 벗어나 자신만의 라이프 스타일을 고집하는 힙스터(hipster)들이 모이는 장소로 어필했다.

올해 1월에 출시한 메타버스 SNS 플랫폼 본디(Bondee)는 MZ세대의 취향을 반영했다. 본디 가상 세계에서 혼자 보트 타고 바다를 플로팅(Floating) 하면서 친구를 찾는 방식은 MZ세대에게는 자연스러워 보인다. 더현대의 대표적인 홍보 이미지에 보트를 도입해서 '플로팅(floating) 세대'로 표현되는 MZ세대와 연결시킨 것은 정말 감각 있다.

이 한 권의 책은 더현대의 브랜드 이미지를 높이는 또 하나의 매체이다. 대중을 향한 직접적인 브랜드 홍보 대신에 자신의 브랜드 전략을 소개한 책이라는 매체로 또 다른(차별화된) 이미지를 만들어 가는 더현대의 BI(Brand Identity) 전략과도 잘 맞다고 보인다. 그래서 저자의 의도가 어떠하든지 간에 나는 이 책 자체도 더현대가 만들어 가는 브랜드의 훌륭한 일부라고 본다. 이 책의 출판사와 더현대는 저자와 함께 서로에게 이익이 되는 마케팅을 하였다.

저자는 이 책에 나오는 모든 의견과 분석은 현대백화점의 공식적인 의견과 무관하며 '전적으로 저자들의 학술적인 견해'라고 밝히고 있다. 또한 "인터뷰와 자료 제공 외에는 현대백화점 측으로부터 어떠한 지원도 받지 않았다."라고 강조한다.
이 책의 서문에는 '이 책의 출간을 허락하고 배려해 주신' 현대백화점그룹의 회장을 포함한 임직원들에게 한 반듯한 감사 인사가 들어 있다. 본문에 더현대의 MZ세대 마케팅의 성공 스토리가 쓰여 있는 이 책을 더현대가 임직원들의 교육용 필독서로 삼지 않을 이유가 없다. 이 책은 초판 발행 후 1주일 만에 5쇄를 발행하였다.

 이 책은 내가 더현대를 새롭게 이해하는 데 많은 도움이 되었다. 그러나 21세기 자본주의 사회에서 MZ세대를 좀 더 이해할 수 있게 된 것에 더 큰 의미를 있다.

처음 만나는 행동경제학

신임철

  경제학(經濟學/Economics)이란 재화(Goods)와 용역(Services)의 생산과 분배, 지출에 관한 전반적인 경제 현상을 분석하고 연구하는 학문이라고 정의한다. 경제학은 다양한 경제 현상들의 모형을 만들어 현실을 설명하려고 한다. 이러한 모형들이 합쳐져서 하나의 개념을 형성한 것이 경제이론인데 어떤 이론을 해석하기 위해서는 모델링이란 작업이 필요하다.
  여기까지는 괜찮은데, 어떤 현상의 모델링에는 수학이 개입되고 수학이 개입되면 엄밀해지기도 하지만 무척 어려워진다. 경제학과에 입학한 대학생이 수학과에 입학한 것이 아닌가라고 생각할 만큼 어려운 수학 문제를 풀려고 머리를 싸매는 상황이 만들어지기도 한다. 수학을 잘하면 경제학을 잘 안다고 인정받을 수도 있다.

  이 책의 저자는 이와 같은 경제학을 주류 경제학(Mainstream Economics)으로 부른다. 이것은 우리가 중·고등학교에서 배운 경제학이기도 하다. 주류 경제학은 인간에게 모든 정보가 빠짐없이 주어지고, 인간은 이 주어진 정보를 가지고 최선의 합리적인 판단을 한다고 가정한다. 인간의 경제 활동은 복잡계(複雜系/Complex System)이다. 복잡계는 모델링이 무척 어렵기도 하지만, 어찌하여 모델링을 하더라도 비현실적인 가정과 조건을 전제하기에 현실의 경제 활동과 맞지 않거나 제대로 설명하지 못하는 경우가 많다.

저자는 이러한 주류 경제학의 한계를 지적하고, 인간의 경제 현상을 심리적 관점에서 분석하여야 실제 경제 활동을 제대로 설명할 수 있다는 행동경제학(Behavioral Economics)을 주장한다. 저자는 다양한 분야에서 실무를 경험한 우리나라의 대표적인 행동경제학자이다.

이 책은 경제학책이면서도 어려운 수학은 없고, 있어도 초등학교 산수 수준이다. 저자는 행동경제학을 처음 만나는 독자에게 쉬운 에세이처럼 이 이론을 설명하기에 재미있게 잘 읽힌다. 행동경제학은 경제학과 심리학이 결합된 학문이다. 이 책을 접한 나에게는 행동경제학에서 심리학의 비중이 훨씬 크게 다가온다.

저자는 이 책에서 행동경제학 이론 중에서 휴리스틱(Heuristic), 즉 편향(偏向)으로부터 이야기를 시작한다. 대부분의 사람은 여간해서는 자신이 틀렸다는 사실을 인정하기 싫어한다. 그래서 자신의 생각과 다른 말은 잘 들으려 하지 않을 뿐만 아니라 감정적으로 받아들이기도 한다. 어찌 보면 자신이 틀렸다는 것 자체를 모른다고 볼 수도 있다. 일반적으로 사회적 지위가 높을수록, 나이가 많을수록, 살아온 경험이 많을수록 이러한 생각의 편향은 심해진다.

어떠한 직업군에서 경험이 많고 스스로 일 처리 능력이 있다고 믿는 사람은 자신에 직업에서 익힌 방법론을 일반화하여 다른 사람들에게도 적용하려는 경향이 강하다. 직업에 따른 편향은 서로 다른 경험을 가진 사람들 사이의 의사소통을 어렵게 만들기도 한다. 그러한 편향은 스스로 깨닫기가 무척 어렵고 세상과 소통하면서 살아 나가야 하는 자신에게도 도움이 안 된다.

행동경제학에서 말하는 확증 편향(確證偏向/Confirmation Bias)은 자신이 가진 신념, 관념, 이념, 철학, 가치관, 사상, 교리 등을 지속적으로 정당화하려는 편향된 태도를 뜻한다. 확증 편향에 빠진 사람은 일단 자신의 생각을 결정하고 나면 자신의 생각과 일치하거나 주장에 도움이 되는 정보만을 선택적으로 취하고, 그것과 반대되는 정보는 무시해 버린다. 어떠한 사실이나 주장에 꽂혔다면 그것에 관한 긍정적인 점만 보고 싶어 한다. 반면에 부정적인 내용은 보려고도 하지 않는다. 바로 앞에서 부정적인 사실을 큰 글자로 보여주어도 그 사람의 눈에는 절대 보이지 않게 된다. 확증 편향은 우리가 좋아하는 것, 사랑하는 것, 옳다고 믿는 것에 대한 중독을 유발하는 현상이기도 하다.

확증 편향은 개인 차원의 비합리성을 넘어 언론 등을 통하여 조작

되면 공동체 집단의 비합리성을 조장하여 공동체 전체를 위험에 빠뜨릴 수 있다. 우리 사회가 점점 더 양극화로 치닫는 현상의 이면에는 어느 한쪽으로 극심하게 편향된 유튜브 콘텐츠 같은 정보가 많은 사람들에게 마치 언론처럼 작용하는 원인이 매우 크다고 생각한다.

저자가 인간의 본성에 대하여 설명하는 부분을 옮겨 본다.

"기본적으로 단기적 이익을 추구하고 이기적인 것이 인간의 본성이다. 이러한 본성을 넘어서서 자기 통제는 인간의 단기적 충동이라는 비합리적 본성을 통제하면서 자신의 장기적 이익을 극대화하는 '시간' 차원의 개념이고, 이타주의는 이기적이라는 인간의 비합리적 본성을 제어하면서 공동체 전체의 이익을 극대화하는 '범위' 차원의 개념이다."

행동경제학자인 저자는 이 책을 통하여 경제 주체인 인간의 심리적인 측면을 여러 가지 이론으로 설명한다. 휴리스틱(Heuristic)과 편향, 전망 이론, 프레이밍 효과, 심리적 회계, 자신감과 군중 심리, 게임이론과 짐승 모형 등의 행동경제학 개념에서 우리가 세상을 살아가는 데 중요한 지혜를 배울 수 있다.

행동경제학이라는 학문이 불완전하고 이기적인 본성인 인간을 객관적으로 이해하는 데 도움을 주고, 이를 통하여 우리 사회에서 공동의 선을 찾기 위한 길을 제시할 수 있다면 좋겠다.

카피책

정철

　나는 3살 아래 남동생이 있고 내 동생도 평소에 책을 많이 읽는다. 동생은 몇 년 전부터 글쓰기 공부를 열심히 하고 있다. 재작년 가을에 만나 대화하는 중에 글쓰기에 참 도움 되는 책이 있는데 형에게도 권하고 싶다고 이 책을 보내왔다. 형을 생각하는 동생의 마음이 진하게 느껴졌다.

　이 책은 독자의 흥미를 일으키려는 저자의 글쓰기 솜씨가 강하게 느껴진다. 그렇게 쓰인 책이라 비교적 잘 읽힌다. 마치 친한 형님이 내 옆에서 깨놓고 말하는 듯하다. 저자 블로그의 사진에서 풍기는 인상도 비교적 친근하게 다가온다. 내 주변에도 이러한 분위기의 사람이 조금 있다.
　저자는 기본적으로 유쾌하고 재미있고 좋은 마음의 사람으로 느껴진다. 그렇다고 모든 일에 허물없이 편한 것과는 다를 것이다. 저자는 기왕이면 남들과는 다르게 보고, 뒤집어 생각하고, 엉뚱하게 행동하는 편에 가까워 보인다. 그래서 예술가 기질이 있다고 보인다. 확실히 크리에이티브 기질이 농후하게 느껴진다.

저자가 자신의 글쓰기 지식과 경험을 이 책에 담았다. 글의 소비자인 독자가 쉽게 읽도록 글을 썼다. 조곤조곤 쓴 글이어서인지 계속 손에서 붙들고 싶은 마음이 들게 한다. 읽는 사람의 눈길을 붙잡는 글쓰기 솜씨가 대단하다.

이 책의 저자는 30년 경력의 카피라이터(copy writer)이다. 카피라이터는 소비자의 마음을 움직이는 짧은 글을 쓰는 전문가이다. 달리기로 치면 100m 단거리 선수라고 보면 된다.
카피라이터가 직업인 저자가 카피를 잘 쓰는 35가지의 팁을 이 책에 담았다. 저자는 다르게! 낯설게! 나답게! 쓴 글이 좋은 글이라고 한다.

저자에 따르면 내가 쓰는 이 글도 나의 카피이다. 나도 저자의 방식을 따라서 이 글을 써 보았다. 평소 내 글을 읽는 사람이 이 글의 분위기가 조금 달라졌다고 느꼈다면 나는 이 책에서 제대로 배웠다고 볼 수 있다.

나는 우리 회사 공기 살균기 퓨리팟(puripot) 브랜드를 소비자에게 인식시키기가 참 어렵다는 것을 새삼 실감하고 있다. 이 사업의 비교적 초기인 2019년에 "우리는 1% 성공 확률 사업에 도전하는 겁니다."라고 우리 회사의 내 마케팅 회의 때 말하곤 했다.

사실 매우 어려운 건데 뭘 모르고 용감하게 덤볐다는 것이 더 맞는 표현이다. 너무 잘 알면 겁나서 아예 시도를 안 하니 반드시 나쁘지만은 않다. 시도하지 않으면 성공할 수 없는 것은 진리이다. 어렵다는 것을 실감하고 있으니 성공할 가능성은 더 높아졌다.

어떠한 브랜드이든 홍보에 좋은 카피가 참 중요한데 무언가 배울 것이 있을 거라는 기대로 이 책을 읽었다. 이 책의 가격은 15,000원이다. 일반적으로 브랜드 홍보에 이름값 높은 유명인과 1년간 계약하려면 기본 1억 원부터인데, 세계적인 유명 인사를 공짜로 홍보 모델로 쓸 수 있는 엄청난 방법을 이 책에서 알아낸 것은 큰 소득이다.

더하는 글 : 광고 용어

- ▶ 카피(copy): 광고에 나오는 모든 말과 글, 누군가를 설득하기 위해 일상에서 사용하는 모든 말과 글
- ▶ 바디카피(body copy): 광고의 몸통, 즉 본문에 해당하는 카피. 헤드라인이 시선을 붙잡으면 이를 받아 제품이나 서비스를 자세히 설명하고 설득하는 카피
- ▶ 헤드라인(headline): 광고의 핵심 메시지를 담은 머리글, 가장 먼저 눈에 띠는 카피, 소비자는 헤드라인을 보고 광고를 더 자세히 읽을지 말지 결정한다.
- ▶ 서브헤드(sub head): 헤드라인 아래에 붙는 부제. 헤드라인에서 미처 다 제시하지 못한 메시지를 보완하는 역할을 한다.
- ▶ 오버헤드(over head): 헤드라인 위에 붙는 부제. 서브헤드처럼 헤드라인에서 미처 다 제시하지 못한 메시지를 보완하는 역할을 한다.

- 캠페인(campaign): 광고 목표를 달성하기 위해 일정 기간 계획적/지속적/집중적으로 행하는 광고 활동
- 슬로건(slogan): 기업이나 상품의 특징을 짧은 말로 표현한 카피, 흥미롭고 기억하기 쉬우며 의미가 명확하고 독창적이어야 한다.
- 캐치프레이즈(catchphrase): 마케팅 콘셉트를 강하게 소구하는 짧은 카피. 슬로건이 생각을 유도하고 반복해서 오래 사용하는 카피라면, 캐치프레이즈는 행동을 유도하고 비교적 짧은 기간 사용한다.
- 아트디렉터(art director): 광고 비주얼 표현을 책임지는 사람.
- 바이럴(viral): 이메일, SNS, 블로그, 카페 등을 통하여 소비자에게 자연스럽게 기업이나 상품을 알리는 마케팅 기법
- 론칭(launching): 캠페인의 시작을 알리는 첫 광고
- 티저(teaser): 소비자의 호기심을 불러일으키기 위해 광고 목적을 숨기며 말을 거는 광고

글로벌 테러와의 전쟁

김영철

　알카에다, IS(이슬람국가)는 자신의 주장을 알리기 위하여 필요하면 민간인을 포함한 대량 살상조차도 당연시하는 국제적인 테러 조직이다.

　2018년 12월 말 기준, 미국은 80개 국가에서 대터러 작전을 수행 중이고 이 중에 24개국에서 실제 전쟁을 치루고 있다. 9.11 사태 이후로 현재까지 미국은 대테러 전쟁에 약 7천조 원의 비용을 쓰고 있다. 이 책은 이러한 테러 조직이 어떻게 생겼는지를 실감 나게 설명해 준다.

　1979년 12월, 소련이 아프칸을 침공했고 미국이 이를 저지하기 위해 아프칸반군(이슬람)에 엄청난 전쟁 자금과 무기를 지원한 CIA의 공작(사이클론)이 있었다.
　이의 부산물로 알카에다(오사마 빈라덴)가 결성되었고 3년 후 9.11사태로 미국에 되돌아왔다. 우리나라 정보기관에서 대테러, 방첩 등 국가 안보 관련 업무를 수행한 경력의 저자는 이러한 국제적인 상황을 전후로 하는 내막과 전개 과정을 이 책에서 구체적으로 설명한다.

개인이나 거대 국가나 자기의 이익을 위하여 선택한 결과가 훗날 자신에게 큰 대가로 되돌아오는 것은 역사가 가르쳐 주는 진리이다.
2021년 2월에 미국의 트럼프 대통령은 알카에다 수장 '알 자와히리'가 개처럼 죽었다고 직접 언론에서 발표했다. 그러나 테러리스트 한 명이 죽은 것일 뿐이다. 이러한 테러 조직은 계속 견고할 것이고 테러 활동은 크건 작건 여전할 것이라는 생각이 든다.

이 책은 450쪽 분량의 전문적인 내용으로 채워져 있어서 읽기가 쉽지 않지만 실감 나게 읽었다.

더하는 글

일반적으로 테러는 무차별 파괴와 잔인한 살인을 저지르고 전쟁은 여기에 맞서서 평화와 정의를 지키기 위한 목적으로 인식되지만 이는 세계사적인 관점에서 보면 강자의 논리로 볼 수가 있다.
테러가 상대적으로 힘이 약한 약자의 전쟁이라면 이에 대한 전쟁은 힘 센 강자의 테러로 볼 수 있다.
이러한 관점에서 『테러와의 전쟁』이라는 이 책의 제목은 국제적으로 강자의 입장을 대변하는 모순된 조어라는 관점도 있다.

몬드라곤에서 배우자 [Making Mondragón]
윌리엄 F. 화이트, 캐서린 K. 화이트

이 책의 영어 원본 제목은 『Making Mondragón』으로 1988년에 초판이 나왔다. 원본의 부제는 노동자협동조합의 성장과 역학(The Growth and Dynamics of the Worker Cooperative Complex)이다.

이 책의 역자(김성오)는 80년대 민주화 운동권에 속했던 사람으로 사회주의 이념을 기반으로 우리 사회의 문제 해결을 위하여 노동 운동을 적극적으로 실천했던 사람이다. 역자는 20대 후반의 젊은 나이에 노동 분야 조직 활동에 열심이었던 1992년에 이 책을 번역하여 출간하였다. 이 책의 번역을 계기로 협동주의자가 된 역자는 우리나라의 노동 현실에서 노동자의 권리를 보호하려는 노동운동가의 시각에서 노동 문제의 해결을 위한 실천적인 모델을 이 책에서 찾으려 했다고 보인다.

역자가 처음 번역한 책의 제목에 붙인 부제는 '자본주의의 부정의와 사회주의의 비효율을 넘어선 정의와 효율의 통일'로 지식인 출신

노동이론가의 모습이 보인다. 처음 번역 후 20년이 지난 2012년에 역자는 최초 번역서의 용어와 어법을 다듬어서 이 책을 다시 출판하였다.

두 번째 역서인 이 책에 붙여진 부제는 '해고 없는 기업이 만드는 세상'으로 몬드라곤 그룹이 지향하는 회사의 본질을 '해고 없는'이라는 노동자의 한정된 시야로 좁힌 아쉬움이 크다. 부제의 변경은 책을 더 많이 팔기 위한 출판사의 마케팅만으로 이해되기보다는 역자가 사회를 해석하는 시각이 여전히 노동 운동 중심이라는 한계에 갇혀 있었기 때문이라고 보인다.

우리나라에서 1980년대를 휩쓴 민주화 운동은 자본의 이익만을 추구하는 자본주의 체제가 인간성을 말살하고 소외시키는 사회적 모순을 가져온다고 보았다. 이를 극복하기 위하여 노동자와 농민 세력이 주체가 되어 사회주의 사회를 건설하는 것을 목표로 삼았다. 지금 되돌아보면 어이기 없지만 많은 운동권 세력이 이러한 목표의 달성을 위한 기본 이데올로기로 마르크스 계급 투쟁 이론을 선택하였고 당시 대표적인 사회주의 체제 국가였던 소련과 중국을 민주화 운동의 성공모델로 삼았다.

이러한 배경에서 2000년대를 전후하여 노동자(사원, 근로자)가 소유한 우리사주조합을 통하여 정상적인 기업 경영이 불가능하거나 부도난 기업을 노동자가 인수하는 것이 적극적으로 시도되었다. 이러한 점에서 민주적인 조직과 참여 방식으로 회사의 소유, 경영, 분배 등의 핵심 요소를 노동자가 주도하여 세계적인 규모의 협동조합 그룹으로 성장한 스페인의 노동자 소유 기업인 몬드라곤 그룹은 노동 운동가의 입장에서는 따라하고 싶은 이상적인 모델이었을 것이다. 그러한 측면에서 역자는 책의 제목을 『몬드라곤에서 배우자』로 정했다고 보인다.

우리사주제 또는 종업원지주제는 자본주의 경제에서 '주식'이라는 비민주적인 의사결정 수단으로 노동자가 회사의 경영에 참여할 수 있는 방법 중의 하나이다. 이러한 시스템에서는 노동자가 직접 경영에 참여를 통하여 자본이라는 권력을 가지는 순간 다시 자본가일 수밖에 없기에 자본가와 노동자 사이의 갈등 구조라는 자본주의 경제의 근본 한계를 결코 뛰어넘을 수 없다.

수십 명 수준의 작은 단위의 노동자생산협동조합은 노동자 중의 경영을 잘할 수 있는 리더가 있다면 기업으로 생존이 가능하다.
그러나 체계적인 경영 조직과 유기적인 시스템이 필요한 규모의 기업을 인수한 노동자조합은 실물 경제에 대한 이해와 기업 경영 경험의 부족으로 회사의 제품과 서비스를 시장에 공급하여 이익 창출과 성장을 해야 하는 기업 본연의 활동을 수행하지 못하고, 기업의 생존을 정부의 구제 금융과 지원 제도에 매달리다 정상적인 경영에 실패하는 상황이 만들어지기도 한다.

회사와 책정한 급여를 정해진 주기로 고정적으로 지급받고 해마다 급여가 인상되는 것을 기본으로 생각하는 것이 노동자의 시각이다. 그러나 경제는 유기체인 생물과 같아서 결코 고정적이지 않고, 해마다 성장하지도 않고, 항상 변화하는 세계이다.

이러한 경제 환경에서 노동자의 관점과 판단으로 경영상의 기회와 위기가 끊임없이 반복되고, 기업의 운영에 필요한 자금을 수시로 조달해야 하고, 변화하는 경영 상황에 대한 종합적인 판단과 실천이 지속적으로 요구되는 경영에 직접 참여하여 정상적인 기업으로 성공시키는 것은 결코 이상적인 회사 형태를 추구하려는 의지만으로 가능하지 않다.

몬드라곤은 스페인 북부 바스크 지방의 소도시로 2015년 인구는 21,933명이었고 현재도 비슷한 수준이다.

몬드라곤에 본부를 둔 몬드라곤 그룹은 2022년 기준 250개의 금융, 제조, 유통, 지식의 4개 부문의 기업 집단으로 이루어져 있다. 이 중에 95개 기업은 스페인 국내의 협동조합이고, 130여개는 일반 기업 형태로 해외에 있다. 몬드라곤 그룹에는 전 세계적으로 약 8만 명이 일하고 있고, 이 중의 약 3.5만 명은 출자금을 낸 조합원 신분이다.

2021년 기준 몬드라곤은 약 16조 원의 매출 규모인 거대한 그룹 회사이다. 몬드라곤 그룹의 크기를 이해하기 위하여 그 당시 비슷한 규모의 한국 회사를 예로 든다면 현대자동차 그룹과 비교할 수 있다. 몬드라곤 그룹이 민주적 의사결정으로 운영되는 협동조합 복합체가 주축인 것에 비하여, 현대자동차 그룹은 총수가 의사결정의 중심인 주식회사이다.

의사 결정 방식 측면에서 보면, 몬드라곤 협동조합은 1인이 1투표권을 갖는다. 이것은 개인으로서의 사람이 중심인 민주적인 방식으로 협동조합의 멤버(조합원)는 노동자인 동시에 소유자이다. 몬드라곤에서는 출자한 조합원은 예외 없이 노동에 참여하여야 하며 노동에 참여하지 않는 출자자는 없다.

몬드라곤 그룹에서 가장 낮은 조합원과 최고 임원의 급여는 최대 6배로 제한되어 있다. 대략 계산하면 최고 임원의 연봉은 약 2억 원 정도로 추정된다. 그 대신에 몬드라곤 그룹에서 조합원으로 일하다가 은퇴한 이후의 노후 보장 제도는 매우 훌륭하다. 세계적인 그룹의 기업 집단에서 이렇게 적은 급여의 차이는 최고 능력의 조합원이 돈 대신에 직업의 가치를 선택하지 않으면 거의 운영이 불가능하다고 보인다.

협동조합 기업인 몬드라곤은 노동과 인간을 그 힘의 원천으로 삼는 조직이다. 여기서 자본은 기업 활동의 도구로서 종속적인 수단이다. 협동조합주의는 사람을 바꾸어서 기업을 소유하는 지배 구조를 변경하려는 것이 아니고 기업의 사회적 성격과 기능 자체를 바꾸는 것을 목표로 한다.

자본주의의 근간이 되는 주식회사는 1주 1투표권으로 자본(돈)이 의사결정의 주인이다. 자본주의 시스템에서 자본은 권력이고 자본을 가진 자와 못 가진 자는 모두 그 뒤에 숨어 있다. 한 번 잡으면 결코 놓치지 않으려는 권력과 이를 빼앗아서 이익을 취하려는 세력과의 대립은 근원적이기 때문에 갈등을 줄일 수는 있어도 피할 수는 없다.

한국의 자본주의 경제에서 거대한 노동조합은 이미 이익을 취한 권력이 되었다. 상대적으로 부유해진 노동 권력은 더 가지겠다고 자신의 권력인 조직력과 자금을 수시로 동원한다.

노동 권력은 과거 민주화 운동에서 교육받은 이론과 구호로 무장하였고, 한 번 잡은 권력을 자식에게 대대로 물려주고 싶은 욕망까지 드러내면서 타도하려 했던 자본가의 모습을 그대로 닮아 버렸다. 한국 사회의 거대 노동조합은 비정규직이나 하청 업체 노동자와 분배를 실천하려는 의지가 없기에 민주적인 운영 방식으로 분배의 가치를 실천하는 몬드라곤 협동조합에 더 이상 관심이 있을 수 없다. 젊은 청년 때 몬드라곤에서 사회 변혁의 답을 찾으려 학습했던 민주화 운동 세대는 세월이 한참 흘러서 그때의 의지는 희미해졌고 이념으로 굳어진 지식인의 머리만 남아 있다.

인구가 2만 명 초반인 스페인 북부의 작은 도시에서 태동한 몬드라곤은 협동조합 복합체로 세계적인 규모로 성장한 노동자생산협동조합이다. 이는 노동자생산협동조합이 더 이상 단순히 공업 경제의 외곽에 있는 이상주의자의 유토피아적 구상에 머물지 않고, 그 범위를 훨씬 뛰어넘어 자본주의 방식 경제의 대체 수단으로 현실에서 구현이 가능하다는 강력한 메시지를 세계에 널리 알렸다.

몬드라곤 협동조합 복합체는 생산과 분배를 더 효율적으로 조직하는 방법뿐만 아니라 노동자와 경영진의 더 나은 관계를 모색하는 전 세계의 노동 운동 실천가와 경제학자들에게 깊은 관심과 흥미의 대상이 되었다. 이러한 것에 구체적인 관심을 가진 것이 저자 화이트(White) 부부가 이 책을 1988년에 출판한 계기가 되었다.

저자는 이 책에서 노동자생산협동조합이 스페인의 여러 지방에서도 매우 일반화되어 있는 사실을 들어서 바스크 지방의 독특한 문화가 몬드라곤을 만들어 냈다는 견해에 부정적인 생각을 밝혔다.

그러나 몬드라곤그룹은 공식 사명(Mission)에서 몬드라곤의 사회경제적인 기업가 정신 자산은 바스크지방(Basque Country)의 문화적 뿌리와 깊은 연관이 있다고 명시하고 있다.

몬드라곤의 지도자들은 바스크 문화의 여러 요소 중에서 그들이 가치를 인정하는 것은 강화시키고 기존에 없는 요소들은 새로이 만들어서 몬드라곤만의 독특한 조직 문화를 창조했다. 그리하여 몬드라곤 협동조합 복합체의 조직과 기업문화는 스페인의 바스크 지방에서뿐 아니라 세계에서도 유일한 사례이다.

이러한 몬드라곤 협동조합은 '돈 호세 마리아 아리스멘디아리에타' 신부로부터 시작되었다. 아리스멘디는 1915년 4월에 몬드라곤에서 50km 떨어진 마르키나에서 자영 농장주의 맏아들로 태어났다. 그는 25살 되는 1941년 2월에 평범한 신부로 몬드라곤 교구에 파견되었다. 그는 강단에서의 화려한 설교에는 서툴러서 인기가 없었지만 일대일 대화나 소규모 토론에서 훨씬 더 자연스럽고 감명 깊은 인상을 주는 사람이었다.

아리스멘디는 개인의 구원에만 관심을 갖고 있던 대부분의 동료 신부들과는 달리 사회 복음을 만들어 갔다. 신부로서 그의 생각에는 인간의 존엄성(Dignity), 연대(Solidarity), 노동(Work), 교육(Education)이 있었다.

기독교나 가톨릭에서 설명하는 노동은 선악과를 따 먹지 말라는 하나님의 명령을 어긴 죄로 남자에게 내린 형벌이다. 그러나 아리스멘디는 설교와 집필을 통해 노동은 형벌이 아니라 자기실현의 수단이라고 강조했다. 어떤 노동이든 노동은 존엄하며 협동과 집단적 연대가 필요하다고 주장했다. 그리고 기술 지식과 기능 연마를 위한 교육의 중요성을 사회적 발전 목표와 연결시켰다.

초기에 몬드라곤 지역의 아리스멘디 추종자들은 그를 사회주의자로 생각했고, 주민들은 그를 '빨갱이 신부'로 불렀다.
청소년을 대상으로 하는 교육 사업이 중요하다고 생각한 그는 1943년에 1개반 20명의 학생으로 학교 문을 처음 열었다. 1948년에 초등학교부터 대학교 과정을 모두 포함한 기술전문학교에 대하여 스페인 정부의 인가를 받았다.

  이 학교의 졸업자들은 그 지역의 회사에 입사했는데 그동안에도 매주 아리스멘디와 만나 회사에서 경험한 내용을 가지고 토론을 계속했다. 이러한 와중에 자본주의 경제체제하에서 자본(가)이 소유한 기업의 근본적인 개혁은 불가능하다고 깨달은 그들은 노동자 중심의 회사 조직인 노동자생산협동조합을 결성하기로 뜻을 모았다.
  최초의 노동자생산협동조합이 설립되는 1956년까지 아리스멘디는 선생으로, 토론의 지도자로 크게 활약하였다. 1956년까지 그는 2천 개 이상의 공부 모임을 가르치고 있었고, 평균 2.7일마다 한 개 꼴로 세미나를 이끌었다.

  몬드라곤의 정식 출발은 이 지역 학교 출신의 젊은 5명의 청년 엔지니어로부터 시작하였고 그들의 이름에서 딴 울고르(ULGOR) 노동자생산협동조합이 1956년 11월에 몬드라곤에서 최초로 설립되었다. 석유난로를 주력으로 생산하는 울고르는 이후로 몬드라곤이 세계적인 협동조합그룹으로 성장한 밑바탕이 되었다.

  초기에는 울고르 협동조합의 내규나 정관이 제대로 갖추어지지 않았지만 아리스멘디를 굳게 믿고 의지하며 서로를 신뢰하였기에 비록 조직적인 체계가 약했지만 함께 계속 일을 해 나갈 수 있었다. 그들은 하루 일과가 끝나면 협동조합조직에 대한 이론적이고 실무적인 문제를 토의했고, 아리스멘디는 자신의 사회관과 법률 연구 결과를 협동조합조직의 운영에 결합시켰다.

아리스멘디의 지도로 바스크 작은 지방 도시의 학교에서 교육받은 5명의 선구자는 개인적인 능력주의로 경쟁하는 대신에 협동하는 연대를 택하였다.

세상은 결코 최고의 엘리트에 의해서만 바뀌는 것은 아니다. 그러한 의미에서 나는 BTS의 세계적인 성공도 같은 방식이라고 본다.

돈 호세 마리아 아리스멘디아리에타는 자신이 생각하는 사회구원의 기본 가치와 방법을 글로 남겼다. 그중에서 이 책에서 중요하다고 정리한 내용을 다시 요약해 보았다.

"우리가 공유하고 있는 주된 목표 중의 하나는 차별 없이 교육의 기회를 증진시키는 것이다. 권력을 민주화하기 위해서는 지식의 사회화가 필요하다는 생각에 사람들이 익숙해져야 한다. 왜냐하면 지식은 힘이기 때문이다."

"인간은 협동주의자로 태어나지 않았다. 협동주의자가 되기 위해서는 사회적 성숙과 사회생활을 통한 훈련이 필요하다. 협동이 가능한 진정한 협동주의자가 되기 위해서는 개인적이고 이기적인 본능을 억제하고 협동이라는 원칙에 적응하는 것을 배워야 한다."

"삶은 과거와 현재 간의 촘촘히 짜인 직물이며, 미래는 진공 상태에서 건설되는 것이 아니다. 자신의 경험뿐만 아니라 타인의 경험도 풍부하고 실제적인 자원이다."

"우리는 이론이 필요하다는 것을 잘 인식하고 있다. 그러나 그것으로는 충분하지 않다. 우리는 나아가면서 길을 만든다."

이러한 사고의 틀에서 몬드라곤 만의 독특한 제도가 다양하게 형성되었다. 몬드라곤의 조직 문화에는 여러 행동이 기존의 개방된 통로를 통해서 유연하게 결정을 내리는 과정이 있다. 특정한 주제를 놓고 서로 다른 의견들이 부딪쳤지만 지도자들과 일반 조합원들은 함께 갈등을 해소하고 사회적, 경제적, 기술적 발전을 가능케 하는 조직의 문화를 만들어 왔다.

몬드라곤은 종교적이지도 않고 정치적이지도 않다. 몬드라곤은 종교와 정치도 '노동을 통한 인간성의 추구(Humanity at Work)'라는 슬로건에 열려 있다. 이것이 몬드라곤의 힘이다.

엄혹한 경제적 기술적 현실에 직면해서도 인간적인 이상을 추구하는 사람들에게 몬드라곤은 어떤 영감을 줄 수 있다. 몬드라곤은 이러한 도전이 쉽지는 않지만 그럼에도 불구하고 가능하다는 것을 보여 준다.

돈 호세 마리아를 되살려 내는 것은 불가능하다. 그러나 우리는 그를 본보기로 배울 수 있다. 그동안 여타 노동자생산협동조합의 사례를 분석해 보면 그것은 종종 한 개인의 창의와 조직적 지도력으로 설립되었으며 그에 의하여 운영되었고 그의 신봉자들은 그를 의지했다. 그러나 그가 조직을 떠나거나 죽으면 그 협동조합은 붕괴되거나 사라지는 경향이 있었다.

그러나 아리스멘디의 경우는 달랐다. 그는 새로운 도전과 지원의 비범한 조화를 보여 주었다.

몬드라곤 그룹에서 매우 중요하고 큰 역할을 담당한 울고르 노동인민금고의 설립을 제외하고는 조합원들을 대신해서 결정을 내리지 않았다. 그는 성장, 변화, 발전을 위한 기본 틀을 제시했다. 하지만, 그는 결코 결정권을 가진 직위에 앉은 일이 없었다. 그는 새로운 발전 방향을 위한 이념을 제시했지만 한 번도 협동조합 이사회에 참여한 적이 없었다. 그는 최초의 창안자이자 기획자였지만 자신이 제시한 계획에 대한 판단과 결정은 항상 조합원 지도자들에게 일임했다.

호세 마리아 아리스멘디아리에타는 자신을 우상화하거나 조합원들과 함께 이룩한 성과를 그 자신의 개인 업적으로 치부하려는 어떠한 시도에도 반대했다. 아리스멘디 자신은 울고르를 포함한 몬드라곤의 어떤 협동조합에서도 공식적인 직함을 갖지 않은 채 고문의 위치에 남아 있었다.

그러나 그가 죽은 이후 그를 기리는 사진과 조각이 몬드라곤 협동조합 전역에 널리 퍼졌다.

호세 마리아 신부의 생각

돈 호세 마리아 아리스멘디아리에타

  스페인 북부 바스크 지방에 인구가 3만 명이 안 되는 소도시인 몬드라곤시가 있다. 이 도시에서 태동하여 여기에 본부가 있는 몬드라곤 그룹은 2022년 기준 250개의 금융, 제조, 유통, 지식의 4개 부문의 기업 집단으로 이루어져 있으며 전 세계적으로 약 8만 명이 일하고 있다.

  몬드라곤 그룹은 협동조합 복합체로 세계적인 규모로 성장하였다. 이는 협동조합이 단순히 공업 경제의 외곽에 있는 이상주의자의 유토피아적 구상에 머물지 않고, 그 범위를 훨씬 뛰어넘어 자본주의 방식 경제의 대체 수단으로 현실에서 구현이 가능하다는 강력한 사례이다.

  이러한 몬드라곤 협동조합기업(MCC, Mondragon Cooperative Corporation)은 '돈 호세 마리아 아리스멘디아리에타' 가톨릭 신부로부터 시작되었다. 호세 마리아 신부는 개인의 구원에만 관심을 갖고 있던 대부분의 동료 신부들과는 달리 사회 복음에 집중했다. 신부로서 그의 생각에는 인간의 존엄성(Dignity), 연대(Solidarity), 노동(Work), 교육(Education)이 있었다.

아리스멘디는 자신이 생각하는 사회 구원의 기본 가치와 방법을 많은 글로 남겼다. 그는 오늘날 협동조합운동의 대표적인 준거의 하나인 '몬드라곤 10원칙'의 사상적 아버지이다.

이 책은 호세 마리아 신부가 쓴 글의 전집에서 '호세 마리아 아수르멘디(Joxe Azurmendi)'가 발췌한 문장과 성찰을 담은 원서인 『돈 호세 마리아 아리스멘디아리에타 Pensamientos(2013)』를 번역한 것이다.

역자가 이 책의 부제를 '몬드라곤 협동조합의 바이블'로 정한 것을 보면 원서에 대하여 거의 신앙적인 믿음을 가진 것처럼 느껴진다.

2000년대 이후로 우리나라의 사회적 경제 운동에 협동조합 운동을 주도하는 사람에게는 호세 마리아 신부는 영감의 원천이었고 정신적 지도자였다. 민중 교회를 열어서 도시 노동자들의 빈곤의 사슬을 끊어 내려 했던 기독교 계통의 사회운동가 중에는 그의 삶과 영성을 배우고 닮으려 했던 사람들이 있다.

해방 신학과 민중 신학을 근거로 불의한 권력과의 투쟁으로 노동 문제를 접근하고 해결하려 했던 이 책의 추천인은 아리스멘디를 알게 되면서 '협동과 연대의 신학'이라는 통찰을 얻었음을 고백하였다.

우리나라에서 1980년대 이후로 민주화 운동이나 사회 참여 노동 운동에 참여한 많은 사람들에게 몬드라곤 협동조합의 성공은 큰 자극을 주었다. 몬드라곤에서 배우려고 책을 구하여 읽고 토론하였고 빈민 노동자의 삶의 질을 높이려는 많은 노력을 하였지만 안타깝게도 거기까지가 한계였다.

그들은 자본가와 정치권으로부터 노동 권리와 제도적인 지원을 획득하기 위하여 투쟁하고 헌신했지만 자본주의 시장 경제에서 기업으로 의미 있는 매출과 이익을 창출하는 것은 실패하였다. 좀 더 정확하게는 자본주의 시장 경제 속에 살면서도 자본주의를 이념적으로는 받아들이지 않았기 때문에 기업 활동의 결과로 성장한다는 논리가 부담스러웠고 그렇기 때문에 성장할 수도 없었다.

몬드라곤 그룹은 단순히 협동조합 형태의 회사이기 때문에 세계 각지에서 배우려는 모델인 것은 아니다.

몬드라곤은 자본주의 경제 시스템에서 필수적인 강력한 금융 자본을 초기부터 자체적으로 갖추었고, 기술을 개발하여 출시한 제품이 시장에서 소비자에게 선택받아 세계적인 규모의 매출을 일으킨 협동조합 기업으로 지속적으로 성공했기 때문에 진정한 모델이 되었다.

이 책의 말미에 있는 감수의 글에 적은 역자의 솔직한 글은 신뢰가 간다. 역자가 말한 성경의 잠언은 하나님 앞에서 삶을 지혜롭게 살아가는 올바른 방법을 가르쳐 주는 지혜의 말들로 이루어진 책으로 이스라엘의 솔로몬 왕이 썼다.

호세 마리아 신부의 생각에서 협동조합 이론의 핵심과 요점이라는 지식을 뽑아내려 한 역자는 각자의 사회적 입장에서 신부의 생각을 다르게 해석할 수 있다는 것을 깨달았다. 그러한 생각이어야 교조적인 이념의 수준을 벗어나 진리처럼 자유로운 사상이라 할 수 있다.

"첫 문장을 쓰면서 깨달았다. 돈 호세 마리아 아리스멘디아리에타의 사상과 몬드라곤의 역사를 엮어 산뜻한 글을 쓰려고 한 것 자체가 과욕일 뿐 아니라 아예 조준이 틀렸음을…. 이 책은 일종의 잠언집이다. 본디 잠언이란 모든 사람이 제각각 해석할 수 있어야 나름의 역할을 할 수 있어야 하는 것 아닌가?"

끝없이 광대한 우주 속에서 너무나도 작은 존재인
나는 생각한다. 생각하는 나에게서 조금 떨어져서
나를 알아 나가는 길을 우주와 자연에서 찾아 나간다.

4장

우주와 자연에서 배우기

인간과 우주

박창범

나는 우주론(Cosmology)에 대한 관심이 많다. 미래의 과학자를 꿈꾸었던 학생일 때는 자연 현상을 실험 관측한 측정값과 물리학 이론으로 계산한 결괏값을 서로 맞추어 들어가는 과학적 접근 방법으로 세상을 해석하는 것이 합리적이고 옳다고 생각했다.

이후로 다양한 세상사를 경험하고 세월을 거치면서 과학적 합리주의로 세상을 해석하는 것은 진리의 일부분이고 더 깊은 세상의 돌아가는 이치를 우주론에서 새삼스레 배우고 깨닫는 재미가 있어서 더욱 관심을 가지게 된다.

이 책은 1995년에 초판이 나왔다. 저자는 천문학 분야에서 우리나라를 대표하는 세계적인 과학자이다. 일반적으로 과학 분야의 책이 20년 정도 지나면 시대에 뒤떨어지고 구식이라고 여겨지지만, 이 책은 28년 전에 쓰였음에도 불구하고 지금 읽어도 여전히 경외스럽고 신비한 우주를 설명한다.

우주의 나이를 138억년으로 보고 있는 현대우주론의 시각에서 너무나도 찰나(刹那)인 인간의 시간 28년으로 이 책의 내용이 시대에 뒤떨어진다고 감히 생각할 수 없다.

이 책의 부제는 '우주의 생성에서 그 종말까지'이다. 저자는 현대우주론 관점에서 우주, 즉 시공간과 물질과 물리 법칙의 궁극적인 기원을 가능한 쉽게 풀어 나가려고 한다. 그러나 물리학 이론과 화학 원소 기호를 곁들인 몇 장의 세부 설명은 일반인에게는 꽤 어렵다.

우주의 기원 문제는 본질적으로 난해하지만 "우주는 무엇으로부터 어떻게, 그리고 왜 생겨났는가?"의 질문으로 요약된다. 저자는 이 질문에 대하여 과학자들의 일반적인 발상은 "우주는 무(無)로부터 저절로, 그리고 필연적으로 생겨났다."라고 이 책에서 설명한다.

현대우주론은 138억 년 전의 한순간, 무한한 크기를 가진 점이 대폭발(大爆發, Big Bang)하면서 우주가 탄생한 빅뱅우주론을 정설로 보고 있다. 빅뱅우주론은 이후의 급팽창이론(急膨脹理論, Inflation Theory)으로 보완되면서 더욱 견고해졌다.

뉴턴 물리학에서는 시간과 공간이 서로 독립적으로 분리되어 있었다면 아인슈타인의 일반상대성이론 이후로 시간과 공간은 하나로 통합되었다.
빅뱅의 순간에 현재 우리가 살고 있는 시공간인 우주가 탄생했다고 빅뱅우주론은 설명한다. 빅뱅 이전 시공간의 '점'이 존재하지 않듯이 빅뱅 이전 시공간의 '시간'도 현대우주론에는 존재하지 않는다. 이러한 개념은 현재 경험하는 시공간에서 살고 있는 우리가 받아들이기에는 참 어려운 부분이다.

"빅뱅우주론은 빅뱅 이전의 시간을 설명하지 못하는 이론적 한계를 가지고 있다."라고 단순하게 비판하는 사람도 있다. 그렇기 때문에 빅뱅 이전에 "스스로 존재한 창조주(하나님)가 우주의 정교한 물리 법칙을 포함한 질서를 창조했다."라고 믿는 것이 오히려 명쾌할 수 있다. 지금의 과학 지식으로 설명을 못하는 영역도 우주와 자연에는 엄연히 존재한다.

야훼 하나님을 유일신으로 믿는 유대인 출신의 세계적인 물리학자인 브라이언 그린이 있다. 브라이언은 전통적인 유대교 환경에서 성장한 사람이다. 그러한 브라이언이 물리학 법칙과 이를 받쳐 주는 수학을 우주 해석의 절대적인 기준으로 삼아서 신의 개입 없이 우주의 생성과 전개를 설명하는 것은 의외이다.

기독교인인 나는 우주론의 이 부분을 신앙과 과학이 공존하면서 갈 수 있는 길이 열려 있다고 본다. 나는 과학으로서 우주론은 신념으로 주장해서 상대방을 이해시킬 수 있는 영역이 아니라고 생각한다.

나 자신이 엄연히 질서 정연한 우주의 법칙으로 운행되고 있는 세계의 일부분이다. 그렇기 때문에 궁극적인 우주에 대한 질문과 답을 구하는 배움의 즐거움을 계속하려 한다.

저자는 이 책을 쓰게 된 동기를 "천문학을 전공하지 않은 우리나라의 지식인들이 천문학과 천체물리학을 깊이 있으면서도 친근하게 접하게 해 줄 사랑스러운 책이 없었기 때문이다."라고 서문에서 설명했다.

2017년 8월, 독서 모임 리더스포럼의 우주론 강연을 친구인 저자에게 부탁하려던 저녁 만남에서 저자의 주된 관심은 강연보다는 우리의 고유 술인 해(청주)와 달(막걸리)의 가치를 나에게 설명하는 데 있었다. 전혀 기대하지 못했던 이 상황은 내가 밤하늘에 펼쳐진 은하 우주와 함께 술 속 미생물의 작은 우주를 함께 맛보는 멋진 계기가 되었다.

이 책을 36살에 쓴 천체물리학 박사인 저자도 훌륭했지만, 이순(耳順)을 몇 년 앞두고 해와 달을 통해서 만난 저자의 겸손함과 세계적인 천문학자로서의 숙성된 삶의 모습이 더욱 친근하게 느껴졌다.

모든 사람을 위한 빅뱅 우주론 강의

이석영

　나는 작년 초에 미국 라스베가스에서 개최된 CES 2022 정보가전 전시회에 퓨리팟(puripot) 공기 살균기 제품을 출품하기 위하여 참가했다. COVID-19의 오미크론 변이로 전 세계가 몸살을 앓고 있는 와중의 해외 출장이었다.

　이 책은 혹시 모르는 격리 가능성을 염두에 두고 여행 짐에 담았던 5권의 책 중의 한 권이다. 이 책은 재작년 봄에 사서 책장에 꽂아 두었는데, 귀국 후 격리 중에 미국 출장 때 가져간 5권 중에서 네번째로 읽고 글로 정리하였다.

　이 책을 읽다 보면 저자가 많은 사람들에게 우주론을 알리고 싶은 마음이 진하게 느껴진다. 난해한 수학적 표현을 일부러 쓰지 않고 어려운 우주론 개념을 이해하기 쉬운 예시로 설명하는 글솜씨가 아주 훌륭하다. 저자가 40세 초반에 쓴 책인데 우주론을 이해하려는 사람에게 한국인 저자가 쓴 책 중에서 추천한다.

우주론은 학문적으로도 너무 깊고, 말하기 시작하면 끝도 없이 파고 들어가는 멋진 세계이다. 이 세계를 활짝 열어서 보여 주는 저자의 마음에 깊이 공감하며, 이 책 말미의 문장을 그대로 옮긴다.

"비밀은 끝이 없다. 광활한 우주의 빅뱅 팽창은 우리가 '알지 못하는' 암흑 에너지와 암흑 물질의 힘을 이용해 놀라운 정교함으로 우주 거대 구조를 만든다. 우주 거대 구조는 비밀스럽게 온갖 은하를 만들고, 은하는 아름다운 별을 만들고, 별은 우주에 다양한 원소와 생명의 기반을 마련한다. 그곳에서 나약한 인간이 탄생하고, 인간은 그 광대한 우주가 어떻게 자신들을 있게 했는지를 이해하며 감탄한다. 우리는 우주가 만든 최고의 걸작이며 우주 존재의 이유이다."

저자는 2006년 『네이처』에 실린 '타원 은하에서 별의 생성 과정'을 밝힌 세계적인 천문학자이다. 천문학과 천체물리학 분야 최고 권위 학술지인 『미국 천체 물리학회지』, 『영국 왕립 천문학회지』, 『사이언스』, 『네이처』 등에 100편 이상의 논문을 발표했다. 지난 10년 동안 세계 상위 1% 피인용 논문의 횟수가 가장 높은 한국 과학자 10인 중의 한 명이다.

이 책의 각 강의 뒷부분에는 저자와 관련된 유명한 해외 대학의 천문학과와 연구소에 대한 소개가 덤으로 들어 있다. 이 기관들과 관련된 천문 분야의 연구 실적과 세계적인 천문학자를 잘 소개하였다. 그러나 저자의 방문 경험과 에피소드에서 유명한 외국 학자와의 인연을 필요 이상으로 나열하였다. 연구 실적이 뛰어난 학자의 겸손

함보다는 자기 과시가 강한 교수의 이미지는 아쉬움이다. 어려운 우주론을 체계적으로 일반인에게 알리는 것만으로도 이미 충분히 좋은 책이다. 이러한 아쉬움에 불구하고 일반인을 위한 우주론 입문서로서 좋은 책이다.

재작년 5월에 강원도 양양 수력발전소 지하의 암흑물질연구소(WIMP)와 부근의 멋진 호숫가 옆의 레이크지움 갤러리카페에 천문학자인 고등학교 동창의 차에 동행하여 다녀온 적이 있다. 평소 우주론에 관심이 많은 터에 좋은 대화의 시간이었고, 고등과학원에 교수로 재직 중인 친구에게 우주론 이해에 도움이 될 책을 물었더니 이 책을 추천하였다.

엔드 오브 타임 [Until The End of Time]
브라이언 그린

나이가 쉰 살이 넘어서부터 세상을 이해하고 대하는 방식이 조금씩 달라짐을 경험한다. 우주론(Cosmology)은 상대성이론과 양자역학이라는 물리학 도구로 세상을 해석하는 과학이지만 인간이 근본적으로 어떤 존재인지를 깊이 생각하게 해 주는 맛이 있다.

우주론은 세상의 처음이 어떻게 시작했는지, 지구에서 태어나 살고 있는 나의 존재가 어떻게 만들어졌는지를 질문한다. 인간 중심의 관점에서 신(절대자)의 개입과 의지에 의하여 지금의 절묘한 우주가 창조되었다는 입장과, 무한 반복적인 우연에 의한 발생과 진화를 통하여 인간을 포함한 우주가 저절로 만들어졌다는 입장 중에서 선택하도록 우리에게 요구한다.

우리는 이 중의 한 개를 선택해야 하며 중간의 선택은 없다고 본다. 전자는 인류 원리(Anthropic Principle)라고 하고, 후자는 코페르니쿠스 원리(Copernicus Principle)라고 한다.

재작년 2월에 '천문학, 우주를 사랑하는 사람들' 밴드에 가입한 후 우연히 이 책의 소개를 접했다. 이 책은 2020년에 쓰였고, 내가 읽은 한국어판은 2021년 2월에 출간되었다.

　저자인 브라이언 그린은 1963년생으로 세계적으로 유명한 물리학자이고 대학 강단에서 수학과 물리학을 가르치고 있다. 우주 해석 도구의 하나인 초끈이론(Superstring Theory) 분야에 큰 업적을 남겼고 『엘러건트 유니버스』(The Elegant Universe, 2002년 출간) 등의 저술을 통하여 과학 대중화에 많은 기여를 하였다.

　저자는 이 책에서 우주의 시작(생성), 생명의 탄생, 마음(의식), 종교, 예술, 숭고함 그리고 우주의 끝(소멸)까지 시간 진행에 따른 전체 과정을 수학이라는 언어로 표현된 물리학으로 해석하였다. 여기에 우주의 엔트로피는 증가한다는 열역학 제2법칙과 다윈의 진화론에 따른 진화생물학을 우주 해석의 핵심축으로 삼고 있다. 저자의 인문학적인 지식과 세상을 살아온 지혜도 당연히 이 책에 많이 녹아 있다고 생각된다.

　이 책의 중간쯤 읽었을 때 저자가 우주를 코페르니쿠스 원리로 받아들이고 있다는 느낌이 강하게 들었다. 이 책을 다 읽는 마지막까지 나의 느낌대로 그러했다.

　저자는 유태인 집안에서 태어났고 야훼 하나님을 유일신으로 믿는 유대교인이다. 그럼에도 불구하고 저자가 펼치는 우주의 해석에서는 신의 의지, 섭리, 뜻과 같은 표현은 거의 안 보인다.

"종교가 진화의 부산물이 아닐 가능성이 여전히 남아 있다."라는 문장에서는 뜻밖의 주장을 접하는 느낌이다. 인간의 창조 활동인 예술을 종교보다 상위의 가치로 두면서 진화에 유리한 선택의 결과물이라니 의외의 주장이고 진화예술론이라 이름을 붙일 만하다.

힌두교를 예로 들면서 종교의 목적을 "수시로 변하는 현실 속에서 안정적이고 영원한 가치를 찾는 것"으로 말하면서 종교와 물리학의 목적이 "일상적인 경험을 넘어선 곳에서 불변의 진리를 찾는다."는 점에서는 같지만 "이 목적을 이루는 방법은 달라도 너무 다르다."고 저자는 말한다. 즉, 저자는 물리학 법칙으로 우주 불변의 진리를 찾는 것이 더 옳다고 이 책에서 주장하는 것으로 보인다.

내가 판단하기에 저자는 신(신앙)의 존재도 우주 생성과 진화 과정의 일부로 보고 물리학과 수학에 기반하여 입증하려고 한다. 저자는 이것을 과학적인 접근 방법이라고 말한다. 신(신성)의 존재에 대하여는 "우주를 창조하고 우리 기도에 반응하고 우리 모든 언행을 감시하고 결과에 따라 상벌을 내리는 전지전능한 존재를 믿을 만한 근거가 있는가?"라고 의문을 제기한다.

신에 대한 일반 사람의 믿음을 양자역학 이론에 대한 물리학자의 믿음과 같은 접근 방식으로 보려고 한다. 신의 존재가 수학적 논리와 물리학적 법칙으로 입증되고 실험 관측과 통계 데이터와 거의 일치되어야 과학적인 진실인데, 신의 존재는 그렇게 입증되지 못했다고 한다. 따라서 인간의 마음과 영성은 근본적으로 아무런 생각이 없는 무수한 입자(원자, 분자)의 물리학적인 상호 작용의 결과라고 설명한다.

저자는 종교가 의식(마음)의 탄생에서 창조적인 예술 활동으로 넘어가는 과정에서 만들어진다고 아래처럼 설명한다. 즉, 영적인 존재를 인정하지만 과학적으로 증명될 수 없다고 말한다. 종교가 과학적으로 증명될 수 없기 때문에 비과학적이라고는 말하지 않는다. 대신 과학적으로 증명하려고 애쓸 필요가 없다고 말하는 선에서 마무리한다.

"무질서하고 혼란스럽고 감정에 치우친 인간 세상에서 다양한 믿음(종교)이 혼재하는 것은 당연하다. 대부분 사람은 무언가 믿을 때 과학적인 검증 과정을 거치지 않는다. 물리학의 과학적 접근 방법은 현재를 정확하게 설명하는 동시에 미래를 정확하게 예측할 수 있다. 그러나 종교의 교리는 이러한 능력을 가지고 있지 않다. 종교적 영적인 가치를 남구할 때 바깥 세계의 특성을 증명하려고 애쓸 필요는 없다."

저자는 자연(우주)이 엄밀한 물리학의 법칙에 따라 움직인다고 설명하면서, 이 법칙을 정확하게 표현하는 언어인 수학에 매우 높은 의미를 부여한다. 수학을 세상(우주)의 바깥에 존재하는 무엇으로 본다. 물리학자인 저자에게는 수학이 거의 절대적인 신앙이라고 생각된다.

저자는 물리학자답게 사람의 행동은 물론이고 감정도 특정 입자(원자, 분자)들이 특정한 배열로 모여서 생각하고 느끼고 추론한 결과(패턴)로 해석한다. 즉, 사람은 입자의 구성물이고 마음조차도 입자의 상호 작용 결과로 해석할 수 있다고 한다.

그러나 아름다움, 두려움, 약속, 온화함, 웅장함, 선과 악, 경이로움, 불안함, 감사와 같은 내면세계의 탐험은 자연계의 입자를 아무리 면밀하게 관찰하고 엄밀한 수학 법칙으로 열심히 쫓아가도 이런 개념을 방정식으로 표현할 수 없는 한계를 인정한다.

그렇지만 인간의 판단, 소망, 의지, 도덕적 평가는 물리적 세계의 일부로 자연의 냉정한 수학 법칙에 이미 반영되어 있다고 주장한다. 이와 함께, 수학과 물리학 방정식은 물리학자가 진리에 다가가는 훌륭한 수단이 될 수는 있지만 그 자체로는 아무런 가치가 없다는 것도 인정한다.

20세기 들어서 우주 관측 기술과 과학적 지식이 비약적으로 축적되었다. 인간은 지구가 광활한 우주에서 우리은하계 변방에 있는 태양 주위를 공전하는 정말 별 볼 일 없는 티끌만 한 행성임을 알게 되었다.

지구에서 가장 지적 생명체인 인간이 자신의 존재를 어떻게 생각하는지, 최후에 우주는 결국 모두 분해되어 소멸될 거라고 과학적으로 주장하는 세상에서 오늘을 어떻게 살고 무엇을 후손에 남겨야 하는지를 나는 인류 원리에 따라 생각하고 싶다.

유산균이 운명을 바꾼다

이동호

 인간 게놈 프로젝트(Human Genome Project, HGP)는 1990년에 시작하여 13년간 인간 게놈에 있는 약 32억 개의 염기쌍의 서열을 밝히는 프로젝트였다. 국제적인 규모의 큰 프로젝트의 결과, 인간 유전자의 개수가 약 2만 개라고 밝히고 끝났다.
 인간이 만물의 영장임을 유전자 숫자를 근거로 과학적으로 확인하려는 의도가 이 프로젝트의 주목적은 아니었겠지만, 어이없게도 사람의 유전자가 물벼룩 유전자 3만 개보다 적고 식물인 벼의 유전자가 오히려 인간의 유전자보다 두 배나 더 많은 것으로 확인되었다.

 인간의 유전자 지도를 완성하여 인간의 질병과 노화 현상을 원천적으로 극복하려 했던 인간 게놈 프로젝트의 시도는 현재 지구를 점령하며 살고 있는 인간이 단순히 유전자의 숫자만으로 볼 때 오히려 다른 종(동물, 식물, 세균)들에 비하여 결코 우월한 존재가 아니라는 사실을 확인해 주었다.

이 책에서 말하는 유산균은 사람 몸에 서식하는 장내 미생물(마이크로바이옴, Microbiome)을 말한다. 마이크로바이옴은 인간의 몸에 서식하는 미생물인 마이크로바이오타(Microbiota)와 게놈(Genome)의 합성어이다. 우리 몸에 살고 있는 회충, 촌충 같은 존재인데 유산균은 크기가 너무 작은 세균으로 눈에 보이지 않기 때문에 우리가 특별히 의식을 하지 않고 살고 있을 뿐이다.

인체에 사는 미생물(세포)의 수는 인체의 세포수보다 10배 이상 많은 200조 개이고 미생물의 유전자 수는 인간 유전자 수의 약 150배에 이른다. 따라서 내가 온전한 내 자신이 아니고 엄청난 숫자의 미생물이 나의 한 부분을 엄연히 차지하고 있다.

나의 몸이라는 한 지붕 아래 살고 있는 이 미생물 유전자는 인간의 유전자와 항상 밀접하게 상호 작용하고 있다. 게놈 프로젝트는 인간종의 유전자 정보를 거의 100% 밝혀냈다. 이를 통하여 알게 된 것은 외부에 보이는 나는 내 자신의 유전자가 내 몸속의 미생물 유전자와 상호 작용하면서 만들어진 결과이다.

장내 미생물은 수없이 많은 유익한 균, 나쁜 균, 보통 균이 복합된 세계이다. 마치 이 세상이 좋은 사람, 나쁜 사람, 보통 사람으로 구성된 것처럼, 그중에 기왕이면 좋은 사람이 내 주변에 많으면 내가 좋은 것과 같이 좋은 유산균은 내가 좋은 삶(생활)을 살 때 나와 함께(공생) 있다.

약 100쪽 분량의 작은 이 책에서 장내 미생물을 단순히 소화 능력 증가, 변비 개선 등의 장 질환에 효과가 있는 유산균 정도로만 설명하지 않는다. 우울증, 비만, 노화, 성격 까칠함, 피부병, 암, 알츠하이머 등 거의 모든 인간의 질병, 성격, 마음 상태와 매우 밀접한 상관관계가 있다고 설명한다.

이 책은 인간과 미생물의 '상호 공생'이라는 심오한 통찰을 우리에게 던져 준다.

35억 년의 생명 이력을 가진 장내 미생물의 유전자는 후생유전학(Epigenetics)이라는 방식으로 나의 삶에 영향을 주고 있다. 이것은 내가 부모로부터 타고난 유전자 자체는 변화하지 않지만, 장내 미생물에 의하여 내 유전자의 염색질 구조가 변화되어 다음 세대로 전달될 수 있는, 유전이 가능한 형질을 설명하는 개념으로 발전되었다. 내가 부모로부터 물려받은 유전자는 중요하다. 그러나 식습관, 생활 환경, 약물 복용 등으로 결정된 나의 몸 안의 장내 미생물을 포함한 내가 지금의 나라는 뜻이다.

이 책의 제목인 『유산균이 운명을 바꾼다』는 단순한 제목 이상으로 심오한 인간 존재에 대한 새로운 발견과 생명이 '공생'을 통하여 서로 존재한다는 통찰을 담고 있다.

미생물에 관한 거의 모든 것

존 L. 잉그럼

우리는 살아 있는 것을 생물(生物)이라 하고, 살아 있지 않고 죽은 것을 무생물(無生物)이라 한다. 이 구분은 당연히 쉬운데, 좀 더 정확히 표현하면 DNA나 RNA가 있어 자기 복제가 가능한 것은 생물이고 그렇지 못한 것은 무생물이다.

생물 중에서 크기가 약 0.1mm 이하로 작아서 맨눈으로는 사실상 보기가 어렵고 광학 현미경, 전자 현미경 등의 도구를 통해서만 볼 수 있는 것을 통칭하여 미생물(微生物, Microorganism, Microbe)이라고 한다.

사람은 숨 쉬고, 식사하고, 소화 시키고, 배설하고, 운동하고, 체온을 유지하고, 잠자고, 생각하고, 창작 활동을 하는 등의 과정에서 매우 복잡한 에너지 대사를 한다. 이 과정이 정상적으로 돌아가면 건강하다고 하고 그렇지 못하면 아프다고 표현한다.

미생물도 생물인지라 생존하기 위하여 미생물마다 고유한 방식으로 에너지 대사를 한다.

이 책은 미생물이 먹는 산소, 이산화탄소, 질소, 탄소, 황 등과 관련된 복잡한 화학 반응, 미생물 간의 계층적 먹이 사슬, 생존을 목적으로 얽힌 미생물의 공생 관계, 미생물과 인간 사이의 공생과 공격, 미생물에 의하여 유지되는 지구 환경 등 미생물에 관한 거의 모든 것을 나열한다.

이 책의 영문 제목은 『March of the Microbes(미생물들의 행진)』인데 한국어 번역서의 제목 『미생물에 관한 거의 모든 것』은 마케팅 요소가 들어 있지만 이것도 좋다고 생각한다.

사자, 토끼, 늑대, 참새, 모기, 잠자리, 뱀, …, 소나무, 토끼풀, 돌이끼, 송이버섯 등 사람의 눈으로 볼 수 있는 생물은 비교적 우리에게 익숙하고 쉽다.

반면에 원핵 세포, 진핵 세포, 세균(Bacteria), 바이러스(Virus), 포자 같은 미생물은 가뜩이나 눈에 보이지도 않는다. 이름도 아그로박테리움 투메파시엔스, 리조비움, 테르무스 아쿠아티쿠스식으로 참 어렵다. 이 중에서 헬리코박터 파이로리도 어렵기는 마찬가지이지만 어느 식품 회사의 요쿠르트 광고 덕분에 그나마 친숙한 편이다.

지구상 미생물의 역사는 35억 년에 달하지만 호모 사피엔스는 여기에 비하면 겨우 10만 년 정도이다. 생물끼리 태어난 년도로 힘겨루기를 하자면 인간은 한참 아래라서 감히 명함도 못 내민다.

오랜 생존 역사를 갖고 있고 현재도 지구상에 번성하고 있는 미생물이 인간에게 미치는 영향은 매우 매우 크다. 그러나 미생물에 대한 전문적인 세균학 역사는 불과 2백여 년에 불과하다. 일반인의 상식은 초라할 정도로 부족하다. 미생물인 COVID-19가 전 세계 인간의 활동을 일순간에 묶어 버리면서 만물의 영장이라고 자부하던 인간이 하찮게 여긴 미물(微物)에게 공격당하는 것을 보면 미생물이 결코 무시할 수 없는 존재임을 새삼 깨닫게 된다.

지구상의 거의 모든 장소와 생물에 미생물이 자리 잡고 있다. 미생물은 지구의 대기질 구성, 구름의 생성, 먹이 사슬의 유지 등의 거의 모든 환경이 유지되고 지속되는데 필수적인 존재이다. 발효 식품에 들어 있는 미생물은 말할 것도 없다. 우리가 먹는 모든 음식에는 엄청난 숫자의 미생물이 들어 있다.

우리 몸의 장기와 피부에서 살고 있는 미생물의 수는 인체의 세포 수보다 10배 이상 많은 200조 개이다. 나의 몸무게가 70kg이면 이 중에 1.5~2kg은 나에게 붙어 있는 미생물의 무게라고 볼 수 있다. 이만큼의 미생물이 사람의 몸에서 없어진다면 사람의 생명 유지는 사실상 불가능하다.

이 책은 일반인을 위한 과학서이지만 지구상에 살고 있는 중요한 미생물을 조금은 지루할 정도로 길고 자세하게 설명한다.
이 책의 내용이 좀 어렵게 느껴지는 것은 낯설고 어려운 미생물의 이름, 미생물이 먹고 내뱉는 화학 물질과 연관된 복잡한 화학 반응식의 기술적인 설명 때문이다. 여기에 Exodus를 출애굽기가 아닌 '탈출기'로 번역한 것에서 보이는 번역의 미숙함도 약간의 이유가 된다고 본다.

내 속엔 미생물이 너무도 많아

에드 용

　인류 최초로 현미경을 고안한 네덜란드의 안토니 판 레이우엔훅 (Antony Van Leeuwenhoek)은 호기심으로 연못 물을 떠서 조사해 보았다. 그는 연못 물 한 방울 속에서 움직이는 수많은 미생물을 인류 처음으로 자신의 눈으로 확인하고 다양한 미생물의 모양을 묘사한 『마이크로그라피아(Micrographia)』라는 책을 1665년에 출간했다. 이것을 계기로 인류는 지구상의 또 다른 생명체인 미생물의 존재를 처음으로 알게 되었다.

　현실적으로 사람의 눈에 보이지 않아서 거의 실감이 안 되는 미생물을 시각적으로 설명하자면 이렇다. 가공되지 않은 식품 1g당 적어도 100만 마리의 미생물이 살고 있고, 평균적으로 사람은 1시간에 거의 4천만 마리의 미생물을 몸 밖으로 계속 내뿜고 있다고 보면 된다.

　초기에는 현미경을 이용하여 미생물을 모양과 특징으로 구별했다.

이후로 현대 미생물학은 DNA 유전자 염기 서열 분석 방법을 도입하면서 비약적으로 발전하는 계기가 되었다. 범죄 수사에서 범죄자의 신원을 확인하기 위한 수단으로 유전자 분석이 도입된 것처럼 서로 비슷하게 생긴 미생물의 신원 확인 수단으로 유전자 분석이 막강한 역할을 하였다.

이 책에서는 마이크로바이옴(microbiome)이라는 용어를 주로 사용한다. 이 용어는 좁게 보면 개별 미생물(microbe)이 모인 군집을 말하며, 넓게 보면 미생물이 구성하는 생태계를 뜻한다.

지구에 살고 있는 생물의 진화를 시간 관점에서 보면 미생물의 나이는 35억 년이다. 인간의 나이는 불과 10만 년이다. 진화의 속도를 레이스 관점에서 볼 때, 인간이 달팽이라면 미생물은 우사인 볼트이다.

인간은 새로운 환경에 적응한 결과가 유전자에 새겨지는데 적이도 1천 년 이상이 걸린다. 그러나 미생물은 불과 1주일 만에 자신의 DNA를 변화시킬 수 있다.

미생물은 동물은 갖고 있지 못한 수평유전자이동(Horizontal Gene Transfer, HGT)라는 정말 신묘한 기술을 가지고 있다. HGT는 미생물이 수직적으로 세대를 거듭하는 유전을 통하지 않고도 다른 미생물과 수평적인 결합을 통하여 서로의 유전자를 교환하는 것을 말한다.

인간이 특정한 음식의 성분을 분해하기 위하여 수천 년간 유전자를 진화시켜야 했다. 이에 비하여 미생물은 특정 성분을 분해시킬 수 있는 다른 미생물의 유전자를 대여받아 자신의 유전자에 추가하여 해결하기도 한다.

우리가 일반적으로 알고 있는 건강 상식이 "우리 몸에 부족한 것은 채우고 불필요한 것은 제거한다."라는 기본 수학에 해당한다면, 마이크로바이옴의 세계는 수많은 미생물이 서로 복잡하게 얽히고 연결되어 상호 작용하는 네트워크 형태인 고등 수학에 비유할 수 있다.

우리는 인간에 의하여 초래된 지구 온난화와 환경 오염을 잘 알고 있다. 각종 동식물과 인간 자신에게 초래되고 있는 심각한 생태계 교란과 이로 인한 치명적인 재앙을 이야기한다. 그러나 눈에 보이지 않는다는 이유로 지구 생태계 파괴를 말할 때 미생물은 거의 거론되지 않고 있다.

그러나 미생물은 현재 지구의 대기 환경과 유기적으로 돌아가는 거대한 지구 생태계를 만든 주역이다. 따라서 미생물을 제외하고 지구 환경의 오염을 논의하고 생태계 파괴를 걱정하는 것은 사실의 절반만을 보는 것이다.

미생물을 학문적으로 접근할 때 개별 미생물을 세밀하게 분석하는 미시적 관점도 필요하지만, 미생물의 세계를 지구 전체의 생태계라는 거시적 관점에서 이해하는 것이 매우 중요하다.

오랜 기간 생물학의 변두리에서 괄시받던 미생물이 생물학의 핵심으로 부상하여 스포트라이트를 받게 된 것은 비교적 최근의 일이다. 새로운 발견과 신기술에 대한 거품이 시장에서 형성되는 것은 자본주의 사회의 자연스러운 현상이다. 현 단계에서 미생물의 역할에 대한 신뢰가 과장된 듯하지만 미생물이 사람의 건강과 지구 생태계에 미치는 잠재력은 무궁무진하다.

사람의 신체에서 소화를 담당하는 장기 안에는 장내 미생물이 엄청나게 많은데 이것은 우리 인체의 자연스러운 일부이다. 사람 몸 안에 살고 있는 장내 미생물을 굳이 인간 세상에 비유한다면 얼추 90% 이상은 좋은 사람들이라고 볼 수 있다. 여기서 좋다는 의미는 소화와 영양분 흡수에 도움을 준다는 뜻이고 나쁘다는 것의 의미는 이 반대의 결과를 만든다는 뜻이다. 숙주인 사람과 장내 미생물은 서로 공생 관계이다. 사람이 소화의 상당 부분을 미생물에게 맡겼다는 뜻이다. 전문적으로 표현하자면 "공생 동물이 자기 발생 과정의 일부를 다른 종에게 외주화시켰다."라고 할 수 있다.

모든 공생하는 동물과 미생물은 생물인지라 당연히 자신의 이익을 위한 진화적 전쟁을 치른다. 처음에 궁합이 잘 맞게 결합된 숙주(인간)와 미생물의 공생 관계도 상황 변화에 따라 공생이 깨지는 갈등과 배반은 얼마든지 상존할 수 있다.

미생물의 세계도 인간 세계와 마찬가지로 일방적으로 좋은 미생물, 나쁜 미생물로 단순하게 구분할 이유는 없다. 기본적으로 미생물을 포함하여 모든 생물은 이기적인 존재이다. 모든 미생물은 숙주에 대하여 나쁜 기생자(병원균)와 서로에게 이익이 되는 공생자(유익균) 사이의 어딘가에 위치하고 있다. 이러한 공생 관계는 영구불변이 아니다. 상황에 따라 얼마든지 바뀌고 동맹군과 적군 사이를 오갈 수 있다.

공생은 "희로애락을 함께 하며 산다."는 중립적인 의미이다. 그러나 공생이라는 단어에 긍정적 감정이 이입되면 '대립과 갈등'은 빠지고 '협동과 화합'만을 암시하는 개념으로 흔히 오해한다. 그러나 인간을 포함한 미생물 세상의 진화는 이렇게 긍정적인 감정으로 진행되지는 않는다.

기본적으로 모든 공생에는 긴장과 갈등이 끼어들게 마련이다. 이것을 완전히 해결할 수는 없다. 심지어는 20억 년 이상 길들여져 사람의 세포 속에서 발전소 역할을 하면서 안정적으로 자리 잡은 착한 미생물인 미토콘드리아가 있다. 이 미토콘드리아가 세포에서 빠져나와 혈류 속으로 누출될 경우 전신성염증반응증후군(SIRS)이라는 치명적인 질병을 일으키는 적군으로 돌변한다.

모든 숙주는 미생물과의 공생을 끊임없이 관리하고 안정화시키는 노력을 계속해야 한다. 이러한 의미에서 사람의 장내 미생물을 '오래된 친구들'이라고 표현하는 것은 참 적절하다.

몇 년 전부터 소화 촉진이나 장 기능의 개선을 목적으로 상품화한 프로바이오틱(probiotic) 제품이 시장에 많이 출시되고 있다. 프로바이오틱의 어원은 '생명을 위하여(for Life)'이다. 프로바이오틱은 단순히 요구르트류의 제품을 말하는 것이 아니다. 사람(숙주)의 건강을 증진시키기 위하여 의도적으로 식품에 첨가한 살아 있는 미생물을 말한다.

이에 비하여 항생제(antibiotic)는 '생명에 반대하여(against Life)'라는 어원을 가지고 있다. 이는 사람이나 생물의 몸에서 미생물을 제거하기 위해 집어넣는 죽어 있는 화학 물질이다.

최초 항생제인 페니실린을 포함하여 많은 항생제가 세균의 공격으로부터 수많은 사람의 생명을 구한 것은 엄연한 사실이다. 그러나 세균의 감염을 막기 위하여 광범위 항생제를 무차별 사용하는 것은 잡초가 무성한 정원에 살충제를 마구 뿌려대며 아름다운 꽃이 자라기를 바라는 것과 같다.

세균(미생물)이 없는 세상이 진정 무엇을 의미하는지를 제대로 몰랐던 인간(숙주)은 모든 미생물(세균)을 적으로 규정했다. 오랫동안 항생제로 무차별 공격했다. 인간은 자기도 모르는 사이에 '오래된 친구들'과의 공생 계약 관계를 일방적으로 파기하는 엄청난 실수를 했다.

많이 늦었지만 사람은 미생물과의 공생 관계가 중요하다는 것을 깨닫고 복원하려는 시도를 하고 있다.

대변미생물총이식술(Feacal Microbiome Transplant, FMT)은 건강한 사람의 대변을 채취하여 건강하지 못한 사람의 장에 이식하는 것을 말한다. 장내 미생물의 생태계가 망가진 사람에게 건강한 미생물 생태계를 통째로 장내에 이식하는 기술이다. 이 방법은 좀 황당하고 엽기적으로 생각될 수 있지만 옛날 사람 중에 건강한 사람의 똥을 먹고 위중한 병을 치료했다는 이야기를 통하여 숨은 의미를 어느 정도 이해할 수 있다.

FMT는 비영리기구인 오픈바이옴(OpenBiome)에서 더 많은 정보를 구할 수 있다.

홈 마이크로바이옴 프로젝트(Home Microbiome Project)는 사람이 살고 있는 생활 공간인 건축물을 공존하고 공생하는 환경으로 만들려는 긍정적인 시도의 하나이다. 인체의 병을 의학적으로 직접 치료하는 것은 당연히 중요하다. 여기에 더하여 사람이 하루 생활의 약 80% 이상을 거주하는 집, 사무실, 공공시설의 내부 환경을 사람과 공생하는 미생물로 건강하게 만들 수 있다면 이것도 참 좋다고 생각한다.

우리는 원자와 분자를 우리 눈으로 보지 못해도 우주가 이것으로 구성되었다는 것을 이제는 의심 없이 잘 이해한다. 그러나 원자와 분자로 구성된 미생물을 사람의 눈으로 처음 본 이후로 약 350년이

지났지만 이 대부분의 기간 동안 '오래된 친구들'을 모조리 나쁜 적으로 몰아서 살상하는 잘못을 저질렀다. 지금도 그러하고 있다.

　엄마가 아이를 키우면서 학교에 가서 절대 나쁜 아이들과 어울리지 말라고 가르치는 것이나 언론이 미생물이 잔뜩 묻어 있는 휴대폰 표면의 현미경 사진을 들이대면서 자외선(UV) 살균하지 않으면 당장 큰일 날 것처럼 호들갑을 떠는 것은 네거티브 방식이라는 면에서 비슷하다. 학교에 가끔은 나쁜 친구도 있고 COVID-19처럼 치명적으로 나쁜 친구도 평생 몇 번은 만날 수 있지만 실제로 학교에는 좋은 친구들이 훨씬 많다.

　이 책의 영문 제목은 『I contain multitudes』로 직역하면 '나는 아주 많은 것을 담고 있다.'이다. 물론 많은 것은 미생물을 말한다. 일반 사람에게 미생물은 여전히 어려운 분야이지만 이 책은 한국어 번역이 훌륭하여 재미있게 읽을 수 있다.

　이 책에서 저자는 인간을 미생물 위에 군림하는 존재가 아니라 가능한 수평적인 공생 관계로 설명하려고 애를 쓴다. 미생물의 입장에서 미생물의 사는 방식을 설명하려는 저자의 마음이 읽힌다.
　조금만 고개를 돌려 보자. 살아 있는 수많은 미생물이 내 주변의 모든 장소에서 나와 함께 살고 있는 것을 깨닫고 느낄 수 있다.

10퍼센트 인간

앨러나 콜랜

 이 책의 한글 제목 『10퍼센트 인간』은 영어로 출판된 책의 원문인 『10% HUMAN』을 그대로 번역한 것이다. 내 생각에 원문 제목의 느낌 자체가 너무 색다르고 강렬하여 굳이 마케팅 목적으로 한글 번역서의 제목을 달리할 필요가 없었을 것이다.

 이 책의 저자는 22살에 말레이지아 야생동물보호구역을 조사하는 활동 중에 매우 심각한 세균성 풍토병에 걸렸다. 엄청난 항생제 처방으로 이 병을 치료하면서 다행히 풍토병은 나았다. 그러나 치료 전에는 없었던 심한 피부병, 소화 질환과 함께 해마다 유행병은 의례히 걸리는 약한 체질로 몸이 바뀌어 버렸다. 저자가 개인적으로 힘들었던 치료의 경험은 저자가 이 책을 쓰게 된 계기가 되었다.

 근대 사회에서 전염성 질병의 치료에 엄청난 혁신을 가져온 항생제 페니실린은 플레밍에 의하여 1928년 영국 런던에서 우연히 발견되었다. 이것은 학교에서 배운 푸른곰팡이 이야기로 우리에게 잘 알려져 있다.

 1945년에 페니실린이 일반인에게 본격적으로 사용되기 시작한 이후로 지금까지 약 20여 종의 항생제가 개발되어 사용되고 있다. 제2차 세계 대전 중에 생사의 갈림길에 놓인 부상병의 치료에 사용되기 시작한 항생제는 1944년부터 일반 사람에게도 보급되기 시작하였다.

 1954년에 전 세계 항생제 생산량은 900톤이었지만 50년이 지난 2005년에는 약 25배가 증가한 23,000톤이었다. 항생제는 소, 돼지, 닭과 같은 가축의 사육에도 많이 사용되었다. 가축이 병에 잘 안 걸릴 뿐만 아니라 짧은 사육 기간에 살을 더 찌우는 생산 증진 효과가 덤으로 있어서 전체 항생제의 약 70%가 가축에 사용되고 있다고 알려져 있다. 전염병을 예방하는 필요와 함께 가축의 생장 촉진 효과를 끌어 올리려는 목적으로 가축에게 가능한 어릴 때부터 항생제 투여를 시작한다.

 현내 성인병의 주요 원인인 '비만' 현상은 세계적으로 1940~50년부터 선진국을 중심으로 발생하였다. 통계에서 보는 것과 같이 항생제 사용량의 증가와 비만의 증가는 상당한 수준의 상관관계가 있다. 그러나 이것의 인과 관계는 그동안 제대로 파악되지 못하고 있다가 최근 장내 미생물의 불균형으로 인하여 비만이 야기될 수 있다는 의학 분야의 연구 결과가 나오면서 하나씩 밝혀지고 있다.
 21세기 들어서 더욱 심각해진 비만 증가의 원인을 과다한 영양 섭취와 운동 부족에 돌리기보다는 과다한 항생제의 누적 사용 결과로 볼 수 있다는 상당한 인과 관계가 있다. 그러함에도 '항생제가 비만에 미치는 영향'을 주제로 한 연구 과제는 대부분 무시되었다고 저자는 강조한다.

항생제는 세균성 질병에는 효과가 있지만 감기나 독감, COVID-19 같은 바이러스성 질병에는 효과가 없다. 그러나 대부분 일반인은 이러한 의학 상식을 모르다 보니 심한 몸살의 독감에 걸린 환자는 센 엉덩이 독감 주사 한 방을 맞고 빨리 낫기를 흔히 원한다. 이런 간절한 환자를 빈손으로 보냈다가 혹시라도 세균성 감염으로 심각한 합병증을 안고 되돌아올 수도 있는 환자를 우려하여 불필요한 항생제 처방을 내리는 경우도 종종 있다.

항생제는 기본적으로 예방약이 아니고 치료 약임에도 불구하고 세균성 감염을 예방하기 위하여 처음부터 강력한 항생제를 처방하는 것은 흔한 사례이다.

저자는 "항생제는 결코 부정적인 측면만을 가지는 약물은 아니다. 그동안 항생제가 구한 수많은 생명과 사라진 고통을 잊어서는 안 된다."고 말한다. 동시에 "항생제가 주는 혜택뿐 아니라 손실도 있다는 것을 인지함으로서 항생제의 가치를 더욱 꼼꼼히 따져 볼 필요가 있다."고 주장한다.

나는 가끔 사업상의 스트레스로 심한 소화 불량에 걸리곤 한다.

이럴 때는 끼니가 되어도 배고프지 않고 조금만 먹어도 위가 가득 찬 느낌에 매우 거북하고 힘든 상황이 수개월 지속된다. 흔히 과민성 위염, 과민성 대장염으로 표현되는 소화기 계통의 병이다. 그만큼 뇌와 장이 매우 밀접하게 연결되어 있다는 뜻이기도 하다. 신경망으로 긴밀하게 연결된 뇌와 장은 신경 전달 물질로 정보를 전달한다.

나의 경우는 스트레스를 받은 뇌 활동의 결과가 장운동에 나쁜 영향을 준 것으로 설명된다면, 이 책의 저자는 장내 미생물이 나의 면역계를 신경 전달 물질로 자극한 결과 뇌 활동과 두뇌 발달에 장애를 발생시키는 것으로 설명한다.

장내 미생물의 상태가 변화되면 신진대사(비만), 두뇌 발달(자폐증), 면역 활동(알레르기와 자가 면역 질환) 등이 유발된다는 연구 결과가 있다. 과다한 항생제 사용이 장내 미생물 상태에 결정적인 영향을 준다는 연구 결과가 동물 실험과 임상 조사 등을 통하여 많이 축적되었다.

인간의 세포 수는 사람마다 다르지만 약 10~20조 개 수준이다. 사람 몸에 공생하는 미생물은 이것의 10배인 100~200조 개라고 한다. 『10% 인간』이라는 이 책의 제목은 이렇게 나왔다. 다행인 것은 부모의 유전자를 물려받아 10% 만큼 나를 구성하고 있는 세포(몸)를 변화시키기는 매우 어렵지만, 내 몸에 살고 있는 90%의 세포(미생물)는 내 의지에 따라서 좀 더 나은 방향으로 변화시킬 수 있다.

미생물의 유전체가 가진 최고의 장점은 인간 유전자가 결코 쉽게 가질 수 없는 빠른 환경 적응력이다. 사람은 태어나서 죽기까지 다양한 호르몬의 변화를 겪고, 새로운 음식을 먹고, 낯선 장소를 방문한다. 이럴 때마다 '10% 인간'인 나 자신보다 내 몸 안의 장내 미생물이 주어진 상황에 최대한 빠르게 적응하여 나를 보호한다.

21세기를 살고 있는 우리가 건강을 이야기할 때, 나의 몸속에 장내 미생물이 얼마나 다양한지가 매우 중요하다. 나의 면역계를 강화하고 싶다면 10%인 나만을 믿지 말고 90%인 나의 장내 미생물을 더욱 배려하라는 뜻이다.

이 책에서 말하는 나 10%는 아빠의 정자와 엄마의 난자가 만나서 탄생한 생명체로 완벽한 무균실인 엄마의 자궁 안에서 지내다가 10달째 세상으로 나온다. 나를 90%만큼 구성하는 미생물은 자연 분만으로 엄마의 질을 통하여 나오는 과정에 처음으로 나에게 주어진다. 엄마의 몸을 떠나 험한 바깥세상으로 나가는 아기를 지켜 주는 미생물 보호막 세례를 주는 이 과정은 자연 선택 과정에서 만들어진 신성한 인체의 신비이다.

자연 분만으로 태어난 아기의 장내 미생물 구성은 엄마의 질 내 미생물과 비슷하다. 아기가 모유를 소화시키는데 중요한 락토바실러스, 프레보텔라 같은 젖당 분해 미생물이 많이 포함되어 있다.

반면에, 제왕절개술을 통해 태어난 아기가 제일 먼저 만나는 미생물은 수술실 환경에 서식하는 포도상구균, 코리네 박테리아 같은 의

료진과 부모의 피부 미생물이다. 이 미생물이 아기의 장을 먼저 차지하게 된다.

생후 3년 동안 아기의 장내 미생물 세계는 마치 춘추 전국 시대처럼 매우 불안하다. 아기의 장내 영역을 더 많이 차지하기 위한 미생물 사이의 치열한 싸움이 계속 벌어진다. 이 전쟁터에서 패권을 잡는 미생물의 세력은 끊임없이 바뀐다. 이 세력의 판도가 어떻게 바뀌는지는 아기를 보호하고 키우는 부모의 몫이다.

이 분야의 최고 전문가인 고등학교 친구의 안내를 계기로 마이크로바이옴 세계를 새롭게 접하였다. 소개받은 세 권의 책 중의 『미생물에 관한 거의 모든 것』과 『내 속엔 미생물이 너무도 많아』의 두 권의 책에 이어서 마지막으로 이 책을 읽었다.

어느 날 아침 일찍 오랜만에 집 근처의 탄천변 자전거 길을 달렸다. 산책로를 따라 자라난 많은 풀들이 눈에 들어왔다. 이전에는 장마철에 무성하게 자란 풀들만 눈에 들어왔다면 이제는 초록의 세계에서 공존하는 무수한 미생물의 세계도 머릿속에 함께 떠오르는 것이 새롭게 더해진 나의 자연과 인간에 대한 인식이다.

침묵의 봄 [Silent Spring]
레이첼 카슨

　마치 추리 소설 같은 제목의 이 책은 생태학 분야의 고전으로 훌륭한 명저이다. 미국의 해양 생물학자인 레이첼 카슨이 1962년에 출간한 이 책은 올해 61번째 생일을 맞이했다. 내가 읽은 이 책은 출간 60주년 기념 한국어 특별판이다. 저자는 타임이 선정한 20세기를 변화시킨 100인 가운데 한 사람이다. 이 책을 읽으면 선정된 이유가 충분히 공감된다.

　레이첼 카슨은 대학에서 문학을 공부하다가 생물학으로 전공을 바꾼 독특한 학력을 가지고 있다. 그래서인지 저자의 글은 정확한 과학적 지식을 시적으로 읊조리는 감각적인 문장과 결합되어 있다. 생명의 아름다움을 표현하면서도 도저히 이해할 수 없는 살충제 제조업체와 무책임한 정부 관료를 준엄하게 질책하기도 한다. 미련하기 그지없는 대중의 짧은 생각을 지적하는 분노의 소리가 함께 있다.

　1950년대는 여성이, 그것도 독신녀가 남성 중심의 과학계에서 주장하는 목소리를 내기는 무척 어려운 폐쇄적인 사회였다. 저자는 환경 문제를 고발하는 프리랜서 작가로도 활동하면서 독자로 하여금 작가가 남자라고 느끼게 하기 위하여 자신의 기고문에 'R. L. 카슨'이라고 서명하면서 외롭게 환경 문제를 고발하였다.

저자는 무분별하게 살포되는 화학 물질로 인한 자연의 파괴를 대면하라고, 인간의 생존을 위해서는 생태계를 무너뜨리는 자본주의적인 기업의 탐욕을 멈추라고 그 당시로는 혁명적인 주장을 하였다. 저자는 자연 자원의 고갈, 대기권의 오존층 파괴, 지구 온난화, 해양 수산 자원 남획, 불공정한 해외 무역, 열대 우림 파괴, 생물 멸종 등의 근본적인 문제점을 누구보다 훨씬 더 빨리 예견했다.

저자는 이 책에서 미국에서 살충제 DDT와 같은 화학 물질이 무분별하게 대량 살포되면서 자연계의 식물과 동물에 끼친 심각한 악영향과 결국 사람의 몸에 누적되어 생명을 해치는 심각한 환경 파괴를 고발했다. 저자는 산림과 농작물을 보호하기 위해 항공기에서 무차별적으로 뿌려지는 살충제와 제초제가 곤충과 새를 포함한 야생 동물을 위협하는 것과 결국 인체에 암을 일으킬 수 있다는 것을 지적하였다.

이 책은 전 세계에서 환경 운동을 촉발시켰고 『침묵의 봄』이 불러온 대규모 시민의 항의로 인해서 미국에서는 1972년에 DDT의 사용을 전면 중단하였다.

복잡한 연결 고리로 엮인 환경 문제를 하나의 지구 생태계 문제로 집대성하여 일반 대중, 과학자, 정치인 모두가 이해할 수 있게 하여 새로운 인식으로 의미 있는 환경 운동을 촉발시킨 것이 저자의 큰 업적이다. 저자가 60년 전에 쓴 이 책에서 살충제와 제초제 같은 화학 물질로 인한 환경과 생태계 문제를 분석한 아래의 통찰은 안타깝게도 지금 읽어도 여전히 새롭다.

인간 염색체에 대한 연구는 이제 막 시작 단계이고 환경 요인이 인간에게 미치는 영향에 대한 연구 역시 최근에 시작되었다. 방사능이 인간에게 미치는 영향에 대하여는 기꺼이 인정하는 몇몇 과학자도 화학 물질이 세포에 돌연변이를 유도하는 것에는 의문을 표시한다. 그러나 화학 물질은 인간의 세포 분열에 염색체의 복사에 이상을 유도하여 돌연변이를 일으키고 배아 세포의 정상적인 성장과 복사를 방해한다.
산업화로 인하여 암 같은 악성 질환이 등장하는 사실을 처음 깨달은 것은 1875년경부터이다. 질서 정연하게 이루어지던 세포 분열 과정이 왜 갑자기 거칠고 조절할 수 없는 암세포 증식으로 변질되는 것 일까? 방사능이나 유해 화학 물질에 노출되어 상해를 입은 세포가 살아남으려고 애쓰는 과정에서 세포 호흡 에너지 대사 시스템을 변형하거나 염색체 이상을 일으킨 것이 암세포이다.

인간은 지구 생명체 중에서 유독 혼자만 암 유발 물질을 인공적으로 만들어 낸다. 유해한 화학 물질이 우리 생활에 등장한 이유는 좀 더 편한 생활을 추구하기 때문이고, 이를 위한 화학 물질의 제조와 판매가 경제와 산업의 한 부분으로 편입되는 것을 허용하기 때문이다. 지구에서 화학 물질이 함유되지 않은 음식을 찾으려면 아주 멀리 떨어진, 문명의 혜택이 닿지 않는 원시의 섬으로 가야 한다.

화학물질의 '안전 허용량'의 인정과 관련하여 '잔류 허용량 기준'의 제정은 농부와 가공업자들에게 생산 비용 절감이라는 혜택을 주기 위해 많은 사람이 먹는 음식에 독성 화학 물질의 사용을 허가하는 것과 다름없다. 과학적 증거란 본질적으로 불완전하고 과학자도 때로는 어쩔 수 없이 해악의 확실한 증거를 부인하기도 한다. 시민을 보호해야 하는 정부가 과학의 본질적인 쟁점으로 혼란을 겪게 되면 합당한 공공 정책의 수립은 어려워질 수밖에 없다.

미생물로 인한 대부분의 전염병은 방역과 위생 환경의 개선으로 극복되었다. 그러나 이제 우리 주변에 넘쳐나는 발암 물질은 어떻게 할 것인가? 암을 예방하는 것이 치료보다 훨씬 더 인간적이며 효과적이다. 아직 암에 걸리지 않은 사람과 태어나지 않은 세대를 위하여 암 발생의 환경 요인을 규명해 제거하는 노력은 암에 걸린 사람의 치료법 개발과 함께 계속되어야 한다. 그러나 현실적으로는 암의 치료에 훨씬 매달리고 있다.
암의 예방보다는 암 환자의 치료가 훨씬 더 극적이고 구체적일 뿐더러 더욱 화려하고 눈에 띄는 보답도 크기 때문이 아닐까?

세포 분열을 중단시키는 효과 때문에 사용하는 화합물은 저장 중인 감자가 싹을 틔우지 못하도록 하는 보존제로 사용된다. 싹이 안 나는 감자와 모기가 없는 앞마당을 위해 사람들은 너무 비싼 대가를 치루고 있는 것은 아닐까?
화학 방제법으로는 해충 없는 세상이라는 목표에 도달할 수 없다. "자연을 통제한다."는 말은 생물학과 철학의 네안데르탈 시대에 태어난 오만한 표현이다. 곤충을 향해 겨누었다고 생각하는 무기가 사실은 이 지구 전체를 향하고 있다는 사실이야 말로 크나큰 불행이다. 방제 대상이 되는 유기체와 이 유기체가 속한 전체 생명계에 대한 이해를 바탕으로 하는 생물학적 방제 방법을 찾아야 한다.

내가 중학교 시절에 살던 영등포의 오래된 일본식 2층 건물에는 다다미가 깔린 작은 방이 있었다. 다다미 밑에는 빈대가 들끓었다. 밤사이 팔다리를 물리면서 잠을 설쳤던 기억이 있다. 당시 농약 가게에서 낯선 이름의 살충제를 구입했다. 그 성분은 더욱 모르는 살충제를 물에 적당히 희석하여 마스크도 안 쓰고 숨을 참아 가면서 손 분무기로 방에 흠뻑 뿌렸던 기억도 난다. 그때 흡입한 화학 물질의 일부는 지금 나의 몸의 일부를 구성하고 있을 거라고 생각된다.

해마다 전 세계에서 약 2천여 종의 화학 물질이 새로 만들어진다고 한다. 아쉽게도 이 모든 화학 물질을 인간이 안전하게 잘 관리한다는 보장은 없다.

식물과 동물은 지구 생명계를 구성하는 거대한 네트워크의 일부이다. 우리는 지구라는 거대한 생태계의 일부이고 거대한 생명 흐름에 포함되어 있다. 이 책은 인간 본성의 어두운 측면이 아닌 생명이 지닌 가능성과 미래 약속을 위해서 천천히 생각하며 읽어야 한다.

우리는 여전히 이 책이 제기한 논란 속의 세상에 살고 있다. 공공의 선을 위하여 어떻게 행동할지 또 환경 정의를 위하여 어떠한 선택을 해야 할지 명쾌한 답을 갖지 못한 시대에 살고 있다.

이 책은 출간 당시에 살충제 남용으로 자연 환경이 파괴되는 현실과 이로 인한 생명의 위험성을 낱낱이 고발하면서 환경 보존의 중요성을 일깨워 주었다. 출간 후 60년이 지난 현재에도 과거의 고전 같은 느낌이 안 드는 것은 현재도 『침묵의 봄』이 예견했던 암울한 현실이 크게 달라지지 않았고 여전하다는 것을 뜻한다.

나는 오히려 더 교묘하고 정교한 방식으로 나를 포함한 지구상의 모든 사람들이 알게 모르게 '침묵의 봄'을 만드는 공범이고 동시에 피해자일 수밖에 없다는 생각이 든다.

"우주의 경이와 현실에 명확하게 집중할수록 인류 파괴의 고통을 덜 겪게 될 것이다. 경이와 겸손은 온전한 감정이고 파괴에 대한 욕망과는 절대 함께할 수 없다."

저자가 그토록 강조한 경이와 겸손은 이 책 『침묵의 봄』이 우리에게 남겨 준 선물이다. 안타깝게도 저자는 이 책을 출간하고 2년 후인 1964년에 유방암으로 생을 마감했다.

더하는 글

DDT(Dichloro-Diphenyl-Trichloroethane)는 잘 알려진 살충제 중의 하나이다. DDT는 1874년 처음으로 합성되었으나, 1939년까지 이 물질이 곤충에게 독성을 준다는 사실은 밝혀지지 않았다. DDT는 제2차 세계 대전 때 말라리아, 티푸스를 일으키는 모기의 제거와 군대와 민간에서 여러 곤충으로 인해 일어나는 질병의 구제에 사용되었고. DDT의 살충 능력을 처음 발견한 스위스 화학자인 파울 헤르만 뮐러(Paul Hermann Müller)는 1948년에 그가 '여러 절지동물의 접촉 독성을 나타내는 DDT의 높은 효과를 발견'한 이유로 노벨 생리학·의학상을 받았다.

1943년 이탈리아 나폴리에서 티프스를 박멸하기 위하여 연합군이 사람들에게 DDT 가루를 뿌렸다. 여기서 고무적인 결과를 얻은 후, 1945~1946년 겨울에 한국과 일본에서 이(곤충)의 퇴치를 위해 200만 명에게 DDT를 사용해 성과를 얻었다. 그러나 1950~1951년 한국 군인에게 DDT 가루를 뿌린 후에는 오히려 이가 더 많이 퍼졌다. 몇 년 사이에 곤충이 살충제에 내성을 가진 것이다.

전쟁이 끝나고 DDT는 1950년대 초반부터 농업 분야에서 살충제로 쓰이게 되었고, 곧 생산과 사용이 급한 상승세를 보이게 된다. 화학적 살충제가 산림 보호와 농업에 광범위하게 사용되는 이 당시에는 이런 화학 물질을 비행기를 이용하여 대량으로 살포한 행위가 어떤 결과를 가져올지 아직 충분히 알려지지 않았던 시절이었다.

최초 살충제인 DDT를 1에이커(1,224평/4,046㎡) 면적당 1파운드(454gm)를 공중에 살포한 것만으로도 산과 하천에 살고 있는 수많은 새와 물고기가 죽었다. DDT 이후로 살충제는 계속 새롭게 개발되었는데, 10년 후 개발된 헵타클로르 1파운드의 독성은 DDT 20파운드와 맞먹었고, 디엘드린은 DDT 120파운드의 독성에 달했다. DDT가 본격적으로 살포되기 전에 태어나서 죽은 사람의 생체 조직에서는 DDT나 유사 화학 물질이 검출되지 않았으나 1950년대 중반의 보통 사람의 인체 지방조직에서는 5~7ppm의 DDT가 검출되었다.

다윈지능

최재천

　인류사에 엄청난 인식의 변화를 초래한 책 중에 『종의기원(On the Origin of Species)』이 있다. 그런데 나는 정작 찰스 다윈의 이 책을 정작 읽어 보지 못한 아쉬움이 있다.
　지난 2009년은 다윈 탄생 200주년과 『종의기원』 출간 150년이었다. 전 세계적으로 다윈의 진화론이 인류사에 미친 영향을 재평가하는 해였다.

　이 책은 2012년에 생물학자 최재천 교수가 출간했다. 진화론이 사회 모든 분야에 어떠한 영향을 미치고 있는지를 다양한 주제로 재미있게 설명한다.

　지난 10년을 되돌아보면 학문적으로 생명 공학의 비중이 매우 커졌다. 산업으로서 바이오 분야는 폭발적으로 성장하고 있다. '이기적 유전자', '만들어진 신' 같이 매우 강한 진화론의 입장에서 인간과 사회를 재해석하는 리처드 도킨슨의 책이 나온 것도 다윈의 『종의기원』을 재해석하면서 나온 책으로 보인다.

진화론이 심리학에 미친 영향으로 발전된 진화심리학이 있다. 진화심리학은 개인의 '행복'조차도 사람이 마땅히 추구할 소중하고 고귀한 윤리적 가치가 아니고, 자연 선택 과정에서 결국 행복한 사람(쾌락 DNA가 많은 사람)이 살아남았다고 진화론적으로 설명한다. 여러 자료와 논리로 이를 주장하는 학자들도 많다.

우리 주변에는 정치적으로 좌편향 또는 우편향인 사람이 꽤 있다. 각자 삶의 과정에서 받은 교육과 경험, 현재 입장에 따라 자신이 좌, 우를 선택한다고 대부분 믿는다.
그러나 진화심리학에서는 태어나면서 주어진 DNA에 의하여 좌, 우 성향이 어느 정도 결정된다고 주장한다. 이러한 경향을 실제 정치판 실증 자료로 보여 준다.

하나님이 일주일 만에 아담과 이브를 포함한 이 세상을 창조한 것이 아니고 지구 역사에서 생존에 유리한 방향으로 오랜 기간의 자연 선택 과정에서 인간이 출현했다는 진화론은 기독교인의 관점에서는 매우 불편한 내용이다.
나는 과학으로서 진화론이 인간을 초라하게 만든다고 거부하고 부정하기보다는 기독교 신앙인의 입장에서도 자신 있게 진화론과 대화가 가능하다고 생각한다.

수십억 년의 지구 생명의 역사를 창조론이 아니라 진화론으로 해석한다고 해도 138억년 우주의 역사를 과학의 깊이로 들여다보면 볼수록 진화를 초월한 신의 영역이 여전히 존재한다고 나는 생각한다.

연애 [The Mating Mind]
제프리 밀러

이 책은 표지의 『연애』라는 제목만으로도 독자의 시선을 잡아당긴다. 영어 원제목 『The Mating Mind』를 직역하면 '짝짓기 마음'이니까 크게 제목이 다르게 번역되지는 않았다. 저자는 매우 다양한 방면의 지식을 과시하려는 듯이 구구절절이 내용을 썼다. 이 책은 읽어 나가기가 좀 지루하고 만만치 않다.

찰스 다윈은 인류사에 엄청난 인식의 변화를 초래한 『종의기원(On the Origin of Species)』을 1859년에 출간했다. 모든 생명체는 약육강식의 상황에서 적자생존과 종의 이익을 위하여 생존에 필요한 기능을 진화시켜 왔고 생존에 도움이 안 되는 비효율적인 기능은 도태되었다는 이론이다.

그런데 공작새 수컷이 긴 꼬리를 펼쳤을 때 너무 화려한 모습은 다윈을 매우 곤혹스럽게 했다. 수컷 공작새의 무겁고 긴 꼬리는 도무지 생존에 도움이 안 되는 기능으로 보였다. 다윈은 자연 도태의 관점으로 숫공작새의 진화를 설명하기가 매우 곤혹스러웠다.

이 문제를 10여 년간 관찰한 다윈은 1871년에 출간한 『인간의 유래와 성선택(The Descent of Man, and Selection in Relation to Sex)』에서 멋진 답을 새롭게 제시했다.

다윈은 『종의기원』에서 "생명은 자연환경에서 생존에 더 효율적인 방향으로 기능을 발전시킨다."고 자연 선택을 주장했다. 이에 비하여 『인간의 유래와 성선택』에서는 "생명은 자신의 자손을 번식시키기 유리한 방향으로 기능을 발전시킨다."고 성선택을 주장했다. 다윈이 두 번째 책에서 말하는 번식은 인간을 포함하여 암컷과 수컷으로 분리되어 있는 생명체, 암수가 구별된 동물을 대상으로 한다.

이 두 가지 관점은 비슷한 것 같지만 매우 다른 내용이다. 거친 자연환경에서 생존에 유리한 몸체를 가진 생명체라도 번식하지 못하면 도태되고, 비효율적이고 생존에 쓸모없어 보이는 기능을 가지고 있는 생명체라도 지속적으로 번식이 가능하면 자연에서 선택되어 살아남기 때문이다.

이러한 결정적인 관점의 차이에도 불구하고 두 번째 책이 다윈의 진화론을 말할 때 잘 다루어지지 못했던 이유가 있다.

암컷과 수컷 사이에 벌어지는 다양한 구애(求愛) 행동과 이 행동의 목표가 섹스(Sex)라는 것을 구체적으로 설명해야 하기 때문이다. 이것을 학교에서 선생님이 미성년자인 학생들에게 가르치기가 쉽지 않다. 더욱이 수컷은 자신이 할 수 있는 최대의 수단과 성적(性的) 장식을 동원하여 암컷에게 선택받기 위하여 과시적으로 구애하고,

암컷은 수컷의 구애 행위를 판단하여 좋은 자손을 낳는데 유리한 수컷을 선택한다는 내용이기 때문이다.

19세기 후반에서 20세기까지 1백년이 넘는 기간 동안 다윈의 성선택설이 학계에서 무시당한 것은 남성 위주의 사회 구조 때문이었다. 다윈의 성선택설을 인간에게 적용하기가 남성들 입장에서는 도무지 껄끄럽고 마음에 안 들었기 때문이다.

20세기 후반에 남녀를 동등하게 보는 양성평등 사회 분위기에 힘입어 다윈의 성선택설은 백 년 만에 화려하게 부활하였다. 만물의 영장인 인간의 진화를 "성선택이라는 이론으로 타락시켜 종의 퇴행을 불렀다."는 혐의에 무죄가 선고되었다. 이에 따라 진화심리학 분야의 학문은 엄청난 발전을 하였다.

이러한 큰 인식의 변화가 있기 전에는 자연에서 수컷의 장식이 구애의 필요를 위하여 생겼다는 다윈의 주장은 인간의 행동을 설명하는 데에 이용되지 못했다.

프로이드의 심리학을 포함한 이전의 인간 과학은 사람을 있는 그대로 파악하지 못한 한계가 있었다. 인간의 행동이 복잡해서가 아니었다. 남녀 사이에서 벌어지는 구애, 성 경쟁, 짝 고르기가 인간사에서 갖는 중요성을 지적한 다윈의 통찰을 의도적으로 간과했기 때문이다.

자연 선택설이 육체의 진화를 설명했다면, 성선택설은 마음의 진화를 설명한다. 자연 선택의 진화 관점으로는 도덕성, 포용력, 동정심, 자선, 스포츠맨 정신, 공익을 위한 희생, 인심, 아량, 언어 구사 능력, 유머 감각, 장난기, 창의성 등을 설명하기가 난감했다. 그러나 성선택의 시각으로는 설명이 가능하다고 저자는 이 책에서 말한다.

예를 들어, 생존을 생산으로, 구애를 마케팅이라 하고, 생명체를 상품, 이성의 성적 선호를 소비자 기호라고 정의해 본다.
다분히 과시적인 마케팅(구애) 행위는 생산(생존)이라는 기업 활동(인간의 행동)에서 여력의 자원을 불필요하게 소진시키는 이해 못할 낭비가 아니다. 오히려 소비자(이성)의 소비자 기호(성적 선호)를 만족시킴으로써 기업을 계속 성장시키는(한 개체의 유전자를 다음 세대로 전달하는) 매우 필수적인 기업 활동(구애 노력)이다.

자연(자유 시장 경쟁 사회)에서 생존(생산)은 그것이 구애(마케팅)와 결합(소비자 선택)될 때 비로소 가능하다.
아무도 그 동물(상품)과 짝짓기하지 않는다면(선택되지 못하면), 그 동물에게 생존은 진화상 무의미하다. 먹이와 생존에 집착하며 생산 지향을 고수하는 동물들은 이성을 만족시킴으로써 얻는 유전적 이익에 치중하는 마케팅 지향 전략을 채택한 경쟁자들에게 패하였다.

지구에 존재하는 생명체의 복잡성과 다양성은 진화가 마케팅 혁명을 겪을 때만 기대될 수 있다. 인간의 마음은 소비자, 즉 이성의 요구에 맞추어 태어나서 죽을 때까지 스스로 포장하고 광고한다.

인간의 마음은 백만 년 동안 성선택이라는 끊임없는 시장 조사와 선택 과정을 통해 진화했다고 본다. 이런 관점에서 좀 심하게 표현하자면 수컷은 자신의 유전자를 남기기 위해 걸어 다니며 선전하는 광고판이다.

인간의 뇌는 체중의 2%, 산소 섭취량의 15%, 대사량의 25%, 혈당량의 40%를 소비하는 기관이다. 몇 시간에 걸쳐 힘든 논문을 읽거나 중요한 인물과 대화하는 정신노동을 하고 나면 배가 고프고 지치는 이유이다.

인간의 뇌는 자연 선택 입장에서 보기에는 낭비이고 비효율적으로 만들어졌다. 그러나 성선택 입장에서는 이 과시적인 낭비야말로 뇌의 본질이다. 인간 뇌의 과시적인 비용은 인간에게 큰 생존 이익을 가져다줌으로서 보상되었다. 그렇지 않으면 이렇게 크고 사치스러운 뇌로 진화할 수 없었을 것이다. 인간의 뇌를 성선택 적응도 지표들의 집합으로 간주한다면 뇌의 높은 유지 비용은 당연하다. 이 비용이야말로 뇌의 존재 이유이다. 성선택이 작고 효율적인 인류 초기 유인원의 뇌를 대화, 음악, 미술, 유머 같은 사치스러운 행위를 뿜어내는 거대하고 에너지 소모가 거대한 뇌로 탈바꿈시켰다.

과거 사회과학자들은 인간의 행동을 적자생존과 종의 이익에 바탕을 둔 진화론으로 분석했다. 이에 따라서 생존상의 가치가 결여된 행동을 하는 사람은 몰이성적이고 사회적 비적응자라는 취급을 받았다.

교육심리학자는 사춘기 학생이 왜 반항적인지, 옷차림에 그토록 관심이 많은지 설명하기가 어려웠다. 심리학자들은 인간의 성행위를 성선택 진화론의 관점에서 들여다보지 못하고 수십 년 동안 프로이드주의에 사로잡혀 있었다. 심리학은 20세기 내내 짝 고르기를 통한 성선택이 인간의 행동, 마음, 문화, 사회의 진화에 중요한 역할을 한 가능성을 배제하고 연구를 진행했다. 마르크스주의 사회과학은 문화의 생산 양식을 번식 양식보다 더 중요하게 여겼다. 경제학은 성 경쟁자간의 우세한 부와 지위를 과시하는 사치품 소유욕과 과시적 재화의 중요성을 제대로 설명하지 못했다. 사회학자는 왜 남성이 여성보다 더 부와 권력을 탐하려 하는지 제대로 설명하지 못했다. 인지과학자는 인간의 창의성이 진화한 이유를 정확히 헤아릴 수 없었다.

다윈이 19세기 후반에 간파한 인간 남성의 책임은 한껏 풍성하고 아름다운 깃털을 자기 종의 번식 이익을 위하여 뽐내는 것이다. 유머는 이성에게 자기의 창의성을 선전하는 구애 활동이다.

인간의 진화는 남녀 간에 구애하고 후손을 낳는 과정이 짝을 중심으로 숱한 세대에 걸쳐 펼쳐지는 대서사시이다.

인간 세상이라는 무대에서 펼쳐지는 연기는 전문 배우들만의 특권이 아니다. 모든 인간의 타고난 권리로서 짝을 찾고 사랑에 빠지면 연기는 자동적으로 활성화된다. 구애에 관한 한 온 세상이 무대였고, 모든 우리 조상이 배우였고 현재 살고 있는 나 자신도 배우이고 이 책도 연기의 일부이다.

호모 심비우스 [Homo Symbious]
최재천

 2011년에 출간되었고 2022년에 리커버판이 나온 이 책은 1백 쪽이 약간 넘는 작은 분량으로 한 손아귀에 들어오는 작은 책이다. 경영자독서모임(MBS)이 올해 추천한 책 목록 중에서 눈에 띄어서 구입하였다. 주로 잠들기 전에 이 책을 읽었는데, 그다지 어렵지 않은 내용임에도 몇 쪽 읽다 보면 잠이 쏟아지다 보니 어이없게도 다 읽는데 거의 2주가 걸렸다.

 대학에서 동물학을 전공한 저자는 생물학자의 시각으로 우리 사회가 가지고 있는 문제를 예리하게 지적해 온 지식인이다.

 46억 년 전에 개교한 지구라는 학교의 첫 학생은 35억 년 전에 입학한 미생물이었다. 지금 지구 학교에 재학 중인 학생(생물종)은 약 190만 종으로 알려져 있는데 이 중에서 완벽하게 압도적인 1등은 약 10만 년 전에 입학한 인간(종)이다. 이 학교에서 2등인 학생은 1등인 인간과는 너무나도 큰 실력 차이가 나기에 누구라고 말하기가 사실상 불가능하다.

언제부터인가 나는 인간이 만들어 낸 문자, 악기, 자동차, TV, 컴퓨터, 우주선 같은 사물을 볼 때, 이러한 사물의 정교함과 최첨단 과학 기술에 감탄하기보다는 이러한 사물을 고안하여 만들어 낸 인간 자체가 더 신비롭고 경이롭다.

어떻게 다세포 동물의 집합체인 인간 생명체가 물질 구성의 기본인 원자를 찾아내고, 더 깊이 들어가 입자물리학 표준 모형을 만들어 내고, 상대성 이론과 양자 역학이라는 수학적 언어를 고안하여 광대한 우주의 탄생과 초미립자의 작은 세계를 해석하고, 인간의 미래를 설명할 수 있는 종이 되었는지 너무도 신기하다.

그래서 나는 끝을 알 수 없는 광대한 우주의 변방에 떠 있는 지구와, 이 파란 행성에서 하나님의 말씀으로 인간이 창조되었다는 신앙고백이 오히려 자연스럽다.

지구에서 너무나 탁월한 지적 능력으로 과학 기술을 발전시킨 인간은 부를 쌓기 위한 자본주의 경제 제도까지 만들었다. 같은 인간 종끼리 더 많은 이익을 차지하려는 탐욕을 부린 나머지 지구의 환경을 극도로 피폐화시킨 결과를 초래하였다.

인간이 망가뜨린 지구 환경 문제로 전체 생물종의 약 30%인 60만 종이 앞으로 30년 안에 멸종될 예정이다. 이미 곤충(종)의 약 50%는 지구에서 사라졌다.

우리나라에 살고 있던 벌(종)이 재작년 겨울을 지나면서 약 80억 마리가 죽었다. 이는 우리나라 땅에서 살아온 꿀벌의 약 15%이다.

벌(종)이 꽃가루를 옮겨 주었기 때문에 번식해 온 식물(종)도 함께 사라질 위기를 알아챈 인간(종)은 급기야 2018년에 UN이 나서서 매년 5월 20일을 '세계 벌의 날(World Bee Day)'로 지정하기에 이르렀지만 이미 많이 늦었다.

인간은 지구 생명체 중에서 유일하게 인공적으로 암 유발 물질을 만들어 내는 종이다. 지구에 인간이 출현한 것은 지구 생태계를 크게 바꾸어 놓은 대형 사건이었다. 현재 지구에서 한 생물종으로서 인간과 경쟁할 수 있는 종은 없다.

나는 어마어마한 '넘사벽'인 인간(종)이 초래한 이러한 환경파괴를 고스란히 옆에서 함께 당하고 있는 말 못하는 지구의 새, 곤충, 물고기, 고양이, 개, 말, 원숭이가 인간을 어떻게 바라보고 있는지 문득 궁금해질 때가 있다.

인간이 만들어 낸 살충제, 제초제로 인한 환경 파괴와 대기 중에 끊임없이 방출되는 오염 물질로 인한 지구 온난화가 지구 환경에 미치는 심각한 문제는 기업에게 'ESG 경영'을 요구하기에 이르렀다. 그러나 탐욕스런 자본주의의 본질을 벗어나지 못하는 일부 정치가와 기업인은 ESG 경영조차도 자신의 이익을 지키기 위한 포장 수단으로 사용하고 있다.

친환경 및 사회적 책임 경영과 투명 경영을 통해 지속 가능한 발전을 추구하는 환경(Environment), 사회(Social), 지배구조(Governance) 경영을 기업의 비재무적 평가 요소로 중시하는 것도 결국은 지구를 지키고 다른 생명체와 공존하려는 시도의 일부이다.

하나님은 성경의 창세기 1장 28절에서 인간에게 지구상의 모든 생물을 지배하는 절대 권력을 명확하게 부여하였다.

"하나님이 그들에게 복을 주시며 그들에게 이르시되 생육하고 번성하여 땅에 충만하라, 땅을 정복하라. 바다의 고기와 공중의 새와 땅에 움직이는 모든 생물을 다스리라 하시니라."

피조물인 인간이 다른 모든 피조물을 정복하고 다스리는 것은 정당하다고 주장할 수 있어도, 인간의 끝없는 탐욕의 비극적 결과는 인간 자신에게 이미 돌아왔다. 자본주의 이전의 시절로 지구 시계를 되돌리는 것은 인간의 끝없는 탐욕을 포기하는 것만큼이나 까마득하다.

우주물리학 과학자를 앞세운 극소수의 자본가는 화성에 지구피난 기지를 구축하거나 태양계를 벗어나는 노아의 우주선으로 인간(종)의 영생을 말할 수도 있다. 이러한 방법으로 인간종 중에서도 힘 있고 강한 1% 미만은 이 상황을 피해 나갈 수 있을지 모르겠다. 그러나 금융자본주의의 시계가 흐를수록 결국 가난해지는 99%의 인간종이 이러한 파괴적인 상황에서 피해 나갈 방법은 없다. 모든 과학 기술과 자본주의 발전으로 인한 문명의 혜택과 환경 파괴로 인한 비극은 전적으로 지구 안에서 일어지는 사건이다.

저자는 놀랍게도 "지구상에서 우리 인간종이 언젠가는 반드시 멸종할 것이라는 사실을 추호도 의심하지 않는다."라고 말한다. 저자가 종말론을 외치는 사이비 교주라서가 아니다. 지구상에 한 번이라도 존재했다가 사라진 생물이 최대 99%에 달한다는 고생물학자의 통계에 비추어 내린 지극히 당연한 결론이라는 뜻이다.

약 10만 년 전에 등장한 현생 인류(Homo Sapiens)의 나이는 46억 년인 지구의 나이와 35억 년의 생명의 역사에 비하여 눈 깜짝할 순간이기에, 저자는 "인간은 어리석게도 스스로 갈 길을 재촉한 나머지 '짧고 굵게 살다가 간 동물'로 기록될 것이다."라고 말한다.

인간의 학술 명칭은 '호모 사피엔스(Homo Sapiens)'로, 지혜롭다는 뜻을 담고 있다. 그러나 저자는 인간이 영리하기는 하지만 현명하지는 못하다고 하면서 21세기의 새로운 인간상으로 공존하는 인간(Homo Symbious)을 주장한다.

저자는 2003년 일본 도쿄에서 개최된 '신세기문명포럼'에 한국 대표로 초청받아 강연하였다. 호모 심비우스는 저자가 이 포럼에서 제시한 용어이고 강연 제목의 일부이다.

저자가 기원전 1세기 로마의 시인 베르길리우스의 "더불어 비겁함이 우리를 평화롭게 한다."라는 문구를 인용한 것이 예사롭지 않다.

저자의 다음 글은 생물학에서 배우는 깊이 있는 삶의 철학이다.

"힘의 우위가 뚜렷한 사회도 겉으로는 평화롭게 보인다. 하지만 그 속에는 언제든지 상대의 약한 틈이 보이면 공격하려는 분노의 용암이 들끓고 있다. 상대를 적당히 두려워하는 상태가 오히려 서로에게 예의를 갖추며 평화를 유지할 수 있게 만든다. 우리가 자연으로부터 배울 게 있다면, 나는 이 약간의 비겁함을 제일 먼저 배워야 한다고 생각한다."

"사람들은 '자연'하면 흔히 약육강식 또는 적자생존 등의 표현을 떠올린다. 이 표현은 생명 현상에 대해 포괄적이고 합리적인 설명을 제공한 다윈의 진화론에서 나온 개념으로 알려져 있다. 먹고 먹히는 것이 자연의 섭리이고 남보다 월등해야 살아남을 수 있는 곳이 세상이라는 것을 부인할 수는 없지만, 다윈은 이 표현을 그리 즐겨 사용하지 않았다. 이들은 다윈의 이론을 세상에 전파하기 위하여 그의 '성전'을 끼고 세상으로 뛰쳐나간 '전도사'들이 만들어 낸 용어이다. 20세기 후반의 남성 생태학자들의 거의 95%가 자연계의 치열한 경쟁을 연구 주제로 삼았던 반면에, 그 당시 여성 생태학자들의 거의 절반은 공생에 관한 연구를 하고 있었다.
21세기 초반의 생태학 연구 추세는 엄청나게 달라졌다. 자연계의 생물들에게 경쟁은 피할 수 없는 현실이지만 무조건 남을 제거하는 것만이 경쟁에서 이기는 방법이 아니란 것을 발견했다."

더하는 글

국제적인 해양생물조사프로그램(Census of Marine Life)과 하와이대학교 등이 지난 10년간 80개국 과학자 2700여 명과 함께 연구한 결과, 지구상에 존재하는 생물은 약 870만 종으로 추정하였다. 한편, 지구상에 존재하는 생물종은 일반적으로 190만 종이라고 학계에 보고되어 있으나, 대다수 생물종들은 아직 발견되지 않은 상태다.

지난 2010년은 유엔이 정한 '생물다양성의 해'였다. 지구상의 생물은 35억 년에 걸친 긴 생명 역사 속에서 종의 탄생과 멸종을 되풀이해 왔다. 그리고 환경 변화에 따라 생물의 다양성이 나타났다.
생물다양성(生物多樣性, Biodiversity)이란 지구 생태계에 관여하는 모든 생물, 즉 식물, 동물, 미생물 등의 종류가 다양함을 뜻한다. 지구상에는 다양한 생물이 숲, 습지, 바다, 사막 등에 살아가고 있으며, 이들 생물 각각은 자신만의 고유한 유전자를 가지고 있다. 생물 다양성은 인류 문명에 필요한 다양한 생명 유지 서비스를 무상으로 제공하고 있으며, 이러한 자연의 서비스는 생태계 기능 덕택에 가능하다. 생물 다양성이란 인간의 요구와 필요에 따라 수시로 꺼내어 이용할 수 있는 소중한 자원이다.

'지구에 사는 모든 생물종을 기록하자!'를 목표로 런던 자연사박물관, 하버드대학교, 미국 해양생물연구소, 헤리티지 도서관 등 세계 유명 과학연구기관 10여 곳이 컨소시엄을 구성하여 지구상의 모든 생명체를 기록하는 인터넷 백과사전을 2007년부터 온라인 협업을 통하여 만들고 있다. '생물의 백과사전(Encyclopedia of Life)'이라 이름 붙여진 이 프로젝트는 책, 논문, 웹사이트 등 각종 데이터베이스에 흩어져 있는 동물, 식물, 곰팡이, 원생동물, 박테리아류 미생물을 포함한 190만종 생물의 기록을 한데 모아 통합적인 목록을 구축하는 방대한 계획이고 현재도 지속되고 있다.
- 홈페이지 정보: www.eol.org

우리는 마약을 모른다

오후

　이 책의 제목이 주는 느낌이 예사롭지 않다. 약간은 도발적인 제목이 흥미를 유발시키는 것을 보면 잘 지은 제목이다. 실제 현실을 반영한 제목이라면 "우리는 마약을 잘못 알고 있다."가 맞다고 생각되지만 이 책의 제목은 오히려 재미있다.
　나는 마약을 주제로 출판된 책을 그동안 접해 보지 못했고, 혹여 접하였어도 선뜻 선택하지 않았을 것이다. 나를 포함해서 대부분의 사람이 마약에 대한 주입식 교육과 사회적인 선입관으로 가까이하거나 접해서는 안 될 물질이라는 인식이 강하기 때문이다.
　올해 초 미국 CES 2022에서 만난 가까운 시인(&Lab 갤러리)으로부터 『침묵의 봄(Silent Spring)』과 함께 좋은 책으로 추천받아서 읽은 책이다.

　우리나라 사람들이 마약에 대하여 일반적으로 가지고 있는 생각이 있다. 마약이란 '재벌이나 유력 정치인의 자녀들, 혹은 연예인들이 이런저런 유흥을 즐기다가 지루해지면 손대는 새로운 유흥거리'

정도라고 생각한다. 마약은 평범한 사람들에게는 아주 먼 특별한 무언가라는 뜻이다.

그러나 인류의 역사에서 볼 때, 마약은 처음부터 마약이 아니었다. 히포크라테스는 아편을 고통의 구원자라 부르며 "명약과 독약의 차이는 복용 비율에 의존한다."고 하면서 가치중립적으로 마약을 바라보았다. 그리스로마 신화에서는 신이 등장할 때 양귀비를 신성한 존재로 보고 신과 함께 있게 하기도 한다.

마약(痲藥, Drug)은 악마(惡 '魔')의 약(藥)이 아니고, 마취('痲' 醉)시키는 약(藥)이다.

약리학적으로는 마약은 사람의 신경계에 작용한다. 마약은 진정, 마취 혹은 반대로 각성 효과를 나타내고, 습관성이 있으며 장기 복용 시 의존 증상이 발생 되는 천연 또는 인공 화학 물질을 총칭한다. 천연 마약으로는 대마(마리화나/MJ[Mary Jane]/칸나비스), 하시시, 양귀비(아편), 모르핀, 헤로인, 코카인, 크랙(Crack), 카트잎(케치논) 등이 있다. 합성 마약으로는 히로뽕(필로폰/메스암페타민), 엑스터시(MDMA), 메타돈, LSD, 프로포폴 등이 있다. 기타 아산화질소(해피벌룬), 로히프놀, 졸피뎀, 케타민, GHB 등이 있다.

마약은 헤로인, 코카인, 필로폰 등으로 대표되는 하드 드럭(Hard Drug)과 신체에 가해지는 해가 비교적 약한 소프트 드럭(Soft Drug)의 영역으로 구분된다.

술(알코올)과 담배는 마약의 영역에서 소프트 드럭과 하드 드럭의 중간 정도의 위치에서 신경계에 작용하는 물질이다. 그러나 모두가 알고 있듯이 술과 담배는 마약으로 분류되지 않는다. 국가가 법으로 그렇게 정했다는 뜻이다.

마약의 계열로 분류하자면 술은 진정제에 속한다. 대마초, 모르핀, 헤로인도 진정제 계열의 마약이다. 진정제는 의존성과 중독성이 있고, 사용 정도에 따라 약이 되기도 하고 독이 될 수도 있다. 병원에서 의사의 처방으로 구할 수 있는 신경안정제는 향정신성 의약품 계열의 마약이다.

마약의 속성을 갖는 약물이 우리 사회에 끼치는 피해 규모를 생각할 때 압도적인 1위는 술이다. 담배가 타인에게 끼치는 간접흡연도 나쁘지만, 알코올에 중독된 취객이 타인, 특히 자신의 가족에게 끼치는 피해는 매우 심각하다. 국내 가정 폭력의 대부분이 술과 연관이 있다.

전 세계 마약 사용자의 약 70%는 대마초를 피운다. 미국에서 1년에 사망하는 사람 중에 담배가 원인인 사람은 약 48만 명, 알코올로 인한 사망은 약 9만 명이다. 그러나 대마초로 인한 사망은 사실상 없다고 한다. 대마초의 의존도는 담배의 1/3 수준이고, 술의 절반 정도이다.

대마초는 실제로 인체에 끼치는 신체적 피해 정도에 비해 현대 국가에서 필요 이상으로 과도한 규제를 받고 있다고 보인다. 반면, 대마초 합법화 운동을 하는 사람은 '대마초가 담배보다 안전하고 중독성이 없다.', '의학적 효과가 뛰어나다.' 등 과도하게 대마초의 안정성만을 강조하는 경향이 있다.

합법적으로 유통되는 담배의 의존도는 헤로인이나 코카인 같은 하드 드럭과 비슷하거나 약간 높다. 저자는 "담배를 끊으려다가 실패하는 것은 개인의 노력이 부족해서가 아니라 담배가 웬만한 마약보다 의존도가 높아서 끊기가 어렵기 때문이다."라고 말한다.

저자는 법적으로 마약이 아닌, 그러나 실질적으로 마약인 담배와 술의 장단점에 대하여 알고 있듯이, 법적으로 마약인 대마초에 대해서도 장단점을 알아야 한다고 주장한다. 국가가 법률에 의하여 합법화 또는 불법화하는 방식으로 마약인 것과 마약이 아닌 것을 선택해 주는 대신에 개인 스스로에게 선택할 기회를 주는 것이 바람직하다고 저자는 주장한다.

네덜란드는 "국가는 국민의 어떤 행위에 대해, 국가 권력이 생각하는 삶의 개념과 맞지 않는다는 이유만으로, 동의하지 못한다는 관점에 서서는 안 된다."라는 정신의 '홀스만 보고서'에 근거하여 마약의 유통과 사용을 세계 최초로 합법화시킨 나라이다.

저자가 마약의 사용에 대하여 가지고 있는 생각은 아래 문장에 잘 나타나 있다.

"마약이 어느 정도 합법적인 영역에 있었다면 이들은 우리 사회에서 알코올 중독자나 헤비 스모커가 받는 정도의 눈총은 받았겠지만 개인의 삶이 돌이킬 수 없을 정도의 지점에 이르지는 않았을 겁니다. 저는 마약 중독자의 잘못이 없다는 주장을 하는 것이 아닙니다. 다만 그들의 잘못이 '그들의 삶을 파탄 낼 정도로 큰 잘못인가?'라는 생각해 볼 필요가 있다는 거죠."

사람이 모여 이루어진 사회라면 항상 당연하게 있을 수밖에 없지만 국가가 법으로 금지하는 산업은 언제나 지하 경제의 이름으로 존재한다. 뇌물, 탈세, 섹스, 마약, 밀수 등이 그것이다.

미국 캘리포니아주는 2018년 1월에 기호 목적의 대마 흡연을 미국 전체 주에서 6번째로 합법화시켰다. 어느 날 갑자기 대마가 안전한 마약이 되어서라기보다는 대마를 개방 경제에 편입시킴으로 얻는 세금 수입을 기대한 결과라고 보인다. 우리나라도 언젠가 연금이 고갈되고 국가 재정이 어려워질 때가 올 수 있다. 이때 보건의학 분야 전문가를 통하여 대마가 담배보다 안전하고 의존성이 없는 안전한 물질이라고 홍보하면서 일반인들이 가까운 편의점에서 대마초를 살 수 있는 날이 올 수도 있다고 보인다.

저자는 이 책에서 "사람은 왜 마약을 할까?"라는 질문에 대하여 7가지로 정리하였다. 이것이 마약을 하는 모든 이유는 아니겠지만 저자의 정리는 깔끔하다.

1) 신체물질대사(Metabolism) 불균형론(약물 중독)
단순히 심리적 요인이 아니라 신체적으로 마약을 갈구한다. 심각한 중독자를 제외한 대부분의 마약 사용자에게는 적용되지 않는다. 술을 마시는 사람이 모두 알코올 중독자가 되지 않는 것과 같다.

2) 또래 압박
또래 집단이 마약을 권유했을 때, 친구들과 어울리지 못하는 것이 두려워 차마 거부하지 못하고 마약을 하게 된다. 일상적으로 즐기는 것은 아니지만 무리로 모여 있을 때 함께 하게 된다.

3) 하위 문화
처음에는 안 좋은 경험을 했지만 자주 시도하면서 '즐기는 기술'을 터득하면서 점차 발전한다.

4) 쾌락
"한순간의 쾌락을 위하여 당신의 인생을 망치겠습니까?" 같은 문구가 주는 이미지를 연상시킨다. 극심한 정신적 스트레스나 신체적인 고통에서 벗어나기 위한 목적으로 하게 된다. 그러나 고통은 해결이 안 되고 여전히 존재하며, 일시적으로 피해갈 뿐이다.

5) 정신분석 이론
아동기 때 발생한 갈등을 제대로 해결하지 못하고 어른이 된 사람이 마약에 취약하다는 이론에 근거한다. 다분히 프로이드 심리학적인 분석으로 원인도 불분명하고 해결책도 애매하다.

6) 유전적 요인

알코올 중독자의 자녀가 알코올 중독자가 되는 비율은 30% 이상인데 비하여, 평범한 부모 밑에서 자란 아이가 알코올 중독자가 되는 비율은 10% 정도라는 통계적 수치를 들면서 마약도 어느 정도 유전적인 영향이 있다는 주장이다.

7) 동경/흥미

위에 해당하지 않은 사람이 마약을 한다면 가장 결정적인 이유가 된다. 새로운 무언가를 즐기고 싶은 욕망, 금지된 것에 대한 욕망과 같이 '모험 유전자'를 보유한 사람에게 가능성이 높다.

이 책은 마약에 대한 분류와 역사적인 변천 과정을 저자 특유의 재치 있는 표현으로 유쾌하게 들려주는 대중 교양서이다. 마약에 대한 다양한 내용을 담았고 단순히 마약이라는 소재로 흥미 유발만을 구하지 않고 상당히 진지하게 마약에 접근하는 저자의 자세를 볼 수 있다. 저자는 마약 분야의 전문가는 아니어서 이 책의 내용은 학술적이지 않고 가르치려고 하지도 않는다. 조금은 얄미울 정도로 친근한 글솜씨로 마약을 설명하기에 이 책은 흡인력 있게 읽힌다.

아쉬운 것은 이 책에 깔려 있는 저자의 종교를 바라보는 부정적 시선이다. 저자는 이 책의 곳곳에서 은밀한 방식으로 마약과 비교하면서 기독교를 비하한다. 종교가 마약보다 나을 것 없다는 주장을 농담처럼 내비친다. 농담이라고 선을 그으면서, 종교도 마약의 한 종류이니 차라리 마약을 하는 게 낫겠다는 은근한 표현은 출판한 책 뒤에 숨는 모습으로 보인다. 일반인에게 마약을 알기 쉽게 설명한

이 책의 좋은 취지를 손상시킨 아쉬움이 크다.

*YES24 우수리뷰 선정 (2022.5.11.)

더하는 글

네덜란드의 실용적 합리주의에 기반한 개방 문화는 세계사적으로 기존 질서와 권위에서 핍박받는 사람들의 도피처로 네덜란드를 선택하게 만들었다. 근세 초기에 네덜란드로 몰려든 유대인 금융 자본은 세계 최초의 '주식회사'가 네덜란드에서 탄생하는 계기가 되었다. 이러한 금융 자본의 힘을 업은 막강한 해군력으로 네덜란드는 동남아에 많은 식민지를 개척하였다.

이 책의 저자는 마약에 대하여 비교적 관대한 입장에 서 있고 긍정적인 사례로 네덜란드를 들었다. 그러나 마약에 대한 네덜란드의 정책은 그 나라의 문화와 전통이 선택한 것이고, 그 선택이 '옳다' 또는 '그르다'라는 측면에서 보아서는 안 된다.

1976년에 네덜란드는 대표적인 소프트 드럭인 대마초를 허가받은 Koffeeshop(커피샵)에서 판매를 허용하는 반면에 하드 드럭의 규제를 더욱 강화하는 정책을 세계 최초로 채택했다. 이 정책은 낮은 가격에 마약을 판매하는 당근으로 음지에 숨어 있는 마약 중독자를 빠르게 파악하여 치료를 유도하기 위한 목적이었다. 마리화나를 즐기고자 하는 해외 관광객의 증가로 인하여 2011년부터는 외국인에게 대마초 판매를 금지시켰으나 관광 관련 단체들의 반발로 외국인이 흡연을 해도 말썽을 일으키지 않는 한 경찰은 문제 삼지 않는다. 이러한 마약에 대한 관용 정책은 네덜란드가 유럽 지역에서 거래되는 마약 유통의 중심지가 되면서 마약 조직의 테러로 심각한 사회 문제가 발생하는 부작용을 낳았다.

노화의 종말

데이비드 A. 싱클레어

이 책의 저자는 유전공학분야 과학자이다. 특히 노화생물학, 분자생물학 분야에 매우 깊이 있는 연구를 해 왔고 현재도 하고 있다.

당연한 이야기이지만 모든 사람은 죽는다. 건강하게 살다가 천운이 다해서 죽는 수도 있지만 요즘은 많은 사람이 병으로 오랜 기간 고생하다가 죽는 경우가 더 많아지고 있다.

감기, 독감, 결핵, 당뇨, 고혈압, 심장병, 암, 알츠하이머, 각종 외상, 전염병, 신부전증, 백혈병, 뇌졸중, 우울증…. 질병의 종류는 참 많다. 각 질병에 대한 전문 의학 분야에서 수많은 연구가 진행되고 있다.

생활 위생 환경과 영양 섭취가 좋아지면서 최대 수명은 과거에 비하여 많이 길어졌다. 이렇게 되면서 건강 수명과의 차이는 현재 한국인 기준으로 거의 20년이 전후라고 알려져 있다. 죽기 전까지 약 20년의 기간을 좋아하는 여행을 하거나 사람들과 어울려 취미 활동을 즐기는 등의 사회 활동이 어렵다는 뜻이다.

　우리는 나이 들어 죽는 것은 어쩔 수 없는 인간의 숙명으로 자연스럽게 받아들이도록 배웠다. 그런데 저자는 노화는 자연스러운 게 아니고 엄연한 '질병'이라고 주장한다. "노화는 만병의 어머니이고 우리 모두가 반드시 걸리는 질병이다."라고 말한다. 따라서 다른 질병의 치료법을 연구하는 것처럼 사람이 늙는 이유와 노화를 되돌릴 방법을 체계적으로 연구해야 한다고 주장한다.
　이 책은 저자가 노화 연구를 시작한 계기, 과정, 현재 시점의 연구 결과, 이러한 연구가 미래 세계에 끼칠 영향에 대하여 체계적으로 설명한다.

　일단 오래 살려면 열량 섭취를 줄이고, 사소한 일에 신경 쓰지 말고, 운동을 꾸준히 하라고 당연한 내용으로 이 책은 시작한다.
　그런데 이게 전부가 아니다. 저자 자신은 의사가 아니고 과학자라고 말하면서 노화를 막기 위한 의학적 처방을 해 주지는 않는다. 대신에 최대 수명과 건강 수명의 관계를 간단한 통계를 곁들여 과학적으로 설명해 나간다. 저자는 이 두 가지 수명을 동시에 늘려서 궁극적으로 삶의 질을 높여서 오래 사는 것을 연구의 목표로 삼고 있다.

　저자의 이러한 노화 분야 연구는 사람이 출생하여 결혼하고 적당한 시점에 죽는 인간의 본질을 역행하는 시도라고 인문학적인 비판을 당하기도 한다. 사람이 적당히 살다가 죽어야 인간종의 건강성이 지켜지는 자연의 선순환이 유지된다는 뜻이다. 인류의 역사를 보면 기존의 낡은 이론과 학문을 지키려던 사람들이 죽었기 때문에 새로운 이론과 학문이 상대적으로 쉽게 자리 잡을 수 있었다는 주장도 같은 맥락의 이야기이다.

이러한 비판과 다양한 주장이 있음에도 불구하고 더 오래 건강하게 살다가 죽는 것은 대부분 인간이 원하는 본능이다.

이 책은 어려운 의학 용어와 약물 성분 등의 나열로 중반에는 생각보다 읽어 나가기가 쉽지 않다. AMPK 활성인자, TOR 억제인자, 서투인 활성인자 등을 잘 제어하면 노화를 늦추거나 역전시킬 수 있다는 내용으로 시작한다. 이를 위하여 메트포르민, NAD 증진제, MNM, 레스베라트, 메트포르민, 프테로스틸벤(Pterostilbene), 라파마이신 유사 물질 등, 노화 세포 제거제를 찾기 위하여 수없이 많은 동물 실험을 수행한 내용으로 채워져 있다. 저자의 친척과 가족을 통한 실제 노화 억제 실증 사례도 이 책에서 아주 구체적으로 설명한다.

이 책은 2019년, 저자 나이 51살 때 출간한 책이다. 저자는 많은 노화 관련 연구 분야의 연구 실적을 갖고 있는 세계적인 과학자이지만 내용과 주장을 펼쳐가는 글솜씨도 정말 훌륭한 작가 수준이다. 그래서 이 책은 조금은 어려우면서도 저자의 이야기 전개에 빠져드는 재미가 있다.

머지않은 미래에 마치 건강 보조 식품을 사서 먹는 것처럼 노화 억제약을 병원과 약국에서 처방받거나 노화 억제 보조 식품을 마트에서 살 수도 있을 것이다. 최대 수명과 함께 건강 수명이 동시에 늘어나는 미래 세계에 대한 이 책의 주장과 왜 이렇게 되어야만 하는지에 대한 저자의 통찰은 매우 설득력이 있다.

뇌과학자의 엄마, 치매에 걸리다

온조 아야코

올해 1월 초에 젊은 친구들이 주로 사용하는 iOS도 사용해 보자는 생각으로 미국 출장길에 최신 모델의 아이패드를 구매했다. COVID-19 확진으로 호텔에 10일간 격리된 기간 동안 iOS와 친해진 것은 큰 수확이다.

이 패드에 설치되어 있는 여러 애플리케이션 중에서 나에게는 팟캐스트가 쓸모 있었다. 어느 날 라디오 북클럽 팟캐스트에서 소개한 2백 쪽이 조금 넘는 이 책이 귀에 들어와서 구매하였다.

이 책의 저자는 자의식과 감정을 전문으로 오랫동안 '다른 사람'의 뇌를 연구해 온 뇌과학자이다. 저자는 65세의 젊은 나이에 알츠하이머성 치매 진단을 받은 엄마를 딸의 입장에서 안타깝게 지켜보았다. 점점 기억을 잃어 가는 엄마의 모습과 행동을 2년 반에 걸쳐 기록한 내용을 이 책에 담았다.

치매란 어떤 뇌 질환이고, 망상, 배회, 공격성 등의 증상은 왜 나타나는지 뇌과학자의 입장에서 설득력 있게 풀어낸다. 저자는 치매 환자인 엄마에게 딸의 입장에서 어떤 도움을 줄 수 있는지를 뇌과학적으로 접근하면서 "기억을 잃으면 그 사람은 더 이상 그 사람이 아닌가? 그 사람다움이란 무엇일까?"라는 질문을 붙들고 치열하게 고민한다.

알츠하이머병에 걸려서 뇌의 인지 능력과 분석 능력이 현저히 떨어진 엄마의 행동을 가까이서 관찰한다.
이 과정에서 뇌의 기능 중의 '감정'을 관장하는 영역은 정상적으로 기능하고 있는 것을 깨닫는다. 치매에 걸린 것을 스스로 인지한 사람이 그러한 상황에서 생존하기 위하여 유효한 무기가 감정이고, 그 감정에 기반한 여러 행동이 치매 환자가 보이는 여러 가지 전형적인 증상이라고 긍정적으로 해석한다.

이로서 과거의 기억을 점점 잃어버리면서 지적 능력이 떨어진 치매 엄마지만 본능과 감정에 따른 행동은 원래의 '엄마다움'을 유지하고 있는 것을 발견하면서 여전히 나의 엄마라고 받아들인다.

저자는 일본의 사례를 예로 들면서, 80세 이상 노인의 약 절반이 알츠하이머 증상을 겪게 된다고 한다.
나이가 들면 신체 기능의 저하는 어쩔 수 없이 맞이하는 현상이다. 이 중에 치매는 가까운 가족을 당황하고 매우 힘들게 만드는 증상이다. 비교적 얇고 읽기 쉬운 이 책은 뇌의 노화에 따른 치매라는 질병을 간접적으로나마 이해하는 데 도움을 준다.

화난 것도 억울한데 병까지 걸린다고?

박우희

　의도적으로 촌스러운 듯한 표지 디자인에 유명한 BTS 그룹을 끌어들인 이 책은 여러 개 올려진 YES24 무료 책 제공 리뷰를 포함하여 마케팅에 애를 쓴 흔적이 많이 보인다. 이 책은 경영자독서모임(MBS)이 올해 추천한 수십 권의 책 목록에 포함되어 있었는데, 내가 이 책을 선택하여 읽은 이유가 책의 제목에 나와 있다.

　이 책에서 말하는 화병(火病)은 사람이 자신이 겪는 속상함, 억울함, 부당함, 분노를 억누르고 해결하지 못하여 그 억압된 분노가 여러 가지 신체 증상으로 나타나는 것을 말한다. 마음의 병인 화병으로 인하여 우울감, 우울증, 식욕 저하, 소화 불량, 불면증, 탈모, 호흡 곤란, 두통, 공황 장애, ADHD 등의 매우 다양한 신체 증상이 동반되어 나타난다. 현대 의학에서 화병은 흔히 '스트레스'라 부르며, 스트레스가 만병의 근원이라는 것은 이미 잘 알려진 사실이다.

　현직 한의원 원장인 저자는 한의학적으로 화(火)를 해석하고 해결하기 위한 방법론으로 천인지(天·人·地) 이론을 도입하였다. 이 책은 천인지(天·人·地) 이론을 상세하게 설명한다. 저자는 직접 운영하는 한의원에서 천인지 이론에 기초하여 직접 다양한 증상의 화병(火病) 환자를 치료한 경험을 이 책에 나열하였다. 저자는 이 책을 출판하기까지 15년이 걸렸다고 한다.

여전히 나에게 많이 낯선 동양 의학이 그러하듯이 이 책은 내가 잘 모르는 인체의 기(氣)와 12 경락(經絡)을 매우 중요시한다. 한의학에서 말하는 氣는 우리 주위에서 나타나는 여러 현상들을 氣라는 단어로 표현했을 뿐이지 결코 신비롭거나 미신적인 개념은 아니다. 사람의 인체에 氣와 경락(經絡)이라는 실체가 있는 것은 사실이다. 학교에서 서양식 교육에 기초한 인체 구조를 중심으로 배운 나의 의학 지식으로는 이 실체가 손에 잘 잡히지 않는 안타까움이 있다.

그다지 두껍지 않고 쉽게 읽을 수 있는 이 책에서 나에게 다가온 짧은 문장이 하나 있었다. 이 문장이 침과 한약만큼 화병(火病)을 치료하는데 도움이 될 수 있다면 정말 좋겠다.

"내가 다른 누군가의 모습에 화가 난다면 그 모습이 나에게도 있다고 생각해야 한다."

더하는 글

기(氣): 한의학에서 '사람의 신체에 존재하는 경락(經絡)의 망(網)을 따라 흐르는 신체적, 정신적 건강에 필수적인 생명의 힘'으로 설명하고 있다. 동양학에서는 우주 만물의 기본이 되는 에너지이며 모든 생명체의 근원이라고 정의한다. 우주의 변화가 氣에 의해서 일어나고 우주에 속해 있는 지구에 존재하는 생명체인 인간도 이러한 氣의 변화에 자유로울 수 없다. 이러한 관점에서 한의학에는 인체를 소우주(小宇宙)라고 말하는데, 우주와 인간의 氣는 결코 별개의 것이 아니고 통합된 것이라고 할 수 있다.

'동의생리학'은 서양의학의 'Physiology(생리학)'에 대응되는 과목인데, 기(氣)에 대하여 다음과 같은 두 가지 전제로 설명하고 있다. 첫째로 "사물의 형태와 작용이 다르다고 하더라도 우주발생론적 차원에서 세상의 모든 것은 하나의 氣로부터 파생된 것이므로 모두 동일하다."는 전제가 있고, 또 다른 전제는 "인간을 비롯한 유형질의 만물이 모두 氣의 합으로 이루어졌다."는 인체발생론적 관점이다. 즉 자연계와 인체는 모두 氣로 이루어졌고 氣로부터 기원하므로 결국 하나의 氣라는 기일원론(氣一元論)적 입장을 취하고 있다. 기일원론적 관점에서 거대한 우주로부터 인체 그리고 보이지 않는 미세한 세계에 이르기까지 모든 대상은 氣로 구성되어 있으며, 이들은 하나로서 서로 모양을 바꾸어 가면서 변화를 거듭한다.

경락(經絡): 인체 내의 기혈(氣血)이 흐르고 조절되는 기본 통로이고, 거기서 흩어져 나온 통로인 경맥(經脈)과 낙맥(絡脈)을 아울러 부르는 용어이다. 경맥은 간선(幹線)으로, 낙맥은 지선(支線)에 비유할 수 있다. 이 부분을 침이나 뜸으로 자극하여 병을 낫게 한다.

한의학에서 인체 내의 기혈의 여러 통로와 다양한 작용 방식을 인식하기 위해 고안되었다. 동양 의학에서 말하는 기혈(氣穴) 및 기혈(氣血)은 현대 의학에 언급하는 신경이나 혈액 등 생존에 필요한 요소 또는 ATP 에너지대사처럼 인간의 신체 활동을 이해하기 위한 유효한 개념으로 알려져 있다.

나는 당신이 오래오래 걸었으면 좋겠습니다

다나카 나오키

　예전에 잠깐 스쳐 지나간 영화의 한 장면이었는지 기억이 가물가물하다. 중절모를 쓴 70대의 흑인 남자 주인공이 횡단보도 신호등이 빨간색에서 파란색으로 바뀌면서 길을 건너가는 짧은 장면이었다. 불과 몇 초의 짧은 순간이었지만 주인공의 걷는 자세가 어찌나 곧고 멋지던지! 그 장면은 지금도 선명히 나의 눈에 남아 있다. 나도 노년이 되어도 저렇게 걸을 수 있으면 참 좋겠다고 그 장면을 보면서 마음을 다졌던 기억이 있다.

　인체의 장기 중에는 한 번 만들어지면 더 이상 재생되지 못하고 평생 동안 있는 것으로만 살아야 할 장기가 3가지 있다. 뇌, 심장, 그리고 근육이다. 이 책은 인체에 약 400개 존재하는 근육과 이 근육으로 잘 걷는 것에 대한 내용이다.

　사람이 두 발로 서서 계속 걷는 것은 생각보다 매우 복잡한 신체 동작이다. 전신 근육의 2/3가 추진력으로 쓰인다. 많은 사람들이 실천하는 하루 1만 보 걷기의 주된 목적은 다이어트를 위한 칼로리의 소모이다.

저자는 많이 걷는 것보다는 바른 자세로 바르게 걷는 것을 더욱 중요하게 강조한다. 운동으로 다친 경우가 아닌 만성 요통과 무릎 통증, 어깨 결림 등은 잘못된 걸음걸이가 가장 직접적인 원인이라고 진단한다.

이 책은 2백 쪽이 채 안 되는 쉬운 내용으로 가볍게 읽을 수 있다. 바른 걸음걸이의 정의, 이를 위하여 강화해야 할 근육, 중요한 근육을 강화하는 방법을 간단한 그림과 함께 설명한다.

저자는 일본인이다. 국가 대표 운동선수의 트레이너와 재활치료사로서 많은 선수와 일반인의 치료 경험을 가지고 이 책을 썼다. 저자의 진단에 따르면 내가 지금의 걷는 법을 고치지 않으면 노년에 거의 구부정한 어깨의 볼품없는 모습이 될 것으로 생각된다. 이러면 영화 속에서 멋지게 걸었던 노년의 남자 주인공을 닮으려는 다짐은 희망으로 그친다.

나는 평소 운동을 조금씩 하고 있지만 짧은 시간에 운동량을 채우려는 욕심에 걷기보다는 달리기를 선호하는 편이다. 칼로리 소모가 주목적이라면 달리기가 효율적이겠지만, 균형 잡힌 바른 체형이 목적이라면 저자가 강조하는 바르게 걷기를 함께 실천해야 한다고 생각된다.

이 책은 재작년 말 둘째 아들, 막내딸과 함께 1박 2일의 짧은 동해안 여행 중에 들른 속초의 복합 문화 공간 설악산책에서 눈에 띄어 고른 책이다. 우연히 접한 이 책이 앞으로 나에게 엄청난 차이를 만들 수도 있겠다는 생각이 든다. 이 책의 몇 가지 걷는 방법을 정리해서 항상 눈에 띄는 데 두고 실천해 보려고 한다.

더하는 글 : 좋은 자세 훈련법

1. 서 있을 때 좋은 자세란 '귀 뒤에서 어깨를 지나 복사뼈까지가 일직선이 되게 하는 것'이다. 귀, 어깨, 허리, 무릎, 발바닥 한복판까지를 나란히 일직선으로 만든다. '엉덩이 근육인 대둔근을 의식하고 항문을 세게 조이면서 서는 것'이다. 어깨가 아닌 아랫배에 힘을 주어야 한다. 이를 위하여 대둔근 트레이닝을 해야 한다.
2. 바르게 걷기 위해서는 무릎을 굽히지 말고, 의식적으로 앞발은 발뒤꿈치부터 지면에 붙이고, (발바닥의 바깥쪽, 엄지발가락 아래의 불룩한 부분 순으로 체중을 이동시킨 다음) 뒷발의 엄지발가락 끝으로 지면을 차면서 앞으로 나아간다. 이렇게 하면 무릎은 저절로 펴진다.
3. '발끝으로 서기'를 수시로 자주 한다.
4. '뒤로 걷기' 트레이닝을 한다.

탄소중립 수소혁명

이순형

우주가 최초로 생성될 때 가장 먼저 만들어진 원소는 한 개의 원자와 전자로 구성된 수소(H) 원자이다. 최신의 우주론 연구에 따르면 현재 우주를 구성하는 물질의 약 75%가 수소이다. 인류가 에너지원으로 사용하고 있는, 그러나 특정 국가에 한정량이 매장된 화석 연료 대신에 우주와 지구에 넘쳐나는 수소를 연료로 사용할 수 있다면, 게다가 이산화탄소(CO_2)를 전혀 발생시키지 않는 꿈의 에너지원인 수소를 인류가 마다할 이유가 없다.

18세기 영국에서 산업 혁명을 촉발시킨 증기 기관이 발명되면서 인류는 석탄을 본격적으로 사용하였다. 이후 석유와 천연가스(LNG)를 화석 연료로 300년 동안 사용해 오고 있다. 화석 연료가 에너지가 되는 이유는 연료 분자 중의 탄소(C)가 공기 중의 산소(O_2)와 결합하는 연소 반응의 결과 '열'에너지를 발생시키기 때문이다. 이 열을 사용하는 대가로 발생되는 이산화탄소가 지구 온난화의 원인이고, 이로 인한 심각한 환경 재앙은 이미 초래되었고 현재로서 지구 온난화 흐름을 되돌릴 방법은 매우 요원하다.

이 책은 지구 온난화 문제를 해결하기 위하여 인류가 탄소(C) 대신에 수소(H)를 에너지원으로 사용하려는 사회경제적 변화와 이에 필요한 기술 개발 노력을 설명하고 있다. 지난 300년간의 화석 연료로 인한 이산화탄소 발생 고리를 끊어 내고 수소로 전기 에너지를 생산하여 환경 문제를 근본적으로 해결하려는 변화를 기술하고 있다. 저자는 이것을 18세기 산업 혁명에 대응하는 21세기 '수소혁명'이라고 하면서 이 책의 제목에 달았다.

고전적인 전기화학 이론에 따라, 전기를 이용하여 물(H_2O)을 분해하면 수소와 산소를 만들 수 있다. 이 중에 수소만을 고압으로 압축 저장하여 조금씩 공기 중의 산소와 반응시키면 전기 에너지가 발생한다. 전기와 함께 부산물로 물이 나온다. 이 전기로 모든 종류의 에너지 수요를 충족할 수 있으면서 발생하는 부산물은 환경에 해가 없는 물만 나오니 이보다 더 좋은 꿈의 에너지는 없다.
그러나 전기 분해를 하기 위하여 화석 연료를 사용하는 석탄 발전소가 만든 전기를 사용한다면 아무런 의미가 없다. 태양광/풍력/지열 등의 신재생 에너지로 생산한 전기를 사용해야만 진정한 '수소혁명'이라 할 수 있다.
저자는 이 혁명이 2030년경에는 현실화될 것으로 이 책에 기술하고 있다. 대표적인 응용 사례로 수소가 연료인 수소차에 대하여 많은 내용을 기술했다.

이 책은 경영자독서모임(MBS)이 올해 추천한 책 목록 중에서 눈에 들어와서 구입하였다. 이 책이 전문 서적이라면 좋다고 볼 수 있지만 '탄소 중립 수소 관련 첫 대중서'라고 홍보한 출판사 마케팅과는 다르게 이 책은 읽는 재미가 떨어진다. 세계 각국과 우리나라의 수소 연료의 생산 기술, 보관, 운반, 응용 기술을 다양하게 설명한 것은 좋으나, 대중이 알아듣기 어려운 화학 분야 용어와 공정을 너무 길게 설명하였다. 같은 내용을 이 책의 여러 군데서 반복 설명하면서 4백여 쪽 분량이 되어 버린 이 책은 읽기가 지루한 편이다. 그러다 보니 오히려 이해하기 어렵고, 분량에 비하여 내용 정리가 부족한 책이라는 아쉬움이 있다.

더하는 글

이 책의 내용에는 없지만 수소를 연료로 이용하는 꿈의 에너지가 또 있다. 고온 고압의 조건에서 두 개의 수소 원자가 결합하여 한 개의 헬륨 원자가 만들어지는데, 이때 감소한 질량만큼의 열에너지가 발생한다. $E=mc^2$방정식으로 유명한 아인슈타인의 핵융합 이론이다. 핵융합을 순간적으로 일으키는 것이 가공할 무기로서 수소 핵폭탄이라면, 핵융합 반응이 느리게 진행하도록 제어하는 것은 엄청난 에너지원으로서 핵 발전이다. 핵분열 방식의 초대형 원자력 발전소를 핵융합 원리를 이용한 소형 핵 발전소로 대체하려는 이론적인 근거이다. 발전에 필요한 연료로 우라늄 대신에 바닷물에 흔히 포함된 중수소를 사용하고, 해안의 넓은 면적에 발전소를 건설하지 않아도 되고, 원전 사고 때 수소 연료를 차단하여 발전을 급정지해도 위험한 방사능 핵폐기물이 원천적으로 발생하지 않는 꿈같은 에너지원이다. 인간의 기술로 태양을 인위적으로 만들어 낸다는 뜻에서 한국에서는 '인공 태양(KSTAR)' 프로젝트로 불리 운다.

인공 태양 프로젝트는 20세기 후반에 시작했다. 여기에 참여한 과학자들은 2030년경에 상용화가 가능하다고 예상했지만, 핵융합에 필요한 1억 도의 고온을 계속 안정적으로 제어하는 기술의 어려움으로 인하여 최근에는 2050년경 상용화를 목표하고 있다. 이 프로젝트가 성공한다면 나는 이것이야말로 인류가 태양이라는 궁극의 에너지원으로부터 독립하는 진정한 수소혁명이라고 본다.

사람을 이해하는 데 감성이 이성에 앞설 수 있다는 것을
깨달았다. 차가운 논리와 계산보다 느낌과 직관에
솔직한 사람이 오히려 편안하고 자연스럽다.

5장

예술과 역사에서 배우기

그리스인 조르바

니코스 카잔자키스

"인간이라는 게 참 이상한 기계죠. 이 기계에 빵이며 포도주, 생선, 무를 넣어 주면 한숨과 웃음, 꿈이 나와요. 일종의 공장이죠. 우리들 머리통 속에는 틀림없이 우리가 말하는 것들로 만들어진 영화가 한 편 들어 있다고요."

위 문장은 제대로 학교를 다닌 적이 없고, 평생을 육체노동으로 살아 온 65세의 주인공이 이 소설의 작가와 대화 중에 한 말이다. 주인공은 세상 속에 직접 뛰어들어 가식 없이 본능적인 감성에 따라서 열정으로 어떠한 위험에도 맞선다. 자신 내면의 소리에 따라 주저 없이 행동하고 성공이나 실패에 일일이 흥부하거나 좌절하지 않는다. 하나님과 악마를 가리지 않고 거침없이 말하고 당당히 싸운다.

이 주인공은 그리스 출신의 세계적인 대문호인 니코스 카잔자키스(1883~1957)가 1915년에 여행 중에 만난 실존 인물 요르기오스 조르바스(1867?~1941)이다. 조르바는 이 소설의 주인공이고, 그리스 사람이다.

이 소설의 그리스어 원제목은 『풍운아 알렉시스 조르바의 삶과 행적』이다. 작가의 고향인 그리스의 크레타섬 해변가의 작은 마을을 배경으로 펼쳐지는 소설이다. 작가의 여러 소설 중에서도 세계적으로 알려진 가장 중요한 작품이다. 이 소설에서 작가는 조르바를 위대한 영혼의 소유자로 그리고 자신의 영적 스승으로 삼는다.

진정한 자유인인 조르바는 세상 사람들의 눈으로 보면 미친놈으로 불릴 만한 말과 행동을 거침없이 한다. 자신의 감정과 생각을 가식적으로 감추지 않고 진심으로 기쁨과 슬픔을 내보이고 뜨거운 피와 단단한 뼈와 따뜻한 살을 가진 진정한 인간으로 묘사된다.

조르바는 불가리아에 대항하는 게릴라 활동에도 참가했지만 애국, 인류애 같은 사회적 미덕 뒤에 숨어 있는 위선을 보고는 조직을 박차 버리고 자유인이 되기로 마음먹는다. 65세의 조르바는 마치 20대의 젊은 영혼을 가진 것처럼 일상에서 새로움을 끊임없이 발견한다. 오늘 뜨는 아침의 태양이 경이롭고, 앞마당 올리브 나뭇잎이 바람에 흔들리는 것이 신기하고, 저녁에 파도 위에 떠 있는 갈매기의 모습이 너무 아름답다.

이 소설에 대한 세상의 평은 '자유로운 세상을 위한 인간의 영원한 열망과 투쟁'이다. 소설에서 작가는 자신을 조르바에 비교하여 아무리 티를 안 내려 해도 어쩔 수 없는 지식인이고 먹물이라고 인정한다.

나를 포함한 대부분의 지식인은 세상에 고통과 부조리에서 벗어나기 위한 방편으로 현실의 문제를 추상적인 도구로 보편화하고 합리화시키려 한다. 기쁨, 분노, 슬픔, 불편한 감정들을 뒤로 감추고, 살아 있는 사물과 문제를 객관화시키고, 한 발자국 뒤로 물러서서 합리적이고 이성적인 관찰자로 남으려 한다.
　그럼에도 불구하고 세상의 고통과 번민에서 자유롭지 못하다. 오히려 그렇기 때문에 세상에서 자유롭지 못하고 죽음에 이를 때까지 고통에서 벗어나지도 못한다.

　"불쌍한 존재인 인간은 자기 주위에 넘을 수 없는 높은 장벽을 세우고, 그 안에 조그만 요새를 만들었다. 그리고 그 요새 안에서 자신의 하찮은 육체적, 정신적인 일상생활에 질서와 안정을 부여하고 유지하기 위해 싸운다."

　어느 날 조르바의 영혼에서 진정한 자유를 깨달은 작가는 아래와 같이 고백한다.

　"나는 생전 처음으로, 영혼이 더 빠르게 움직이고 더 투명하고 자유스럽기는 해도 그것 역시 살(육체)이라는 걸 깨달았다. 마찬가지로 살은 조금 흐리멍덩하고 긴 여로에 조금 더 지치고 무거운 유전자에 눌려 조금 둔하기는 해도, 그것 역시 위대한 순간에는 깨어나서 몸서리치고, 오감의 촉수를 날개처럼 펼치는 영혼임을 또한 분명하게 느꼈다."

　작가는 이 소설의 초안을 1941년(58살)에 45일 만에 완성했다. 엄청난 속도이고, 소설의 주인공이 영혼을 교감한 실존 인물이었기에 가능했다고 생각한다. 1943년(60살) 8월에 탈고하여 1946년에 그리스어로 출판되었다. 이 소설은 주인공인 조르바가 살아 있을 때 초안이 쓰여졌고, 조르바는 출판 전에 죽었다.

노년에 백혈병에 걸린 저자는 1957년 여행 중에 독감으로 사망한다. 끝까지 자유인으로 남으려는 저자의 유언은 묘비명에 아래처럼 남아 있다.

'아무것도 바라지 않는다.'
'아무것도 두렵지 않다.'
'나는 자유다.'

사용 인구가 1천만 명도 안 되는 언어의 작가가 세계적 문호가 된 경우는 카잔자키스밖에 없다. 그는 깊은 영성적 고찰에서 나온 심오한 사상, 예민한 감각에서 나온 섬세한 감수성, 반복되는 탈고를 통해 만들어진 아름다운 문장의 소설을 남겼다.

나는 이 소설을 읽으면서 "어쩌면 이 상황을 이렇게 멋진 문장으로 묘사했을까!" 하고 감탄하면서 페이지를 넘기다 말고 자꾸 다시 읽는 경우가 많았다. 그리스 원전 자체도 훌륭했지만, 더없이 훌륭한 한국어 번역을 한 역자의 노력에 경의를 표한다.

* YES24 우수리뷰 선정 (2022.1.19.)

마이 앱솔루트 달링 [My Absolute Darling]

가브리엘 탤런트

    이 책은 미국의 작가 가브리엘 탈랜트(Gabriel Tallent)가 2017년에 첫 데뷔작으로 발표한 장편 소설이다. 미국 샌프란시스코에서 북쪽으로 4시간 정도 차를 달리면 나오는 태평양 연안의 작은 도시 멘도시노가 이 소설책의 배경이다.

    이 소설책이 발표되기 1년 전 봄에 냄비 뚜껑만 한 큰 전복을 따러 멘도시노로 여행 가는 일행에 합류했던 적이 있다. 그때 나는 발목만 담그어도 몇 초를 못 견딜 정도로 시렸던 멘도시노의 차가운 바닷물과 해변가의 황량한 모래 언덕이 지금도 기억에 생생하다.

    작가는 이 소설에서 멘도시노의 자연을 너무도 생생하게 표현한다. 작은 벌레의 다리털과 소화 기관이 보일 듯한 통통한 배의 움직임을 징그러울 정도로 세밀하게 눈앞에 그린다. 작가는 이 지역에서 2년간 산림감시단 활동을 하면서 겪었던 경험으로 바닷가 바위틈으로 휘몰아치는 바람, 바람에 꺾일 듯 날리는 풀잎, 찬 바다 바위에 붙어 있는 홍합 끝에 부딪쳐서 갈라진 등의 깊은 상처, 칼에 등을 찍혀 파르르 떠는 전갈 꼬리의 움직임 등, 이 소설의 흥미진진한 스토리에 더하여 작가의 디테일한 경험을 함께 버무린 세밀한 장면 묘사는 눈앞에 보이듯이 생생하다.

이 소설의 주인공인 터틀은 중학교에서 고등학교로 넘어가는 나이의 사춘기 여학생이다. 엄마를 잃고 아빠와 단둘이 해변가에 외따로이 떨어져 있는 집에서 사는 그녀는 또래의 아이들과 전혀 다른 세계의 삶을 살아간다. 여러 종류의 총기를 다루며 매일 집안에 설치된 표적에 사격 연습을 하고, 거친 산과 들판을 맨발로 뛰어다니는 그녀는 짐승같이 거친 몸으로 환경에 적응하고 단련되어 있다. 그녀는 매일 정기적으로 시골길을 다니는 스쿨버스로 학교에 등교는 하지만 공부가 전혀 재미있지도 않고 친구들과도 어울리지 않는 학교생활을 지속한다.

어느 날 자신을 속박하는 아빠로부터 벗어나고 싶은 충동에 홀로 집을 떠난 터틀은 폭우가 쏟아지는 한밤중 숲속에서 길을 잃은 또래의 남학생 두 명을 우연히 만나면서 이 소설은 전개된다.

딸에 대하여 절대적인 애정을 보이는 아빠인 마틴은 머릿속이 편협한 세계관으로 가득 차 있는 사람이다. 마틴은 딸 터틀에 대한 소유에 극도로 집착한 나머지 심하게 왜곡된 사랑을 딸에게 쏟는다. 아빠인 자신을 제외하고는 할아버지를 포함한 다른 누구와도 감정을 나누는 것을 결코 허용하지 않는 마틴은 중학교 졸업 파티에 입고 갈 드레스가 필요하다는 딸을 부지깽이로 무참하게 때리고 폭력을 가한다. 딸의 남자 친구라는 존재를 결코 허용할 수 없는 아빠인 마틴에게 딸인 터틀은 마이 앱솔루트 달링(My Absolute Darling)이다.

아버지의 섬뜩한 물리적, 정서적, 성적인 폭력으로 괴로워하면서도 쉽사리 벗어나지 못하는 딸의 현실과 여기서 살아남기 위하여 처절하게 몸부림치는 터틀의 심리 묘사는 독자가 이 소설에 빠져들게 되는 격렬한 드라마이다. 파국으로 치닫는 종말적인 비극 가운데서 새로운 삶을 찾게 되는 여주인공의 마지막 스토리는 소설 속의 어둡고 긴 터널로부터 빠져나온 느낌이 들게 한다.

나에게는 한국에서 살고 있는 프랑스 친구가 한 명 있다. 5년 전에 한강 잠실 남쪽의 수상스키 바지 2층 데크의 햇볕 아래에서 우연히 첫 말문을 튼 그의 이름은 올리비에(Olivier)이다. 그와는 여름의 수상 스키장과 겨울의 스키장에서 가끔 시간이 맞으면 만나서 함께 운동을 즐기곤 한다.

젊은 시절 방황 끝에 발길이 머문 한국에서 인연을 만나 결혼하고 사업도 성공적으로 일군 그는 나와 만나면 질문이 많다. 그가 나의 살아가는 방식의 많은 부분에 대하여 궁금해하는 것을 알기에 나는 사업 경험과 살아오면서 깨달은 지혜를 동원하여 가능한 솔직히 대답해 주려고 한다.

비지니스 이해관계로 엮인 남자들의 세계와는 달리 좋아하는 운동을 함께하면서 친해진 그와는 좋은 친구로 삶을 재미있게 공유하고 싶다.

그와는 어쩌다 가끔 저녁에 술을 나누면서 나쁜 정치인 욕도 하고 나이 들면서 겪는 몸의 변화와 일과 취미가 섞인 다양한 살아가는 이야기를 나누곤 한다.

내가 평소에 다양한 책을 읽는 것을 알고 있는 그는 좋은 책을 추천해 달라고 했는데 가끔 외국 유명 작가의 책을 알려 주면 프랑스어 번역본을 구해서 읽겠다고 하였다. COVID-19로 만남이 뜸한 후 오래간만인 작년 10월의 저녁 만남에서 그는 자기가 읽은 소설 중에 너무나도 흥미진진한 책이 있다고 하면서 나에게 꼭 읽어 보라고 이 책을 추천해 주었다.

* YES24 우수리뷰 선정 (2022.12.28.)

가재가 노래하는 곳

델리아 오언스

　이 소설의 작가는 70대의 야생동물학자 델리아 오언스이다. 이 책은 저자가 자신의 직업에서 겪은 경험을 바탕으로 자연에 대한 깊은 철학을 담아 흥미진진하게 쓴 첫 장편 소설이다.
　2018년 여름에 영어 원제 『Where the Crawdads Sing』로 출간된 이 소설은 2019년 봄에 100만 부가 판매된 밀리언 셀러이다. 원작 소설은 영화로도 완성되어 2022년 가을에 개봉되었다.

　이 소설을 읽다 보면 전개되는 내용이 마치 실제 있었던 장소와 사건처럼 느껴지기도 한다. 그 이유는 서사가 70 평생 야생 동물을 연구해 온 생태학자로서 아프리카에서도 7년 동안 야생 동물을 관찰하며 연구한 학자라는 독특한 경험 때문이라고 생각된다.
　이 소설은 수많은 섬세한 문장이 모여 하나의 풍경을 엮어 내며 습지 생태계를 눈앞에 그리듯이 생생하게 묘사한다. 해안 습지에 있는 판잣집, 보트, 새들이 그림처럼 펼쳐진다. 영화는 우리에게는 낯선 미국 해안의 습지 영상을 실감나게 보여 준다. 원작 소설과 영화가 서로 잘 어울리는 상호 보완적인 작품이다.

　이 소설은 미국 남부의 노스캐롤라이나주 아우터 뱅크스의 해안 습지에서 사는 카야가 주인공이다. 이 소설은 습지의 한 판잣집에서 어린 소녀로 시작해서 살아가는 카야의 성장 소설이다.

　전쟁의 상흔을 안고 돌아와 지독한 가정 폭력을 일삼는 아버지, 이를 견디다 못한 엄마는 집을 떠났고 차례로 언니들과 오빠도 아버지를 피하여 집을 떠났다. 습지 판잣집에 아빠와 홀로 남은 막내 카야는 여섯 살이었다.
　어린 카야는 절망하지 않고 집안일을 해내면서 거친 아빠의 비위를 건드리지 않으면서 생존하는 법을 배운다. 어느 날 집을 나간 아버지마저 돌아오지 않게 되면서 카야는 습지 판잣집에 홀로 남게 된다. 가족들이 모두 떠나서 아무도 없는 판잣집에 혼자 남은 카야는 혼자서 생존해야 했고 스스로를 지켜야만 했다.

　카야는 혼자서 자연과 교감하고 자연으로부터 거의 모든 걸 배우며 살아간다. 카야는 자연과 대화했고, 자연은 카야를 품어 주었다. 카야는 습지에서 잡은 홍합과 생선을 마을 한쪽 부두에서 작은 가게를 하고 있는 흑인 부부에게 팔면서 살았다. 마을 사람들은 카야를 볼 때마다 마시 걸(Marsh Girl, 습지 소녀)이라고 부르며 거리를 두었다. 그러나 카야는 사람들 사이에서보다 자연 속에 있을 때가 더 편안하고 익숙했다. 카야는 완벽한 습지 생물이었다.

어느덧 성숙해진 카야 곁에는 테이트와 체이스라는 두 남자가 있었다. 테이트는 카야의 바로 위 오빠인 조디와 친구 사이였고, 어릴 때부터 카야를 알았고, 카야에게 글을 가르쳐 주며 호감을 가진 모범생이다.

테이트가 카야에게 돌아오겠다는 약속을 어기고 사라져 버린 후 카야는 배신과 외로움에 절망한다. 이 틈을 비집고 체이스가 들어온다. 부잣집 바람둥이 체이스는 다른 여자와 약혼한 것을 숨기고 카야에게 접근해서 마음을 구하려 한다. 그러나 카야에게는 자신의 주변을 맴도는 체이스는 벗어날 수 없는 위협이고 고통이었다.

이 소설 끝에서 테이트는 카야의 유품을 정리하면서 가죽끈으로 엮은 조개껍데기 목걸이를 발견한다. 카야가 자연에게 배운 방식으로 체이스의 문제를 해결했음을 암시하는 엄청난 반전이다. 자연에는 도덕이 없고 법도 없으며 끝없는 생존과 죽음과 번식만이 존재한다.

이 소설은 바클리코브 마을의 바람둥이 체이스가 해변가 습지 소방망루 아래에서 싸늘한 주검으로 발견되면서 시작한다.

이 소설의 초반은 과거와 현재 두 개의 시점이 서로 전환되면서 전개된다. 어린 주인공 카야가 여섯 살에 혼자 남게 되는 1952년의 과거 시점과 체이스의 시체가 발견되어 사건이 펼쳐지는 1969년의 현재 시점이 교차된다. 두 개의 다른 시점은 이 소설의 뒷부분에서 맞물리며 하나의 시점으로 소설은 끝까지 이어진다.

카야는 습지에 살고 있다는 이유로 체이스 죽음에 유력한 용의자로 지목되어 법정에 서게 된다. 현재와 과거를 넘나들며 사건에 대한 실마리를 찾는 과정은 한 편의 법정 드라마이다. 해당 사건의 가해자로 기소된 카야를 두고 검사와 변호사가 서로 주고받는 주장과 공방이 탄탄하다.

카야는 다시 만나서 마지막으로 사랑한 테이트에게 마음의 문을 열고 평생을 함께한다. 카야는 진심을 다해 테이트를 사랑했지만 자신의 치명적인 비밀을 테이트에게조차 감추고 자신을 보듬어 준 습지에서 홀로 죽는다.

그래서 소설 속의 카야의 삶 전체가 가슴이 아리게 안쓰럽다. 죽음의 끝까지 자연 속에서 자신을 지킨 카야의 존재는 신비롭기까지 하다.

혼자 남아 외로움을 안고 습지에서 홀로 성장하는 소녀! 두 남자를 만나면서 펼쳐지는 풋풋한 설렘 가득한 사랑 이야기, 그리고 미스터리 살인 사건, 소설의 결말 부분에 드러나는 충격적인 반전까지 완벽한 소설이다. 감동과 재미를 동시에 느낄 수 있는 멋진 소설을 과학자인 야생동물학자가 썼다는 것이 놀랍다.

이 소설의 제목인 『가재가 노래하는 곳』은 작가가 생전의 엄마로부터 들은 표현이라고 한다. 소설 속에서 테이트는 이 말을 받아서 카야에게 말한다. "갈 수 있는 한 멀리까지 가봐. 저 멀리 가재가 노래하는 곳까지." 거기는 숲속 깊은 곳이다. 만약 자연에 영혼이 있다면 야생 동물들이 본래의 모습으로 살고 있는 영혼의 그곳이다.

저자는 자연과 인간의 본성에 대한 통찰을 담고 있는 이 책을 '외로움에 대한 책'이라고 말했다고 한다. 인간은 무리와 떨어지어 홀로 자연 속에 남겨져도 외롭지만, 도시의 빌딩 숲속에 살면서도 외로울 수 있다.

자연과 생명을 이토록 잘 이해하고 섬세하게 글로 써 내려간 작가의 필력이 대단하고 이런 작품을 멋지게 번역한 옮긴이에게 경의를 표한다.

* YES24 우수리뷰 선정 (2023.5.10.)

오래 보아야 예쁘다 너도 그렇다

나태주

나는 시를 자주 접하지 못하고 사는 편이다. 3년 전 이른 봄 어느 날 천안 집 부근의 서점에 들렀다가 시도 조금은 읽어 보아야겠다는 마음이 동했다.

젊은 시인의 참신한 감성이 돋보이는 시보다는 세월 묵은 시인의 농도 깊은 시를 기대하면서 같은 날 같은 시인의 시집 두 권을 샀다.

나태주 시인은 1945년생으로 지금 70대 중반이고 사범대를 졸업한 후 43년을 초등학교 교단에서 성실히 살아왔으니 인생이란 무어라고 말할 수 있는 연배일 것이다.

"오래 보아야 예쁘다. 너도 그렇다."

나태주 시인을 대표하는 시가 책의 제목인 시집이다. 흔히 예쁜 여자는 잠깐 시선에도 금방 알아챈다. 그런데 "오래 보아야 예쁘다." 소릴 듣게 되는 여자는 아마 화를 낼 것 같다. 아무래도 많은 시간과 경험을 공유한 사이여야 이 표현에서 속 깊은 사랑을 느낄 것이다.

이 책을 손에 잡은 지 하루 만에 거의 다 읽어 버렸다. 오래간만에 시를 읽으니 그다지 감흥이 오질 않아 빠르게 읽어 치운다는 표현이 맞는데 그러다가 잠들었다.

참으로 생각이 복잡한 하루가 지난 다음 날 아침, 깨자마자 조금 남은 부분을 마저 읽으려고 머리맡의 이 시집을 붙들었다. 문득 한 시에서 멈추었다.

나에게 새롭게 주어진 '오늘'이 가장 커다란 선물이라니! 시에서 위로를 받는 것이 정말이구나! 깨닫는 순간이었다.

선물

하늘 아래 내가 받은
가장 커다란 선물은
오늘입니다.

오늘 받은 선물 가운데서도
가장 아름다운 선물은
당신입니다.

당신 나지막한 목소리와
웃는 얼굴, 콧노래 한 구절이면
한아름 바다를 안은 듯한
기쁨이겠습니다.

나는 미술관에 간다

김영애

나는 대학에서 공학을 전공한 경영자로서 기술(技術)을 좋아한다. 기술의 가치를 인정하며 존중하는 입장이다. 기술은 '과학 이론을 실제 생활에 적용하여 사물을 인간 생활에 유용하도록 가공하는 수단'이며, 이 표현은 실용적 가치를 추구하는 학문으로서 공학의 속성을 정확히 정의한다.

언제인가부터 공학이 아닌 이학, 인문학, 경제학·경영학 계통에서도 과학적 설득력과 자본주의적 가치와 실용(實用)을 추구하면서 유전공학, 인문과학, 산업공학, 사회과학, 금융공학, 인간공학처럼 과학(Science)과 공학(Engineering)이라는 용어를 사용하기 시작했다.
이러한 조어를 사용하면 일반인들이 그 학문 분야를 수학과 과학에 기반하였기에 합리적이고 체계적이라고 인정하면서 더욱 신뢰하는 효과가 생긴다.

이에 비하여 미술(美術)은 인간의 삶에서 아름다운 표현, 과시적

장식, 사치스러운 욕망, 비이성적 갈등, 파괴적 본성같이 비실용적이라고 간주되는 속성을 자유롭고 과감하고 거침없이 표현하는 것을 추구한다.

이러한 배경 때문인지 미술 작품을 전문적으로 창작하는 미술가(美術家)는 실용과는 거리가 떨어진 세계를 살고 있는, 말하자면 예술(藝術)하는 사람으로 본다. 그림공학, 조각공학, 서예과학, 예술공학 같은 용어를 사용하지 않는 이유이기도 하다.

어떻게 보면 예술가는 그러한 방식의 접근을 거부한다. 대부분의 사람들은 인간의 아날로그적인 복잡한 감정을 과학적이고 공학적으로 해석하거나, 기계론적 세계관으로 예술을 이해하는 것은 적절치 않다고 생각한다.

인류의 지난 역사를 뒤돌아보면 예술이 생존에 차지하는 가치와 비중은 기술을 훨씬 뛰어넘었다. 예술은 지금도 여전히 유효함에도 불구하고 인공 지능과 가상 현실 등을 앞세운 4차 산업 혁명의 과학 시대를 겪으면서 예술이 사람의 가치 있는 생존에 큰 영향을 주는 것을 간과하고 있다는 생각이 든다.

미술은 그림, 조각, 건축, 공예, 서예, 영상, 설치물, 행위 등의 분야에서 작가의 의도를 시각, 음향 또는 공간이라는 매체를 통하여 창조적으로 표현하는 작업이다.

나는 미술(美術)을 초등학교와 중학교에 걸쳐 수업 시간에 배운 것이 전부이다. 이후로 수십 년 동안 미술에 대하여 개인적 취미이든 직업적으로든 따로 공부할 기회가 없었고 일부러 배우려는 생각도 갖지 않았다. 그래서 사회생활에서 미술 작품을 접할 때면 개인적인 느낌과 판단은 있지만 그림에 대하여 안다고 하는 사람 앞에서는 한 발 물러나 있는 입장을 취했던 편이다.

그러다가 독서 모임이 계기가 되어 미술을 좀 더 공부해 보려는 지적 욕심이 발동하였다. 너무 전문적이지 않은 일반교양 수준이라고 선택한 책과 미술 분야 저자의 특강, 해외 출장길에 방문한 도시에서 발품을 팔아 찾아간 미술관, 박물관, 갤러리를 통하여 조금씩 미술에 대한 안목을 넓혀 나갔다.

내가 새삼 미술을 공부해야겠다고 생각한 이유 중에는 중소기업 CEO가 가지고 있는 미적 안목이 상품 기획, 기업 문화 형성, 기업 가치 추구에 미치는 영향이 매우 크다는 것을 깨달았기 때문이다.

기업에서 신제품의 디자인이 결정되는 과정을 예로 들면, 실력 있는 디자이너가 많은 고민과 노력을 하여 훌륭한 디자인 결과물(시안)을 제시하여도 최종 디자인은 결정권을 갖고 있는 CEO의 안목에 따라 선택되는 경우가 매우 흔하다. CEO의 안목이 부족하면 무난한 디자인 시안으로 결정되고 결과적으로 평범한 신제품이 시장에 출시된다. 이러한 현상은 기업의 경영뿐만 아니라 개인의 삶 전반에서 나타나는 모습이라고 보인다.

생명을 가지고 태어난 사람은 모두 살기 위하여 생존에 매달리고 이를 위하여 실용을 좇는 것은 기본이다. 그러나 생존에 가치와 행복이 함께하려면 실용만으로는 부족할 수밖에 없다. 우리 일상생활에서 비교적 접할 기회가 많은 그림에 관심을 더 가지고 안목을 넓히는 것은 가치 있는 생존을 위한 삶의 기본적인 자세라고 본다.

  현대미술사와 미학을 전공한 저자는 이 책에서 세계 10대 미술관의 주요 작품(컬렉션)을 전문 지식과 친근한 해설을 곁들여 설명한다. 미술 작품을 대하는 자세는 개인적인 취향과 작품을 보는 안목에 따라서 정말 많이 다르다. 그림을 사람이라고 보면, 사람을 사귀는 취향과 사회를 경험한 수준과 속마음을 들여다보는 안목에 따라서 똑같은 사람(그림)을 보는 사람마다 다르게 느끼고 평가하는 것은 얼마든지 자연스러운 일이다.

  미술 시장에서 가치 있는 그림을 전문적으로 해석하는 안목은 미술사와 미학을 근거로 작품을 해석하고 분별하는 기본 능력에 많은 공부와 경험이 함께 필요하다. 그러나 미술 시장에서 거래를 통한 이익 추구가 주요 목적이 아니라면 고가의 작품이 아니더라도 나의 취향에 맞으면서 느낌이 좋고 지속적인 감동을 주는 그림도 좋은 미술 작품이라고 생각한다.

  이 책까지 읽은 것을 계기로 2015년부터 미술과 관련하여 읽은 책을 정리해 보았다.

- ▶ 『그림 아는 만큼 보인다』, 손철주 (2015년 3월)
- ▶ 『러시아 미술사』, 이진숙 (2016년 11월)
- ▶ 『그림 읽어주는 시간』, 서정욱 (2017년 4월)
- ▶ 『소곤소곤 러시아 그림 이야기』, 김희은 (2017년 10월)
- ▶ 『네덜란드 벨기에 미술관 산책』, 김영숙 (2018년 9월)
- ▶ 『미술관에 간 수학자』, 이광연 (2018년 10월)
- ▶ 『미술관에 간 의학자』, 박광혁 (2018년 12월)
- ▶ 『미술관에서 읽는 서양미술사』, 김영숙 (2023년 2월)

나는 미술관에서 투자를 배웠다

이지혜

　첫아들이 결혼한 이후, 작년 초에 아직 미혼인 둘째 아들과 막내딸을 동행하여 1박 2일의 짧은 동해안 여행을 갔다. 속초의 설악산 책은 지인이 소개한 복합 문화 공간인데 누구나 자유롭게 서가의 책을 뽑아서 편한 자리에서 읽을 수 있는 멋진 장소이다.
　여기서 딸의 손에 들려 있던 이 책이 눈에 들어왔다. 평소 관심 있던 분야의 250여 쪽의 얇은 분량의 책이라서 미국의 CES 2022 전시 출품을 위하여 탑승한 미국행 기내에서 읽었다.

　1986년생인 저자는 비교적 젊은 나이에 책을 펴냈다. 저자는 부친의 영향으로 부동산 시행 사업을 하고, 미술품 컬렉터로 아트테크(Art Tech) 투자도 하고 있다. 저자가 2015년에 개설한 인스타그램 페이지는 누적 피드가 2천 개가 넘는다. 하루에 약 1개의 피드를 올리면서 자신의 일상을 적극적으로 SNS에 노출하는데, MZ세대에 속하기에는 원로라고 보인다.
　저자가 이 책에서 밝힌 대로 대학 시절부터 갤러리를 도피처로 삼았다면 저자는 거의 15년 가까운 갤러리 투어 내공을 가지고 있다. 미술 비전공자이지만 자신만의 아트테크 시행착오를 경험하면서 미술품의 시장 가치를 알아보는 안목을 갖추었다고 보인다.

미술품의 시장 가치가 미학과 미술사적인 기준에 따라 결정된다고 하는 저자의 말은 시장 가치에 대한 신뢰를 준다. 부동산과 미술품은 어찌 보면 전혀 다른 재화인데 좋은 부동산을 찾아내는 안목과 좋은 미술품을 고르는 안목은 서로 일치한다는 저자의 문장은 나에게 강하게 다가온다. 30대 중반의 나이에 자산 투자의 중요한 두 분야에서 이런 시각을 가진 것은 대단하다고 보인다.

2007년 금융 위기 때 잠시 활황이었던 국내 미술 시장은 오랜 침체 기간을 벗어나지 못했는데, 2020년 하반기부터 다시 성장한 것은 나름의 이유가 있다.

'영끌'과 연봉만으로 내 집 마련의 희망을 포기하도록 올라버린 수도권의 주택 가격, 24시간 투기성 가상 화폐 투자에서 영혼을 잡혀버린 MZ세대가 미술 시상에 눈을 돌린 것이 주요 이유의 하나이다. 새로운 투자처를 찾는 와중에 "아트가 돈이 된다."고 생각한 MZ세대가 2020년부터 미술 시장에 참여하기 시작했기 때문이다.

2021년 KIAF(한국국제아트페어) 첫날 미술품 거래량이 전년도 KIAF 전체 전시 기간의 거래량을 초과했다. 해마다 홍콩에서 개최된 세계적인 프리즈 아트페어가 2022년에는 KIAF와 같은 기간에

COEX에서 열렸다. BTS의 RM이 전문적인 식견으로 아트페어를 다니는 소식도 MZ세대가 미술 시장의 아트테크에 참여하는 사회적인 분위기와 밀접한 관계가 있다.

미술작품 거래의 1차 채널인 갤러리, 아트바젤과 프리즈로 양분되는 국제 메이저급 아트페어, 서울옥션과 케이옥션이 경합하는 국내 미술품 경매 시장, NFT 기술을 이용하여 고가 작품의 일부만을 적은 금액으로 구입하는 '미술품 분할 소유권 시장' 등, 아트테크가 전체적으로 돌아가는 내용을 이 책에서 읽을 수 있다. 이 책은 아트테크 분야에 관심은 있지만 막상 어떻게 접근해야 할지 모르는 사람에게 쉬우면서 현실감 있는 내용을 제공한다.

아트테크는 나의 취향에 맞는 미술품을 소장하고 감상하면서 얻는 즐거움에 더하여 작품을 비싸게 팔아도 세금이 아예 없거나 매우 낮은 매력적인 투자이다. 발품을 팔면서 많은 갤러리와 중요한 아트페어를 찾아다니고 전문 온라인 플랫폼에서 관심 있는 작품 정보를 꾸준히 조사하는 노력은 기본이다. 아래는 저자가 주로 이용하는 온라인 플랫폼이다.

▶ 아트시(Artsy) : www.artsy.net
▶ 뮤추얼아트(Mutual Art) : www.mutualart.com

국내 미술 시장이 급속히 성장하는 사회 분위기에서 이 책은 출간되었다. 책의 출간 타이밍이 좋아서인지 2021년 9월 초판이 나오고 1달도 채 안되어 2쇄가 인쇄되어서 이 책은 마케팅에도 성공했다. 저자는 이 책을 펴냄으로서 아트테크 전문가라는 브랜드를 확보했고 앞으로 계속 발전시킬 가능성을 만들었다고 보인다.

 30대 중반 세월의 경험만으로 이렇게 멋진 책을 출판한 저자에게 박수를 보낸다.

메이지 유신을 설계한 최후의 사무라이들

박훈

극동 아시아의 섬나라로 19세기 중반까지 외부 세계에서 그 존재감이 미미했던 일본은 메이지 유신(明治維新)이라는 혁명적인 사회·문화적인 변화를 계기로 세계사에 큰 영향을 끼친 강국이 되었다.

저자는 이 책에서 메이지 유신이 발생하기 이전의 일본을 둘러싼 국제 정세와 일본 내부의 사회적인 배경을 설명하면서, 메이지 유신에서 중요한 여러 인물들 중에서 4명을 추려서 각 인물의 성격과 메이지 유신에서의 역할을 이 책에서 보여 준다. 한 사회를 결과적으로 크게 변화시킨 메이지 유신이 단 4명의 주인공으로 완성될 수 있는 드라마는 결코 아니지만, 이 책은 그러한 구도에서 쓰였고, 비교적 읽기가 쉽다.

저자는 가능한 객관적으로 일본을 기술하려는 입장의 역사학자이지만, 한국인이기 때문에 일본에 대한 역사를 기술하는 데 어쩔 수 없는 제약과 한계를 가지고 있다. 일본 제국주의로 인한 식민 지배 역사를 알고 있는 나는 일본을 이해하는 데 있어서 굳이 민족적인 인식의 틀을 벗어나려고 하지는 않는다.

이 책은 고등학교 친구들의 독서 모임에서 함께 읽은 것으로, 『손자병법』의 지피지기 백전불태(知彼知己 百戰不殆), '자신과 상대방의 상황에 대하여 잘 알고 있으면 백번 싸워도 위태로울 것이 없다.'는 생각으로 이 책을 읽고 일본을 좀 더 이해하게 되었다.

일본을 한 집안으로 비유하자면, 그 집안이 크게 부흥해졌을 때 우리는 그 집안 몇 대째의 누가 특별히 출중해서 집안을 크게 흥하게 만들었다고 말할 수 있다. 이 집안의 출중한 형제 4명은 메이지 유신 이전의 일본 사회에서 칼을 찬 사무라이 신분이었고, 메이지 유신의 전개 과정에 주도적인 역할을 하였다. 복잡하고 정략적인 이해관계가 얽힌 메이지 유신에서 형제들 간의 싸움인 내전 중에 마지막까지 몰리다가 자결한 한 명을 최후의 사무라이라고 부르면서 영웅시한 측면도 있다.

사무라이(侍, さむらい)는 일본 봉건 시대의 무사 계급을 일컫는 용어이다. 시대에 따라서는 사족(士族)이라고 불리기도 했으며 그 일컫는 범위와 위상을 보면 유럽의 기사(Knight, 騎士)와 유사하다. 허리에 칼을 찬 많은 사무라이들 중의 소수의 깨인 선각자가 외부 세계로부터 유입된 지식을 접하였고 행동으로 사회 변화를 시도하였다.

메이지 유신은 당시 세계사적인 변화의 시대 흐름을 먼저 깨달은 사무라이의 일군이 사회 변혁의 주체 세력이 되어 이루어 낸 역사적인 변혁으로 볼 수 있다. 일본이 20세기 후반에 미국을 위협하는 경제 대국까지 갔었던 것에 비하여 지금은 힘이 많이 빠져 있지만, 현재도 결코 약하지 않은 강대국의 위상을 유지하고 있는 역사상의 핵심 전환점을 메이지 유신으로 볼 수 있다.

이 책에서 나열한 4명의 사무라이 주인공을 순서대로 요약해 본다.

1. 요시다 쇼인(吉田松陰)

메이지 유신의 정신적 지도자로 알려져 있다. 일본 우파의 뿌리이다. 작년 7월에 피살된 아베 신조는 요시다 쇼인을 가장 존경하는 인물이라고 하였다. 서구 열강에 의한 개항 시기에 3년간 1,500여 권의 책을 읽어 지식을 쌓은 이론가이다. 황당한 수준의 해외 정벌을 주장하고, 미국으로 도항 시도 같은 돌출 행동을 감행한 행동가이기도 하다. 불꽃같은 20대를 살다가 반역 모의로 사형되었다. 메이지 유신이 태동한 조슈번(長州藩, 지금의 후쿠오카 지역) 출신이다. 그가 강의한 송하촌숙(松下村塾)은 조선 시대의 서원(書院) 같은 당시의 사학교이다. 메이지 유신을 주도한 핵심 인물들이 여기서 다수 배출되었다.

2. 사카모토 료마(坂本龍馬)

20대 중반에 왕을 높이고 서구의 외세를 배척하는 존왕양이(尊王攘夷) 운동에 뛰어들었다. 도쿠가와 막부를 토벌하는 세력의 양대 축이었지만 서로 사이가 안 좋았던 사쓰마 번과 조슈 번의 동맹을 절묘한 협상으로 성사시켜 막부 타도의 계기를 마련하는 결정적 역할을 하였다. 이 동맹이 성사되지 않았다면 메이지 유신은 성공하지 못했을 거라고 역사가들은 말한다.

3. 사이고 다카모리(西鄕隆盛)

사쓰마번 출신의 사무라이로 도쿠가와 막부를 토벌하고 메이지 유신을 성공으로 이끈 군사 지도자이다. 1873년에 조선을 치자는 정한론을 주장하였으나 받아들여지지 않자 메이지 유신의 동지들과 결별하고 고향인 사쓰마로 귀향하였다. 1877년에 메이지 정권에 대항하는 세이난 전쟁을 일으켰으나 결국 패하여 자결하였다.

2003년에 개봉한 톰 크루즈 주연의 영화 「라스트 사무라이」(Last Samurai)는 메이지 유신 초기의 세이난 전쟁이 배경이다. 정부군에 대항하여 싸우는 반군의 지도자(사이고 다카모리)와 반군의 지도자를 가까이서 돕는 미국인 장교(톰 크루즈)가 주인공으로 등장한다.

4. 오쿠보 도시미치(大久保利通)

도쿠가와 막부의 말기와 일본 메이지 정부 초기의 초대 내무경(內務卿)이다. 실질적으로는 근대 일본 최초의 총리라고 볼 수 있다. 동향인 사쓰마번 출신인 사이고 다카모리 등과 함께 메이지 유신을 성공시킨 중심인물이다. 1866년 메이지 유신 이후에 산업 근대화 정책, 지조(地租)제도 개혁, 식산 진흥을 포함한 과감한 사회 제도의 개혁을 단행하여 메이지 유신을 완성한 사람으로 평가받는다. 한때 메이지 유신의 동지였던 사이고 다카모리가 일으킨 세이난 전쟁을 진압하였으나, 이로 인한 원한으로 1878년 정적에게 암살당했다.

더하는 글

메이지 유신(明治維新)은 일본이 정치·경제·문화 전 분야에 걸쳐 근대적인 통일 국가로 형성된 일련의 대사건을 말하며, 역사학에서 분류한 시기는 메이지(明治) 원년인 1868년으로 간주한다. 구체적으로는 도쿠가와 이에야스가 에도(江戶, 지금의 도쿄)에 수도를 세운 도쿠가와 막부체제(幕府體制, 1603~1866)의 마지막 다이쇼군(だいしょうぐん, 大將軍)인 도쿠가와 요시노부가 1867년에 메이지 천왕에게 권력을 넘기는(대정봉환, 大政奉還)을 통하여 왕정복고가 이루어진 정치적인 변혁을 말한다. 중앙 집권 통일 국가를 이루어 일본 자본주의 형성의 기점이 된 사회, 정치, 문화적인 큰 변혁의 과정인 이 시기는 일반적으로 1853년에서 1877년의 기간으로 잡고 있다.

1867년에는. 메이지 정부는 학제, 징병령, 지조개정(地租改正) 등 일련의 개혁을 추진하고, 부국강병의 기치하에 구미(歐美) 근대 국가를 모델로 관주도(官主導)의 일방적 자본주의 육성과 군사적 강화에 노력하여 새 시대를 열었다. 이 과정에 농민, 사무라이의 격심한 사회적인 저항이 있었지만 대부분 강압적으로 진압하였다.

메이지 유신을 통하여 경제적으로는 자본주의가 도입되었고, 정치적으로는 입헌 정치가 개시되었으며, 사회·문화적으로는 근대화가 추진되었다. 특히, 국제적으로는 제국주의 국가가 되어 천황제의 절대주의를 국가구조의 전 분야에 실현시켰다. 도쿠가와 막부의 쇄국 정책에 비하여 메이지 유신의 일본은 서구 열강의 군사 무기·과학 기술·문화를 선제적이고 적극적으로 도입하였다. 일본은 서구와는 일원이 되려는 추종적인 자세를 보였지만, 아시아 여러 나라에 대해서는 강압적이고 침략적인 태도를 취했다.

일본은 청일 전쟁(1894~1895)의 도발과 러일 전쟁(1904~1905) 승리에 이어서, 강압적인 군사력을 동원하여 1905년의 한일 협약을 통하여 조선을 침탈하였다.

일본의 굴레 [Japan and the Shackles of the Past]
태가트 머피

세상을 살다 보면 가까운 사람 때문에 행복하기도 하지만 불행해지기도 한다. 가까운 사람은 가족일 수도 있고, 친구나 동료, 선후배, 경계가 붙어 있는 이웃집 그리고 이웃 나라이기도 하다.

우리나라가 일본으로부터 당한 불행한 식민 지배 역사는 깊이 새겨진 상처라서 어지간한 방법으로는 치유되지 않는다.

우리나라는 늦은 근대화 과정에서 메이지 유신으로 일찌감치 근대화에 성공한 일본의 영향을 크게 받을 수밖에 없었다. 그 결과 우리의 생활과 학술 언어에 일본 근대화의 영향이 많이 스며 있지만 우리는 그다지 의식하지 않고 살고 있다.

나는 이러한 일본을 학교, 책, 논문, 강좌 등을 통하여 배웠다. 여러 차례 일본 여행과 일본 회사와의 비지니스 경험을 통하여 나는 비교적 일본이란 이웃을 알고 있는 편이라고 생각한다. 피해자인 우리의 입장에서 볼 때 일본이라는 가해자 이웃은 속 시원하게 잘못을 시인한 적이 없다고 느끼고 있는데, 이 사죄의 문제는 앞으로도 현실적으로 답이 없을 것으로 보인다.

전여옥이 2002년에 출판한 『일본은 없다』 같은 방식으로 일본의 안 좋은 점을 조목조목 지적한 책은 민족적으로 불편한 우리의 감정을 속 시원하게 해소시켜 주는 맛이 있다. 나도 그 당시 재미있게 읽었고 일본이란 나라가 얼마나 어설프고 부족한 나라인지 파악했다고 좋아했다. 그러나 역사적으로 앙금이 남아 있는 이웃을 냉정하게 판단하여 지혜롭게 처신해야 하는 점에서는 오히려 도움이 안 되는 책이라고 본다. 우리끼리 만족하는 마약이 될 수 있고, 시야를 좁게 가리어 큰 게임에서 오히려 손해를 보게 만들 수도 있다.

냉정하게 말해서 과거에 우리가 힘이 약해서 일본에게 당했고, 지금도 힘이 부족하여 제대로 사과 받지 못하고 있는 것이다. 세계 여러 나라 중에 일본 민족이 특별히 사악하고 세계 시민으로서 자질이 부족해서 그런 것은 아니다.

본질적으로 이러한 모습은 지구상에 살고 있는 개인, 이웃, 국가 모두에 적용되는 너무도 당연한 현상이고 인간이라는 동물이 사회를 이루고 살아가는 방식이다.

외국인이 일본에 대하여 쓴 고전 중에 『국화와 칼』이라는, 1946년에 미국인 루스 베네딕트가 출간한 책이 있다. 일본을 한 번도 방문해 보지 않은 저자가 일본이 미국에 대하여 벌인 태평양 전쟁 막바지 교전 중에 쓴 책이다. 미국의 입장에서 도무지 이해할 수 없는 일본이 앞으로 어떻게 행동할 것인가를 일본인의 독특한 행동과 가치관을 각종 연구 자료, 미국 현지의 일본인과 인터뷰 등을 통하여 확보한 내용을 바탕으로 쓴 명저로 알려져 있다.

이에 비하여 미국인 태가트 머피가 쓴 이 책은 대학 졸업 후 일본에서 40년간 살아온 국제정치경제학자가 썼다. 일본의 과거와 현재를 사회, 문화, 경제, 정치, 외교 등의 다방면에서 매우 구체적으로 분석하였다. 영국 옥스퍼드대학 출판사의 『누구나 알아야 하는 지식』 시리즈 중 하나로 출판된 이 책은 영미권의 독자를 대상으로 쓴 책이다. 한국과 일본을 객관적인 입장에서 보고 있어서 한국인인 내가 일본을 정확히 이해하는 데 많은 도움이 된다.

일반적으로 외국인이 자신의 모국이 아닌 다른 나라를 웬만큼 알기 전에는 겉모습만을 피상적으로 이해할 수밖에 없는 한계가 있다. 그러나 저자는 일본인의 내면 속살까지 깊게 경험했고 일본에 대하여 객관적인 시각을 가질 수 있는 위치이다. 아무리 일본에 오래 살았어도 결코 일본의 내부자가 될 수 없는 저자는 일본 사회의 모순을 냉정하게 파헤치는 외부자이다.

이 책의 전반부는 일본의 역사를 전반적으로 살펴보면서 서구인으로서는 이해하기 힘든 일본인들의 사고와 행동의 기원을 찾고 있다. 저자는 일본 역사에서 근대 이전의 무사 정권인 막부와 근대 메이지 정권을 세운 주체가 같은 사무라이라는 것은 지금의 일본을 이해하는 데 아주 중요한 점이라고 서술하였다. 저자는 일본이 봉건 국가에서 근대 국가로 겉모습은 바뀌었지만 권력 주체 세력들의 성격은 사실상 바뀌지 않았다고 보고 있다.

제2차 세계 대전에서 패한 일본을 점령한 후 진행된 미군정의 일본 정치 개혁은 미소 냉전으로 인하여 의도한 만큼 진행되지 못하였다. 이로 인하여 군국주의 주체 세력들이 부활하여 여전히 민주주의의 옷을 입고 현대의 일본을 이끌고 있는 모습을 일본의 굴레로 보고 있다.

이러한 관점에서 저자는 오늘의 일본을 구속하고 있는 과거의 굴레로 매우 독특한 일본의 지배 구조를 들고 있다. 저자는 일본의 지배 구조에는 과거로부터 이어져 온 천황제와 서양에서 들어온 입헌 정치라는 서로 다른 모순이 병존하고 있다고 진단하였다.

이러한 일본의 이중적인 지배 구조에서는 정치적 책임을 지는 주체가 없다. 그 결과 일본 정치에서는 정치권력의 실질적인 원천이 무엇인지 모호하다. 집권 계층이 모호한 사실은 현재도 일본에서 진정한 의미의 혁명을 원천적으로 차단하고 있고, 근본적인 제도 개혁을 가로막고 있다고 저자는 보고 있다.

저자는 일본을 점령했던 미국이 지금도 여전히 일본의 굴레리고 설명하고 있다. 일본은 점령국인 미국의 강력한 힘 앞에 무릎을 꿇고 비위를 맞추면서 자신들이 원하는 것을 얻어 내는 방식으로 나라를 꾸려 왔다. 미국을 통해 자신의 국제 정세 리스크를 상당 부분 해결해 온 일본은 약간의 비굴함의 대가로 미국의 군사력과 경제력의 지원을 받아 매우 빠르게 경제를 재건하여 경제 성장의 신화를 창조했다.

그렇지만 혁신이 필요한 지금의 시대에도 과거의 굴레에서 벗어나지 못하고 있고, 미국의 입김을 벗어나서 일본 스스로 설 수 있는 정치외교적 역량을 갖추지 못하고 있다고 저자는 보고 있다.

저자는 일본인의 독특한 창의성의 기원을 모순과 모호함을 참고 견디는 능력에서 찾는다. 아리스토텔레스는 서양 사람들에게 모순을 참지 말라고 말했지만 일본의 철학 사상에는 그런 명제가 전혀 존재하지 않는다. 일본에서 사회적, 경제적으로 성공한다는 것은 다른 나라 사람이라면 도저히 견디지 못할 수준의 모순을 관리하면서 공생하는 능력의 결과인 경우가 많다. 그러나 제정신을 얼마쯤 유지하기 위해서는 모순과 공생하는 법을 배우는 것이 점점 덕목이 되어가는 나라는 더 이상 일본만이 아닐 수 있다.

아시아 지역 국가의 하나인 우리나라는 같은 아시아 국가로서 일본이 서양의 패권주의에 대응하여 아시아 지역의 단결과 이익에 함께할 수 있기를 내심 기대한다. 그러나 해외여행의 경험이 전혀 없는 한 일본인이 자신은 아시아 국가에도 여행을 가 본 적이 없다고 하는 말에 저자가 너무도 황당했다는 내용을 이 책에서 읽고 평균적인 일본인의 속생각을 들여다본 듯하고 그동안의 환상이 깨지는 느낌이었다.

이 책은 6백여 쪽으로 비교적 두껍기도 하지만 영어식 표현을 우리말로 번역한 문장을 읽다가 자주 문맥을 되짚어야 하는 어려움이 있는 편이다. 그러함에도 마지막 11장 '일본과 세계'는 너무도 흥미진진하게 전개되어 재미가 있다.

일본을 너무도 잘 알지만 결코 일본인이 아닌 미국인의 시각에서 쓴 이 책은 일본의 국제 정치 위상과 이에 비추어 우리나라의 위상을 함께 알 수 있어 도움이 많이 된다.

이 책을 읽으면서 나는 광복 이후 냉전 체제에서 미국 중심의 세계 질서에 편입된 우리나라의 모습을 다시 한번 확인할 수 있었다. 건국 이후 우리나라는 사실상 미국이 만들어 놓은 세계 질서 안에서 일본이 가는 길을 충실히 뒤따라간 나라였다고 볼 수도 있다. 그 점에서 이 책은 우리나라의 객관적 상황과 현재 위치를 돌아보며 생각할 수 있는 계기를 준다.

에필로그

나는 이 책의 많은 글을 휴대폰의 작은 자판을 두드리면서 썼다. 거의 날마다 잠들기 전에 책 한 권을 붙들고 벽에 붙인 베개에 등을 기대고 책 읽는 자세를 잡았다. 짧으면 수 분에서 길면 한 시간 넘도록 책을 읽었다. 책을 읽는 중에 다가오는 중요한 문장과 떠오르는 생각을 휴대폰에 옮기다가 잠이 들곤 했다.

이렇게 쓴 글을 여러 번 고친 후에 나의 블로그에 올렸다. 블로그에 올라간 글은 가끔 다시 읽고 마음에 들 때까지 조금씩 수정했다. 매일 한 땀 한 땀 바느질하듯 글을 썼다. 그러기를 5년째 꾸준하게 해 왔다.

그렇게 쓴 글을 모아서 책으로 내려고 다시 한참을 보완하고 다듬었다. 이렇게 세상에 나온 나의 첫 번째 책을 끝까지 읽어 준 분들에게 감사의 말씀을 드린다. 이 책을 통하여 조금이나마 세상을 함께 살아가는 지혜를 서로 나눌 수 있기를 소망한다.

추천의 글

이 책은 독서 실천이 안 되는 사람을 책 읽는 길로 이끌어 줍니다. 따뜻한 수필, 기업 경영 서적, 우주론에 이르기까지 다양한 분야의 책을 다루는 저자의 서평은 에세이처럼 다가와 마음 안에 자리 잡습니다.

나는 거의 30년을 독서에 대한 열망만 갖고 실천을 못 했습니다. 그런 내가 이 책을 두 번 완독한 후 책과 고전을 집중해서 읽기 시작했습니다. 논어에서 공자의 육성을 듣고 신기해하고 있습니다. 이제는 책을 펼칠 줄 알게 되었습니다.

독서해야 한다는 건 알겠는데, 좀처럼 책이 손에 잡히지 않는 사람들에게 기쁘게 이 책을 추천합니다.

- 기독교대한감리회 목사, 김향아

오늘날 시대적 분위기는 '어른'을 거부하는 것처럼 보입니다. 하지만 여전히, 인생에서 좋은 어른을 만나는 것은 중요합니다. 제게는 아빠가 그런 어른이 되어 주었습니다. 성장을 멈추지 않고, 변화하고, 책임지는 '어른'입니다.

그래서 한편으로는 부채 의식이 있었습니다. 이런 아빠로부터 나만 배운다는 것이 안타까웠습니다. 하지만 이 책이 나와서 짐을 좀 덜어 내는 기분입니다. 이제는 다른 사람들도 우리 아빠를 멘토로 삼을 수 있으니까요.

특히 이 책의 문장은 순전한 아빠의 표현으로 쓰였기에, 아빠의 성실하고 정직한 영혼이 독자에게 가서 닿을 것이라고 기대됩니다.

- 저자의 딸, 전건희

참고문헌

1장 나는 무엇을 배우는가
김형석, 『백년을 살아보니』, 알피스페이스, 2016.
김지수 / 이어령, 『이어령의 마지막 수업』, 열림원, 2021.
하형록(TimHaahs), 『페이버[Favor]』, 청림출판, 2017.
이영혜, 『사의찬미』, 도서출판위, 2017.
박진영 / 신하나, 『지구를 살리는 옷장』, 창비, 2022.
모빌스 그룹, 『프리워커스[Free Workers]』, 알에이치코리아, 2021.
김미경, 『김미경의 리부트(Reboot)』, 웅진씽크빅, 2020.
강병균, 『어느 수학자가 본 기이한 세상』, 살림출판사, 2016, 42~43쪽.
무라카미 하루키, 『직업으로서의 소설가』, 양윤옥 옮김, 현대문학, 2016.

2장 나는 어떻게 성장하는가
오종우, 『러시아 거장들, 삶을 말하다』, 사람의무늬, 2012.
최진석, 『최진석의 대한민국 읽기』, 북루덴스, 2021.
신영복, 『담론[談論]』, 돌베개, 2015.
심인보 / 김경래, 『죄수와 검사』, 도서출판 뉴스타파, 2021.
김경준, 『BBK의 배신』, 비비케이북스, 2012.
이재봉, 『이재봉의 법정증언』, 도서출판 들녘, 2015.
안병식, 『나는 달린다』, 한겨레출판, 2012, 『트레일 러너』, 디스커버리미디어, 2020.
안철수, 『안철수, 내가 달리기를 하며 배운 것들』, 북이십일, 2019.
마크 롤랜즈, 『철학자와 달리기[Running with the Pack]』, 강수희 옮김, 유노콘텐츠그룹, 2022, 303쪽 / 306~307쪽.
임태수, 『브랜드 브랜딩 브랜디드』, 안그라픽스, 2020.
김도인, 『책 쓰기! 나도 할 수 있다』, 글과길, 2021.
전익수, 『남성사교요리클럽(MSCC)』에 대한 생각.

3장 사회를 어떻게 볼 것인가

임홍택, 『90년생이 온다』, 웨일북, 2018.

이지성, 『에이트(8)』, 차이정원, 2019.

대니얼 마코비츠, 『엘리트 세습[The Meritocracy Trap]』, 서정아 옮김, 세종서적, 2020.

켄 윌버, 『모든 것의 역사[A Brief History of Everything]』, 조효남 옮김, 김영사, 2015.

존 헤네시, 『어른은 어떻게 성장하는가』, 구세희 옮김, 부키, 2019.

임건순, 『한비자, 법과 정치의 필연성에 대하여』, 시대의창, 2019.

이한우, 『군자론[君子論]』, 쌤앤파커스, 2020.

스티븐 레비츠키, 대니얼 지블랫, 『어떻게 민주주의는 무너지는가』, 박세연 옮김, 어크로스 출판그룹, 2018.

이본 쉬나드, 『Patagonia[파타고니아]』, 이영래 옮김, 라이팅하우스, 2020.

켄 시걸, 『미친 듯이 심플[Insanely Simple]』, 김광수 옮김, 문학동네, 2014.

리드 헤이스팅스 / 에린 마이어, 『규칙 없음[No Rules Rules]』, 이경남 옮김, 알에이치코리아, 2020.

세스 고딘, 『마케팅이다[This is Marketing]』, 김태훈 옮김, 쌤앤파커스, 2019.

김난도/최지혜/이수진/이향은, 『더현대 서울 인사이트』, 다산북스, 2022.

신임철, 『처음 만나는 행동경제학』, 에이콘출판, 2022.

정철, 『카피책』, 허밍버드, 2016.

김영철, 『글로벌 테러와의 전쟁』, 필맥, 2019.

윌리엄 F. 화이트 /캐서린 K. 화이트, 『몬드라곤에서 배우자[Making Mondragon]』, 김성오 옮김, 역사비평사, 2012.

돈 호세 마리아 아리스멘디아리에타, 『호세 마리아 신부의 생각』, 박정훈 옮김, 칼폴라니 사회경제연구소, 2016.

4장 우주와 자연에서 배우기

박창범, 『인간과 우주』, 도서출판 가람기획, 1995.

이석영, 『모든 사람을 위한 빅뱅 우주론 강의』, 사이언스북스, 2017, 312쪽.

브라이언 그린, 『엔드 오브 타임[Until The End of Time]』, 박병철 옮김, 미래엔, 2021.

이동호, 『유산균이 운명을 바꾼다』, 도서출판 맑은샘, 2017

존 L. 잉그럼, 『미생물에 관한 거의 모든 것』, 김지원 옮김, 이케이북, 2018.
Ed Yong, 『내 속엔 미생물이 너무도 많아』, 양병찬 옮김, 어크로스출판그룹, 2017.
앨러나 콜랜, 『10퍼센트 인간』, 조은영 옮김, 시공사, 2016.
레이첼 카슨, 『침묵의 봄[Silent Spring]』, 김은령 옮김, 에코리브르, 2011.
최재천, 『다윈지능』, 사이언스북스, 2012.
제프리 밀러, 『연애[The Mating Mind]』, 김명주 옮김, 동녘사이언스, 2009.
최재천, 『호모 심비우스[Homo Symbious]』, 이음, 2022.
오후, 『우리는 마약을 모른다』, 도서출판 동아시아, 2018.
데이비드 A. 싱클레어, 『노화의 종말』, 이한음 옮김, 부키, 2020.
온조 아야코, 『뇌과학자의 엄마, 치매에 걸리다』, 박정임 옮김, 도서출판 지호, 2022.
박우희, 『화난 것도 억울한데 병까지 걸린다고?』, 느낌이있는책, 2021.
다나카 나오키, 『나는 당신이 오래오래 걸었으면 좋겠습니다』, 송소정 옮김, 콘텐츠그룹 포레스트, 2018.
이순형, 『탄소중립 수소혁명』, 쇼팽의 서재, 2022.

5장 예술과 역사에서 배우기

니코스 카잔자키스, 『그리스인 조르바』, 유재원 옮김, 문학과지성사, 2018.
가브리엘 탤런트, 『마이 앱솔루트 달링[My Absolute Darling]』, 김효정 옮김, 토마토출판사, 2018.
델리아 오언스, 『가재가 노래하는 곳』, 김선형 옮김, 살림출판사, 2019.
나태주, 『오래 보아야 예쁘다 너도 그렇다』, 알에이치코리아, 2015.
김영애, 『나는 미술관에 간다』, 마로니에북스, 2021.
이지혜, 『나는 미술관에서 투자를 배웠다』, 미래의창, 2021.
박훈, 『메이지 유신을 설계한 최후의 사무라이들』, 북이십일, 2020.
태가트 머피, 『일본의 굴레[Japan and the Shackles of the Past]』, 윤영수/박경환 옮김, 글항아리, 2021.

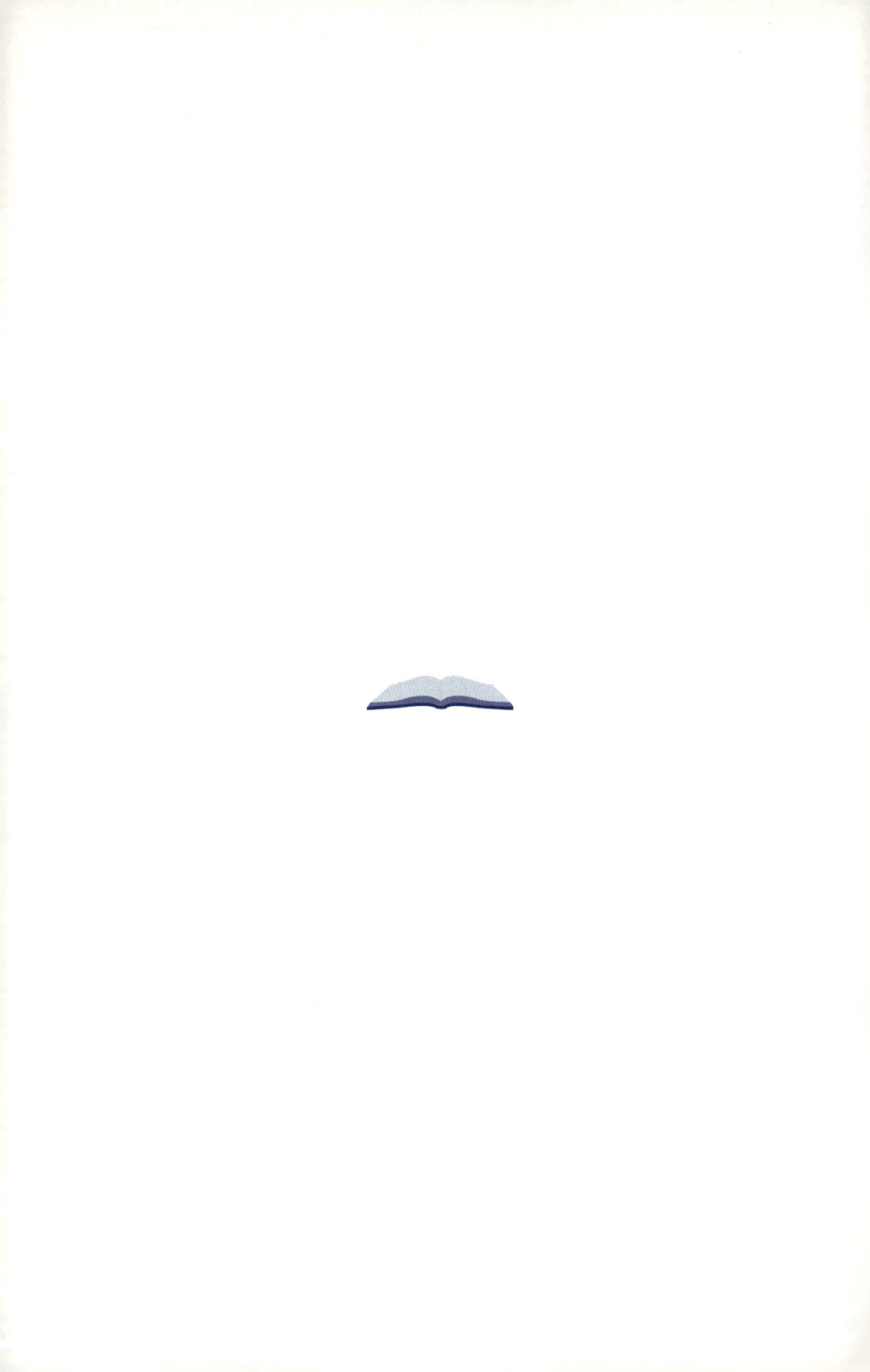